高等职业教育校企合作新形态系列教材——城市轨道交通类

城市轨道交通屏蔽门系统检修

（活页式）

主　审　朱　琳

主　编　夏　彬

副主编　王欣瑞　高亚南　梁新平　严　俊

参　编　胡晓明　余海潮　刘　玲　朱　博
　　　　汪　鑫

西南交通大学出版社

·成　都·

内容提要

本教材采用活页式编写模式，按照城市轨道交通机电屏蔽门检修工的实际工作任务，分为门体系统检修、门机系统检修、控制与监视系统检修、电源系统检修、系统操作、典型故障诊断及检修等几个模块进行。编写过程中把培养岗位职业能力作为主线并贯穿始终，突出岗位技能要求，将项目模块分为具体的项目任务实施教学。每个项目任务采用活页的形式展示，按照教学目标的确定，任务书的下达，相关任务的知识准备、引导、实施及评价等环节进行展开教学。

本教材编写的特色在于能紧扣岗位实际工作任务，突出技能培养，采用了活页式的编写模式，符合高职学生的特点及人才培养方案的要求，让学生既掌握相关理论知识，又掌握了实际操作及检修技能。

图书在版编目（CIP）数据

城市轨道交通屏蔽门系统检修：活页式 / 夏彬主编. —成都：西南交通大学出版社，2022.1（2025.1 重印）

高等职业教育校企合作新形态系列教材. 城市轨道交通类

ISBN 978-7-5643-8601-6

Ⅰ. ①城… Ⅱ. ①夏… Ⅲ. ①城市铁路－轨道交通－－站台－安全门－检修－高等职业教育－教材 Ⅳ. ①U239.54

中国版本图书馆 CIP 数据核字（2022）第 019061 号

高等职业教育校企合作新形态系列教材——城市轨道交通类

Chengshi Guidao Jiaotong Pingbimen Xitong Jianxiu

城市轨道交通屏蔽门系统检修

（活页式）

主　编 / 夏　彬

责任编辑 / 穆　丰

封面设计 / 何东琳设计工作室

西南交通大学出版社出版发行

（四川省成都市金牛区二环路北一段 111 号西南交通大学创新大厦 21 楼　610031）

营销部电话：028-87600564　028-87600533

网址：http://www.xnjdcbs.com

印刷：四川玖艺呈现印刷有限公司

成品尺寸　185 mm × 260 mm

印张　17.5　　字数　415 千

版次　2022 年 1 月第 1 版　　印次　2025 年 1 月第 4 次

书号　ISBN 978-7-5643-8601-6

定价　57.00 元

课件咨询电话：028-81435775

图书如有印装质量问题　本社负责退换

·前　言·

近年来，由于国家政策的引导和相关城市对建设轨道交通的积极推进，我国城市轨道交通从发展速度、规模和现代化水平方面后来居上，并且一直处于稳步、有序和快速发展阶段。城市轨道交通屏蔽门系统是城市轨道交通设施的重要组成部分，作为乘客安全直接保障设备在国内外得到了广泛的应用。“城市轨道交通屏蔽门系统检修”是城市轨道交通机电技术专业的主要核心专业课程之一，对应着城市轨道交通机电部门屏蔽门检修工岗位，是本专业人才培养中重要的一门课程，具有较高地位。

本教材前五个项目讲屏蔽门理论部分，后三个项目讲屏蔽门实训部分。教材集屏蔽门工作原理、屏蔽门操作、屏蔽门安装建设、屏蔽门的日常维护、屏蔽门的故障及检修为一体，让学生在专业方面全面了解城市轨道交通屏蔽门系统的知识特点，并运用机电类基础知识，使其掌握屏蔽门系统的工作原理及检修技能，目的在于培养学生扎实的专业基础，树立现代的检修理念，具有城市轨道交通行业的运营理念和专业素质，具备独立思考、独立解决问题和创造性思维能力，具有良好的职业道德和行为规范，具有科学的思维和法律意识，以及职业安全防护、职业生涯规划等能力。

本书由具有多年教学工作经验的教师团队编写。武汉铁路职业技术学院夏彬担任主编，朱琳担任主审，昆明铁道职业技术学院王欣瑞、山东职业学院的高亚南、西安铁路职业技术学院梁新平、湖南铁道职业技术学院严俊担任副主编，武汉铁路职业技术学院胡晓明、余海潮、刘玲、朱博、汪鑫参与编写。在本书编写过程中得到了武汉轨道交通集团、昆明铁道职业技术学院等单位的大力支持，并参考引用了相关专家的文献及意见，在此谨向有关企业、院校和专家表示感谢。

由于城市轨道交通屏蔽门系统技术更新较快，以及编写人员水平和实践经验的局限性，书中难免有疏漏与不足之处，敬请广大使用单位和个人提出宝贵意见。

在线开放课程及其资源

编　者

2021 年 9 月

目 录

理论篇

项目一 屏蔽门系统认知

项目二 屏蔽门门体系统检修

项目三 屏蔽门门机系统检修

项目四　屏蔽门控制与监控系统检修

项目五　屏蔽门电源系统检修

实 训 篇

项目六　屏蔽门系统操作

项目七　屏蔽门系统维护

项目八　屏蔽门常见故障检修

理论篇

姓名____________ 班级____________ 日期____________

项目一　屏蔽门系统认知

任务一　屏蔽门系统认知实验

任务导入

对城市轨道交通车站屏蔽门系统进行整体认知，分别对屏蔽门门体系统、门机系统、控制与监控系统、电源系统等进行识别。

任务目标

知识目标	（1）了解屏蔽门整体系统的组成； （2）了解滑动门、固定门、应急门、端门等各类门。
能力目标	（1）掌握屏蔽门整体系统的组成； （2）能够判断滑动门、固定门、应急门、端门等各类门。
素养目标	（1）培养学生发现问题、解决问题的能力，增强学生的求知欲； （2）培养学生动手操作的能力； （3）培养学生良好的职业素养。

任务分组

班级		组号		指导老师	
组长		学号			

组员：

姓名	学号	姓名	学号

任务分工

姓名____________ 班级____________ 日期____________

任务准备

引导问题 1：实训屏蔽门中滑动门、固定门、应急门、端门的特点有哪些？

____

____

____

引导问题 2：屏蔽门系统由哪些部分组成？

____

____

____

任务实施

面对实训室屏蔽门系统，学生三人一组，轮流提问。一人提问时，另两人指认设备回答，并填表。

提　问	回　答				
门体部件名称（如滑动门、应急门等）					
门体部件参数（如数量、长度等）					
门机部件名称（如电动机、皮带等）					
门机部件参数（如数量、长度等）					
控制与监控部件名称（如 PSC、PSL 等）					
控制与监控部件参数（如数量、长度等）					
电源部件名称（如蓄电池等）					
电源部件参数（如数量、长度等）					
屏蔽门相关术语					

项目任务中的相关知识点

1.1　屏蔽门系统简介

1．屏蔽门的概述

城市轨道交通屏蔽门系统（Platform Screen Door，PSD）又称为安全门系统，是安装在城市轨道交通站台边缘，以玻璃为墙幕的方式把站台区域与列车区域分隔开来，由门体系统、门机系统、控制与监控系统、电源系统组成的综合性智能机电设备。它是集

建筑学、机械学、材料学、电子学、自动控制技术和计算机技术于一身的集成应用系统。屏蔽门如图 1-1 所示。

图 1-1　屏蔽门

当列车驶至正确位置停留时，列车车门和相对应的屏蔽门开启，乘客安全上下列车后，列车车门与屏蔽门关闭，列车驶离车站。在此过程中，屏蔽门保持了站台区域与轨道区域的隔离，如图 1-2 所示。

图 1-2　屏蔽门简图

2. 屏蔽门系统的功能

屏蔽门为城市轨道交通运营提供了安全、舒适的环境，提高了轨道运营的服务水平。其主要功能体现在：

（1）防止人员跌落轨道产生意外事故；

（2）防止乘客跨越轨道，造成安全隐患；

（3）防止站台的垃圾、杂物进入隧道；

（4）在火灾模式下，可以配合其他系统进行联动控制；

（5）降低车站空调通风系统的运行能耗，避免空调冷暖气从轨道流失；

（6）大幅度减少列车运行噪声；

（7）降低活塞风及轨道内灰尘对车站的影响；

（8）据统计，地铁屏蔽门系统使空调设备的冷负荷减少 35%以上，环控机房的建筑面积减少 50%，空调电耗降低了 30%，有明显的节能效果。在设计地铁通风与空调系统时应结合地铁的运输能力、当地的气候条件、人员舒适性要求和运行及管理费用等因素进行技术综合比较，作为确定车站是否设置屏蔽门的依据。

3. 屏蔽门的历史及发展趋势

屏蔽门概念是 1976 年由美国交通部集体运输管理局提出的，用以将铁路站台乘客区与轨行区分隔开来，达到节能和改善车站乘车环境的目的。经过四十多年的研究和发展，屏蔽门已经在全世界各个城市轨道交通中普遍使用，屏蔽门技术也已经逐步完善和成熟。

1988 年，世界城市轨道交通第一套屏蔽门系统安装于新加坡城市轨道交通 NEL 线。1969 年 10 月 1 日，我国第一条城市轨道交通线路在北京建成通车，但国内第一条安装地铁屏蔽门的是广州地铁二号线，随后在上海、深圳、天津、北京等城市逐渐推广开来。随着地铁屏蔽门的普及，国内多家屏蔽门生产企业也逐渐打破了其核心技术被国外几家企业垄断的局面，深圳方大集团于 2006 年 4 月率先研发出国产化屏蔽门系统，并且于 2007 年 3 月与深圳地铁签订了一号线续建工程地铁屏蔽门系统的总承包合同，标志着我国的地铁屏蔽门产业已经进入世界先进行列。

现有的屏蔽门系统门体以金属结构为主，绝缘性能差，存在安全隐患。若屏蔽门不与城轨轨道和站台进行等电位连接，会导致接触网的电流顺着该线路流掉，同时还有可能将乘客电击伤。在不久的将来，可能会使用由绝缘材料构成的复合门体屏蔽门，以解决屏蔽门门体绝缘性差的问题。绝缘的复合门将彻底解决由绝缘问题引起的安全隐患，并且复合门体结构直接与土建结构连接，不需要做绝缘处理，门体与钢轨之间的等电位电缆也可以取消，简化了屏蔽门建设的工作量。

1.2　屏蔽门系统的分类

1. 从结构形式上分类

地铁屏蔽门分为封闭式、开式和半高式三种（见图 1-3），其中开式和半高式通常被叫作“安全门”，只起到安全和美观的作用。封闭式通常才被人们叫作“屏蔽门”，也是最常用的一种。

姓名____________　班级____________　日期____________

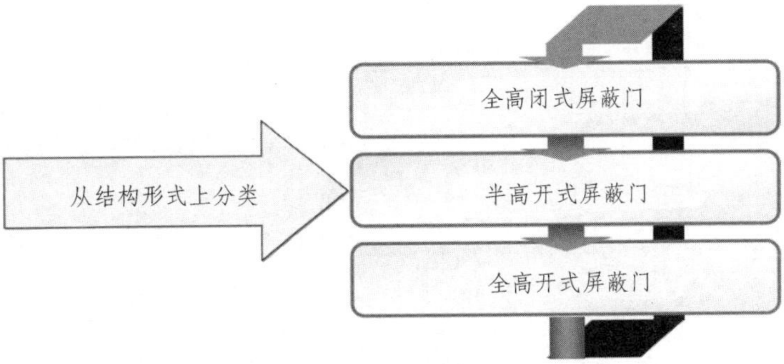

图 1-3　屏蔽门系统分类

《地铁设计规范》（GB 50157—2013）中将屏蔽门（安全门）又叫作站台门。该规范【26.1.7】条最新规定屏蔽门不得作为防火分隔设施。传统屏蔽门门体材质采用普通安全玻璃和钢材，门扇采用隐框结构，并设置有橡胶和毛刷，不具备作为防火隔离设施的条件。

1）全高闭式屏蔽门

全高闭式屏蔽门的特点是门高 3.45 m（含顶部固件），与天花板紧密相连，顶层天花板采用封闭式结构，将候车空间与隧道空间完全隔开，主要应用于城市轨道交通设有空调系统的地下站，保证乘客乘车的安全性，减少能耗，还可以提高地铁运营的经济性。全高闭式屏蔽门如图 1-4 所示。

图 1-4　全高闭式屏蔽门

2）半高开式屏蔽门

半高开式屏蔽门又可称为可动式安全栅。它的特点是高度 1.2 ~ 1.5 m，顶部没有天花板或不与天花板相连接，应用于地面站、轻轨或高架，仅保证城轨交通系统的安全性。半高开式屏蔽门如图 1-5 所示。

3）全高开式屏蔽门

全高开式屏蔽门的特点是门高 3.45 m（含顶部固件），连至天花板，但是顶层天花板为开放式结构，上不封顶，允许轨道与站台之间有空气对流。优点是造价低，多应用于没有空调系统的地下车站站台。全高开式屏蔽门如图 1-6 所示。

图 1-5　半高开式屏蔽门

图 1-6　全高开式屏蔽门

2. 从门体使用的材料分类

地铁屏蔽门分为铝合金屏蔽门与不锈钢屏蔽门，指门体金属框架分别是用铝合金和不锈钢做成的。

1.3　不同车站的屏蔽门布局

屏蔽门的选择应根据地理环境、气候环境条件、车站建筑形式、服务水平、通风与空调制式等因素来综合选定。车站建筑形式有岛式、侧式、两岛式、一岛两侧式等。

1. 岛　式

岛式车站共布置两侧屏蔽门系统，包括与列车门对应的活动门、固定门、应急门及端头门，还有一个屏蔽门设备室和两个就地控制盘（PSL），中间为乘客等待列车的站台。

两侧的屏蔽门分别对应上行和下行列车，城市轨道交通中所谓上行是指由南向北运行或由西向东运行，下行是指由北向南运行或由东向西运行；环形线路中以外环为上行，内环为下行。岛式车站屏蔽门如图 1-7 所示。

姓名____________ 班级____________ 日期____________

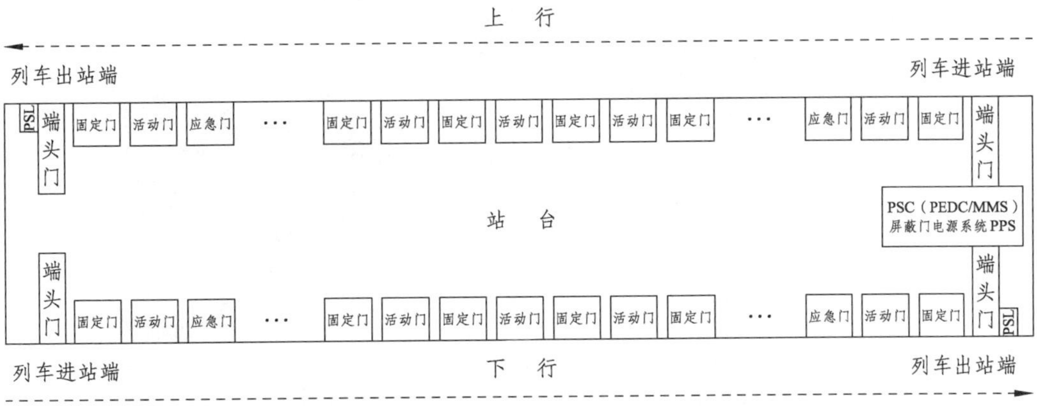

图 1-7　岛式车站的屏蔽门布局

2. 侧　式

侧式车站是在中间布置两侧屏蔽门系统和列车轨道，包括与列车门对应的活动门、固定门、应急门及端头门，还有一个屏蔽门设备室和两个就地控制盘（PSL）。乘客等待列车的站台分置在两边。侧式车站的屏蔽门如图 1-8 所示。

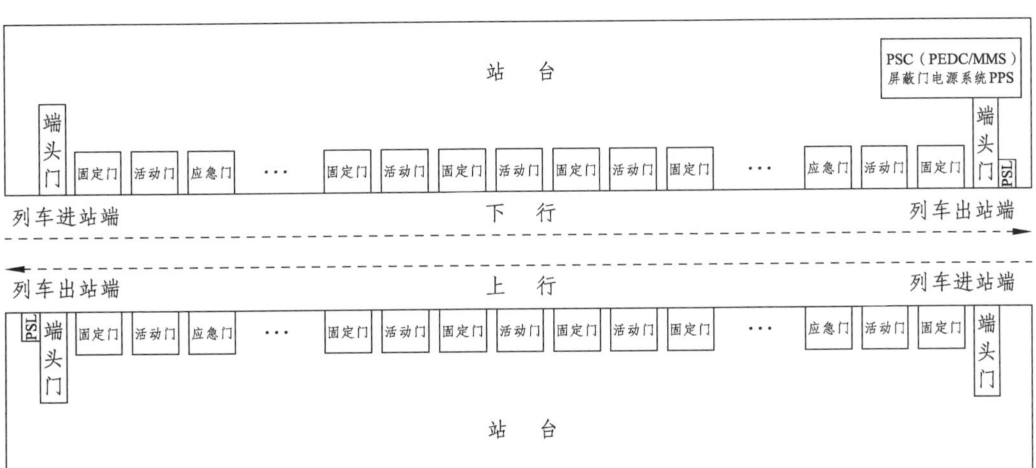

姓名____________ 班级____________ 日期____________

图 1-8　侧式车站的屏蔽门布局

3. 两岛式

两岛式车站一般用于两条地铁线交叉转行处，共布置四侧屏蔽门系统，四条轨道线，包括与列车门对应的活动门、固定门、应急门及端头门，还有一个屏蔽门设备室（当有不同系统并行时需两个屏蔽门设备室）和四个就地控制盘（PSL）。一、二侧屏蔽门对应上站台，三、四侧对应下站台，其实质是两个岛式车站的合成。两岛式车站的屏蔽门如图 1-9 所示。

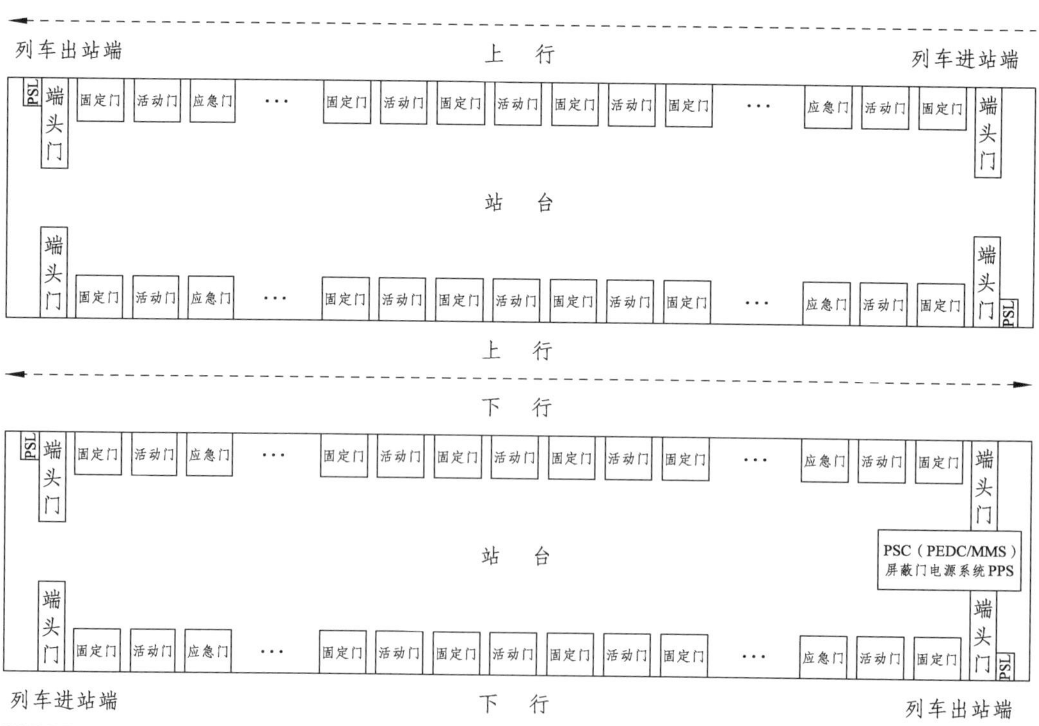

图 1-9　两岛式车站的屏蔽门布局

4. 一岛两侧式

一岛两侧式车站共布置四侧屏蔽门系统，包括与列车门对应的活动门、固定门、应急门及端头门，还有一个屏蔽门设备室（当有不同系统并行时需两个屏蔽门设备室）和四个 PSL 控制盘。其中，上站台和中站台对应一、二侧屏蔽门，中站台和下站台对应三、四侧屏蔽门，其实质为两个侧式车站的合成。一岛两侧式车站的屏蔽门如图 1-10 所示。

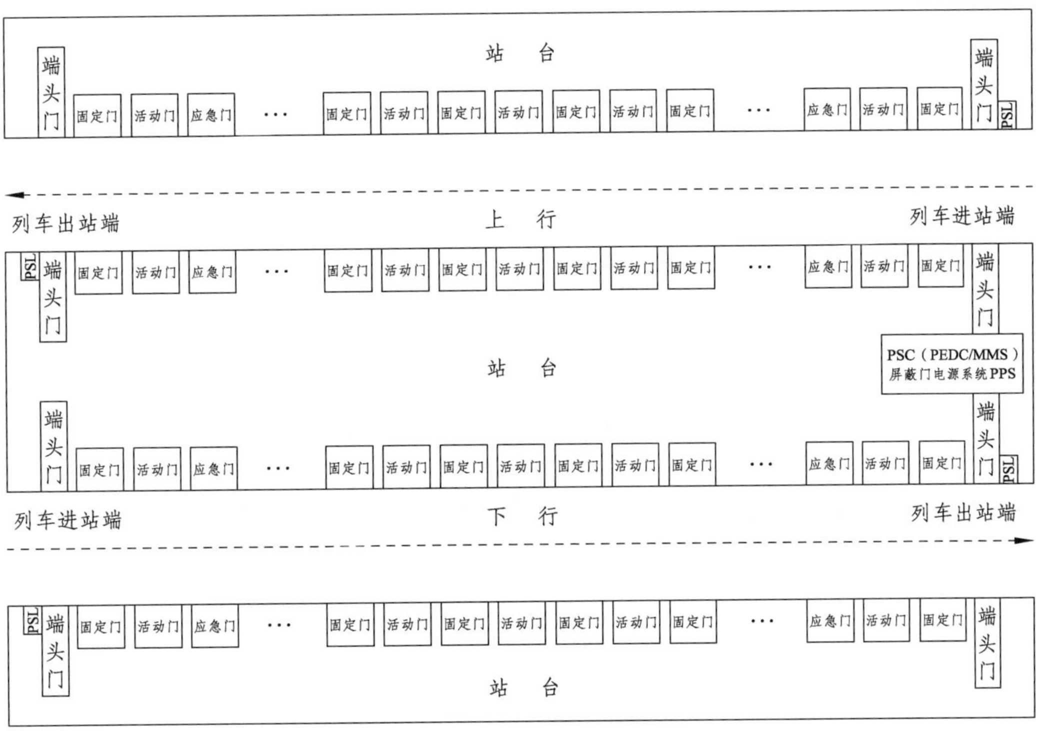

图 1-10　一岛两侧式车站的屏蔽门布局

1.4　屏蔽门系统配置及参数

1. 屏蔽门系统结构与配置

屏蔽门系统主要包括门体系统、门机系统、控制与监控系统和电源系统四部分，其中门体系统和门机系统属于机械部分，控制与监控系统和电源系统属于电气部分，如图 1-11 所示。

门体系统主要由钢架立柱、门框、顶部链接部件、底部链接部件、玻璃、门槛和顶箱组成。门机系统是屏蔽门进行开关门的动力来源，由驱动装置、传动装置、悬挂装置、锁紧装置等组成。控制与监视系统是车站工作人员用来控制和监视屏蔽门开关门的，是屏蔽门系统的核心部分，主要是由信号接口（SIG）、就地控制盘（PSL）、综合后备盘（IBP）、中央控制盘（PSC）、门控单元（DCU）、监视报警装置等组成。电源系统为屏蔽门提供电力支持，主要包括驱动电源和控制电源，驱动电源为驱动装置提供电源，控制电源为控制与监控系统提供电源。

门体系统在站台侧，门机系统位于顶箱，控制与监视系统和电源系统操作柜位于车站设备室，如图 1-12 所示。

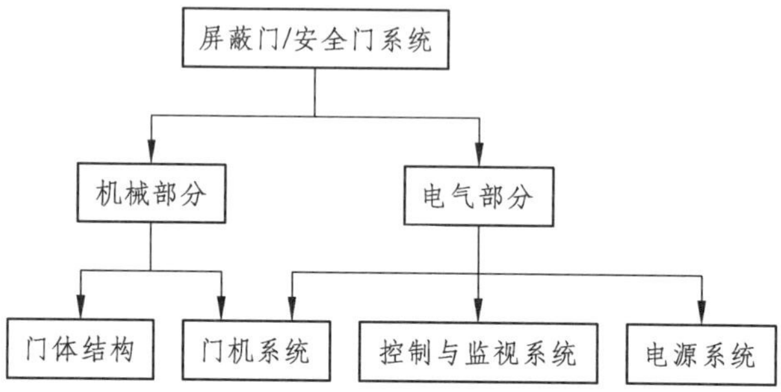

图 1-11　屏蔽门结构

图 1-12　车站设备室实物图

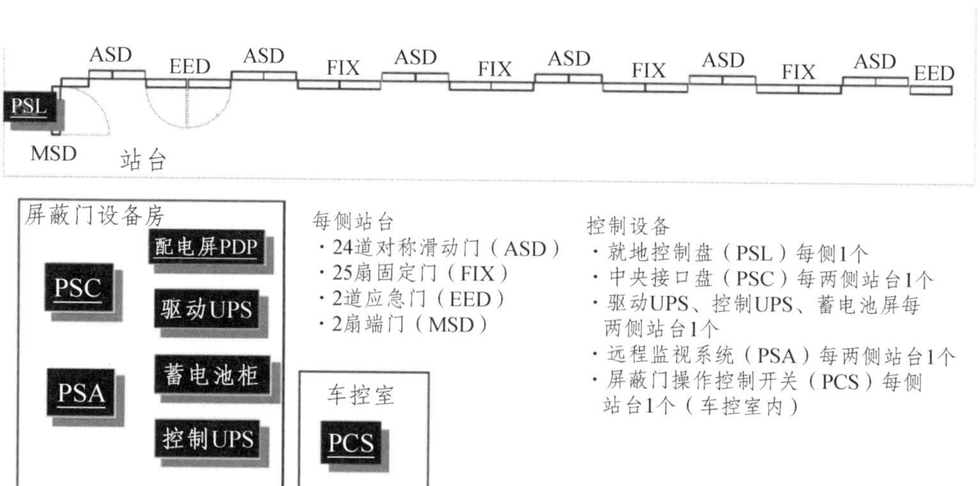

图 1-13　车站设备室简图

2. 屏蔽门系统相关参数

屏蔽门系统由滑动门（ASD）、固定门（ASD）、应急门（EED）和端门（MSD）组成。

（1）每侧滑动门的数量24道（一道两扇），每侧端门2道，每侧应急门2道，每侧固定门25道。

（2）屏蔽门纵向组合总长度约为114.08 m。

（3）屏蔽门总高度为3.45 m（含顶部固体定件）。

（4）滑动门净高度为2.15 m，每扇滑动门净开度为1.9 m。

（5）应急门净开度不小于1.1 m。

（6）固定门净宽度为0.85 m。

（7）端门净高度2.15 m，净开度1.1 m。

（8）滑动门开门行程时间为（2.5 ± 0.1）~（3.5 ± 0.1）s，滑动门关门行程时间为（3.0 ± 0.1）~（4.0 ± 0.1）s。

（9）玻璃材料要求单层钢化玻璃厚度要满足负载条件要求，所有固定门玻璃厚度均为10 mm。

（10）列车停车精度为 ± 300 mm。

（11）屏蔽门主体结构寿命不少于30年。

（12）中央控制盘（PSC）每两侧站台1个，配电屏（PDP）每两侧站台1个，驱动UPS、控制UPS、蓄电池屏每两侧站台1个，屏蔽门就地控制盘（PSL）每侧站台2个，屏蔽门综合后备盘（IBP）每两侧站台1个（放于站控室），屏蔽门操作指示盘（PSA）每两侧站台1个。

评价反馈

学生自评表

班级：	姓名：		学号：
项目一任务一			
评价项目	评价标准	分值	得分

姓名__________ 班级__________ 日期__________

学生互评表

项目一任务一															
评价项目	分值	等级								评价对象（组别）					
										1	2	3	4	5	6

教师综合评价表

班级：	姓名：	学号：	
项目一任务一			
评价项目	评价标准	分值	得分

拓展思考题

简述屏蔽门系统的功能和作用。

项目二　屏蔽门门体系统检修

学习情境描述

地铁屏蔽门分为封闭式、开式和半高式，其中开式和半高式通常被叫作“安全门”，只起到安全和美观的作用，封闭式的通常才是人们所熟悉的“屏蔽门”，也是最常用的一种。屏蔽门门体系统由门体承重结构、门槛、顶箱、滑动门、固定门、应急门、端头门等组成。如图 2-1 所示。

门体系统的主要作用是把站台区域与列车运行区域分隔开来，防止乘客拥挤导致意外掉下站台和跳轨自杀，保证乘客的安全。同时提供站台声音阻隔，降低车辆噪声和站台上的活塞风效应，为乘客提供了安全舒适和安静的候车环境。屏蔽们提供良好的空气密封性也可以起到防尘和节能的作用。

图 2-1　屏蔽门门体

任务一　滑动门、应急门、端门等门的操作实训

任务导入

工作人员在 1 号线 × × 站对门体进行计划检修，检查门体结构、开关门情况及运行指标，对有问题的门体进行拆装、维修、更换。

项目二　屏蔽门门体系统检修

姓名____________ 班级____________ 日期____________

任务目标

知识目标	（1）了解屏蔽门门体系统的组成； （2）了解滑动门、固定门、应急门、端门等门的特点； （3）了解滑动门、固定门、应急门、端门等门的安装方式。
能力目标	（1）掌握屏蔽门门体系统的组成； （2）能够判断滑动门、固定门、应急门、端门等门的故障； （3）掌握滑动门、固定门、应急门、端门等门的更换步骤。
素养目标	（1）培养学生发现问题、解决问题的能力，增强学生的求知欲； （2）培养学生动手操作的能力； （3）培养学生良好的职业素养。

任务分组

班级		组号		指导老师	
组长		学号			

组员

姓名	学号	姓名	学号

任务分工

任务准备

从封闭形式上屏蔽门可分为全高封闭式屏蔽门和半高敞开式安全门。前者适合安装空调系统的站台，一般适用于地下站台，后者适合没有安装空调系统的站台，一般适用于地面站台或高架站台。

全高屏蔽门一般用于地下站台，除具有保证乘客安全的作用外，还具有隔断区间隧道内气流与车站内空调环境之间的冷热气流交换的功能，所以要求屏蔽门的气密性良好，这样才能使车站与区间的热交换减小到最低程度，达到节能的目的。门体高度一般

姓名____________ 班级____________ 日期____________

为 2 800 ~ 3 200 mm，这种结构多用于设有空调系统的站台。

半高安全门主要的作用是保证乘客的安全，高度一般为 1 200 ~ 1 500 mm，由于它不能完全隔绝风和噪声对乘客的影响，因此，这种结构多用在地面站台或高架站台。

引导问题 1：观察实训室里面的门体结构，分析屏蔽门的类型。

____

____

____

引导问题 2：全高屏蔽门和半高安全门适用于什么场景？

____

____

____

任务实施

学习活动 1：门扇机械的调整

工作人员在 1 号线 × × 站对门体进行计划检修，经过检查，发现滑动门运行噪声过大，初步判断是安装不当，导致运动阻力变大，故产生较大的运动噪声。

解决方法是进行门扇机械调整。门扇机械调整的目的：滑动门不前后倾斜，其偏差为 ± 2 mm；左、右滑动门处在同一水平线上，其偏差为 ± 2 mm；合上两滑动门，测量两门接合处，其上、下间距的偏差应小于 2 mm；与同一门单元的另一扇滑动门耦合且不影响障碍物监测功能。

门扇机械调整的方法有以下两种：

（1）调节挂板组件上的螺栓，可以调整滑动门的水平度和整扇门的高度。

（2）通过增加或减少垫片，可以略微调整滑动门在门槛导向槽里的位置。

学习活动 2：门体的更换

工作人员在 1 号线 × × 站对门体进行计划检修，经过检查，发现部分门体由于使用时间较长出现了较大的磨损，需要进行门体的更换。

1. 更换滑动门的具体步骤

使用工具：M6 和 M8 的六角扳手；2 个玻璃吸盘。

（1）取下门楣梁上的加强板，取下碳刷，并松开连接门机梁与门楣梁的加强肋。

（2）在滑动门下方垫两块小木块，以防止下坠，松开与滑动门悬挂装置连接的 M8 的螺栓。

（3）向上抬起滑动门门体，直至滑动门导靴高于门槛面时，将滑动门下方站台侧倾斜，缓慢取出滑动门。

（4）将新门体按原位安装好即可。

2. 更换固定门的具体步骤

（1）将门体周边的密封胶割开。

（2）取下固定门两端的立柱装饰扣板。

（3）取下立柱上的销子。

（4）取下门楣梁上的销子，松开固定门的等电位电缆。

（5）松开固定门上方的门楣梁，并往上抬起门楣梁。

（6）向上抬起固定门，并向站台侧移动，即可取下固定门，把拆卸下来的固定门放在指定位置。

（7）拆下原来的等电位电缆，并将其装在新的固定门上，安装新的固定门、销子、立柱装饰扣板、门楣梁，在固定门周边打胶。

使用工具：M5，M6 和 M8 的六角扳手；一字旋具；割刀；4 个玻璃吸盘；密封胶和胶枪；碎布；美纹纸。

3. 更换端门（司机手推门的结构与端门一样）、应急门的具体步骤

（1）将门打开。

（2）将门楣梁上的转轴取下。

（3）向上抬起门体就可取下。如果空间不够，可以把门楣梁松开并往上抬，即可腾出更多的空间。

（4）将新门体按原位安装好即可。

使用工具：内六角扳手（M4，M6 和 M8）；解锁钥匙；钢丝钳；一字旋具；十字旋具；2 个玻璃吸盘。

项目任务中的相关知识点

2.1　滑动门、应急门、端门等门体系统

屏蔽门的门体由滑动门（ASD）、固定门（FIX）、应急门（EED）、端门（MSD）等组成。如图 2-2 所示为一个典型屏蔽门机械门体的组合，对于屏蔽门，每侧站台包含 24 道 ASD、6 道 EED（每道 1 扇）和 2 道 MSD（每道 1 扇）。

1. 滑动门（ASD）

滑动门（Automatic Sliding Door）是与列车门对应的滑动开启门，由钢化玻璃、门框、吊挂连接板、导靴、橡胶密封胶条和手动解锁装置等组成。滑动门是列车正常运行

时乘客上下车的通道，也是列车在车站隧道内发生火灾或故障时乘客的疏散通道。

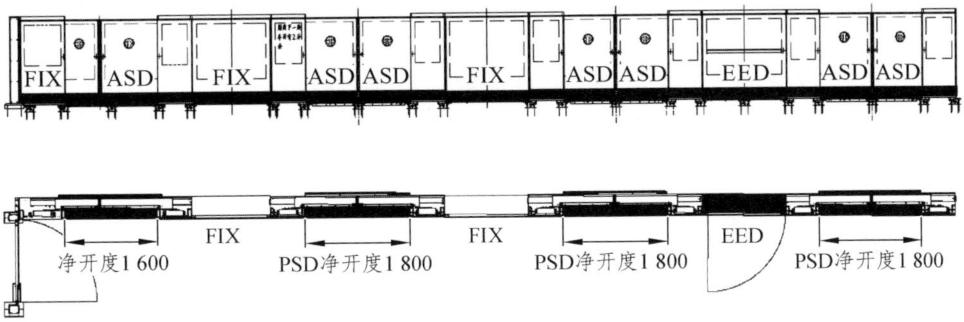

图 2-2　屏蔽门机械门体

1）滑动门结构

滑动门上部的吊挂连接板与门机的吊挂连接板连接，滑动门的下部装有导靴，用于保证滑动门的平稳运行。导靴与门槛导槽之间为接触式结构，其间隙距离要符合要求，方便更换导靴。更换导靴时，先将防攀板拆除，然后从下方将导靴和导靴安装板拆除，无须拆下滑动门，便可实现导靴的更换。

滑动门装有锁紧装置和手动解锁装置。滑动门关闭后，锁紧装置可以防止门因外力作用而打开。滑动门解锁具有三级控制方式，即系统级控制、站台级控制和手动操作的要求，其中手动操作为最高优先级。系统级控制由列车司机在驾驶室内对屏蔽门进行控制，站台级控制由司机在站台就地控制盘上进行开关操作。当滑动门由于电源供应或控制系统故障不能打开时，在站台侧可用专用钥匙开门，在轨道侧乘客可拉动开门把手开门。开门把手嵌入滑动门的竖框内。紧急情况下站台侧站务员可用专门钥匙手动解锁，也可由车上的乘客利用门把手开门逃生。屏蔽门滑动门结构如图 2-3 所示。

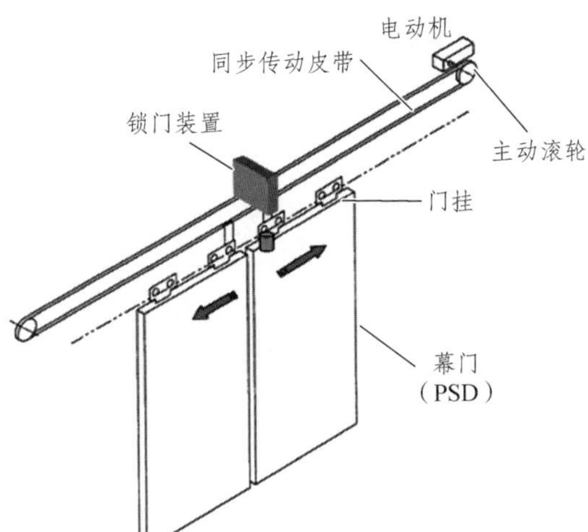

图 2-3　滑动门结构

2）滑动门功能与要求

（1）滑动门为正常运营时乘客上下车的通道，与列车车门一一对应，其开门方式采用中分双开的方式。

（2）滑动门有障碍物检测装置，检测障碍物最小厚度为 5 mm，当滑动门遇到障碍物时，应弹开或停止运行，以保护被夹乘客或物品。

（3）滑动门与立柱装饰扣板之间间隙不大于 5 mm，设置防夹胶条，防止夹伤乘客手指，而且不影响滑动门正常开关。

（4）为防止玻璃门体的损坏，可在门体下部设一定高度的踢脚板。

（5）采用中空橡胶密封和尼龙毛刷相结合的方式，以隔离噪声和阻止站台与轨道间空气及热量的对流，提高环控效率。密封件使用寿命不小于 5 年。

（6）滑动门在操作过程中应保持安静，不应有撞击声等噪声产生。

（7）滑动门开关过程时间与列车门开关过程时间相匹配，且在一定范围内可以调节，同步精度不大于 0.1 s。

2. 应急门

应急门（Emergency Escape Door，EED）是列车进站停车后列车门无法对准滑动门时的乘客疏散通道。车站一侧的两端各配置两扇应急门，分别安装在 1～2 号滑动门和 11～12 号滑动门之间。当上述事故发生时，至少有一道应急门对准列车车门作为乘客疏散的通道。

1）应急门结构

应急门由应急门门板、门框、闭门器、推杆锁等构成。应急门门板采用单层钢化玻璃，门玻璃用结构胶粘接在不锈钢门框上。应急门示意图如图 2-4 所示。

图 2-4　应急门示意图

在应急门的中部安装有手动解锁的推杆装置。推杆长度与门扇宽度基本相等。应急门能承受列车活塞风压、隧道通风系统风压，门不会因风压的影响而自动开启。只有乘客在轨道侧推动推杆，推杆带动门框内的解锁机构，松开应急门上下的门闩，应急门向站台侧旋转 90°平开，能定位保持在 90 开度，不应自动复位。站台工作人员也可用钥匙打开应急门并拉开。

2）应急门功能与要求

（1）应急门是平推门，它可以由轨道侧以手动触发应急推杆来解锁或从站台侧用专用钥匙开锁。

（2）应急门正常运营状态下应保证关闭且锁紧，只可以在列车预定停泊位置用作紧急逃生，所以它们是设在滑动门旁边。

（3）一经松开门后可用适当的力度以手把应急门（EED）推开至 90°，当门体关闭时顶部及底部的闭锁撞针将其锁闭。

（4）在每一个应急门上的门楣内装有一个接近开关装置，用作检测应急门的锁闭状态，当应急门开启时，其上部的指示灯亮，蜂鸣器报警，状态信号反馈到中央控制盘（PSC）中。

3. 端　门

端门（Manual Secondary Door，MSD）是列车在区间隧道发生火灾或故障时，列车停在隧道内，乘客从列车端门下到隧道后疏散到站台的通道，也是车站人员进出隧道、进行维修的通道。端门示意图如图 2-5 所示。

图 2-5　端门示意图

1）端门结构

端门由端门门玻璃、门框、闭门器、手动解锁装置和门锁等构成。端门门玻璃采用单层钢化玻璃，门玻璃用结构胶粘接在门框上。在端门的中部安装有推杆解锁装置，推杆的长度与门扇宽度基本相同。乘客在隧道推动开门推杆，推杆带动门框内的解锁机构，松开端门上下的门闩将门打开，门框的上部装有闭门器，闭门器具有足够大的力，以保证端门在手开启后能够自动复位关闭。端门开启时向站台侧旋转 90°。端门在站台侧有钥匙孔，站台作人员也可用钥匙打开端门，以防止非工作员开启端门。

2）端门功能与要求

（1）主要用于车站工作人员在站台和轨道之间的进出，同时兼顾紧急情况下疏散乘客的要求，端门有门锁装置，允许手动打开。车站工作人员可在站台侧用专用钥匙打开端门，乘客在轨道侧通过推压开门推杆将门打开。

（2）端门上设计有门锁装置，打开后能自动复位至关闭。开门推杆设有明显的指示标识。

（3）端门顶箱上设有声光报警装置。

（4）端门向站台侧旋转 90°平开。开关门时，除密封件外，不允许门扇有其他部件与站台地面摩擦。端门的开启在小于 90°时自动关闭，在不小于 90°时应在 90°保持定位。

（5）端门状态信息反馈到中央控制盘（PSC）中。端门开启时间超过一定时间可设声光报警。

（6）端门单元整体与站台边其他屏蔽门、车站土建绝缘，且要做电气隔离。

4. 固定门

固定门（Fixed Panel，FIX）是不能打开的玻璃隔墙，放置在滑动门与滑动门、滑动门与端头门之间，是车站与区间隧道之间进行隔离和密封的屏障。图 2-6 所示为固定门示意图。

图 2-6 固定门示意图

1）固定门结构

固定门上部与门楣连接，下部与门槛销轴连接，左右两侧与立柱通过插接结构相连

接。固定门与立柱、门楣、门槛之间采用橡胶条密封，固定门的高度与门装饰和滑动门一致。

2）固定门功能与要求

（1）固定门固定在站台公共区与隧道区域之间，起屏蔽作用。

（2）固定门玻璃的边缘有装饰性颜色边框，用以遮挡门框结构，同时设置必要的防撞标识。

（3）固定门不可开启，不存在作为运营操作的人机界面。

门体之间的特点如表 2-1 所示。

表 2-1　门体之间的特点

<table>
<tr><td colspan="2" rowspan="2">位置</td><td>固定门</td><td>滑动门</td><td>应急门</td><td>端门</td></tr>
<tr><td>屏蔽门上不能打开的门</td><td>正常停车时与列车车门一一对应</td><td>每节车厢对应一道门，具体位置视站台实际情况而定</td><td>位于站台两端头，垂直于站台边线布置</td></tr>
<tr><td colspan="2">数量/每侧站台</td><td>—</td><td>24 道</td><td>6 道</td><td>2 扇</td></tr>
<tr><td rowspan="2">手动开门装置</td><td>站台侧</td><td>—</td><td>钥匙开关</td><td>钥匙开关</td><td>钥匙开关</td></tr>
<tr><td>执行侧</td><td>—</td><td>门体中间部位开门扳手</td><td colspan="2">门体中部手动推杆</td></tr>
<tr><td colspan="2">手动开门方式</td><td>—</td><td>与门体方向平行，拉开</td><td colspan="2">向站台侧推开 90°</td></tr>
</table>

评价反馈

学生自评表

<table>
<tr><td colspan="4">班级：　　　　　　　　姓名：　　　　　　　　学号：</td></tr>
<tr><td>项目二任务一</td><td colspan="3"></td></tr>
<tr><td>评价项目</td><td>评价标准</td><td>分值</td><td>得分</td></tr>
<tr><td></td><td></td><td></td><td></td></tr>
<tr><td></td><td></td><td></td><td></td></tr>
<tr><td></td><td></td><td></td><td></td></tr>
<tr><td colspan="4"></td></tr>
</table>

姓名____________ 班级____________ 日期____________

学生互评表

项目二任务一															
评价项目	分值	等级								评价对象（组别）					
										1	2	3	4	5	6

教师综合评价表

班级：	姓名：	学号：	
项目二任务一			
评价项目	评价标准	分值	得分

拓展思考题

简述滑动门锁紧及解锁装置的自动锁紧和解锁、手动解锁过程。

姓名＿＿＿＿＿＿　班级＿＿＿＿＿＿　日期＿＿＿＿＿＿

任务二　屏蔽门顶箱保养

任务导入

工作人员在1号线××站巡检，需要对顶箱进行保养，提高车站设备系统的可靠性。

任务目标

知识目标	（1）了解屏蔽门承重结构； （2）掌握顶箱保养的操作流程。
能力目标	（1）能够排查顶箱的问题； （2）能够熟知顶箱保养安全操作规程； （3）能够按照流程迅速完成顶箱的保养过程。
素养目标	（1）培养学生动手能力； （2）培养学生自主学习的能力； （3）培养学生的安全操作规范。

任务分组

班级		组号		指导老师	
组长		学号			

组员：

姓名	学号	姓名	学号

任务分工

任务准备

顶箱是屏蔽门承重结构中的一部分，由顶箱活动前盖板、门机梁、顶箱固定前盖板、顶箱后盖板等组成，在其内部，设置有门单元驱动机构、门锁装置、门机控制器（DCU）、端子排、导轨、滑轮装置、门机梁等部件。顶箱具有足够的强度，耐蚀性，并有良好的密封性，能够对上述部件起密封保护作用。

姓名____________ 班级____________ 日期____________

引导问题：顶箱有哪些特点？

____

____

____

任务实施

屏蔽门日常维修保养工作坚持“安全第一、预防为主、综合治理”的安全生产方针，执行“预防为主、养修并重”的维修保养原则。顶箱保养属于检修保养的要点，必须在非运营时间进行，在检修保养过程中，需要打开顶箱盖板，PSD 系统带电，操作时要确保所操作单元已从系统电源中隔离。

保养操作时，首先打开前盖板，检查接线端子排，从 DCU 上断开电源，检查 DCU 盒子的电缆和各连接部件上的连接电缆，检查电机和电机安装支架；其次检查齿带、皮带张紧力和皮带轮、所有滚轮组和驱动部件；然后检查和调试锁装置，给锁钩和锁销等做润滑措施；接着检查所有吊挂件；最后重新通电，测试 ASD 开关 5 次以上，没有问题关闭顶箱。

项目任务中的相关知识点

2.2　屏蔽门承重结构部件

屏蔽门门体基础结构由承重结构、门槛、顶箱连接件组成。承重结构能承受屏蔽门的垂直载荷，隧道通风系统产生的风压，列车运行活塞风形成的正、负方向水平载荷，乘客挤压力以及地震和振动等载荷。整个结构采用底部支撑及顶部悬挂相结合的结构形式，底部支撑部件与站台板混凝土相结合，采用高强穿透螺栓进行紧固安装，使整个站台屏蔽门稳定、可靠。顶部支撑部件与站台顶部的混凝土结构的顶梁相结合，承重结构中所有的连接螺栓和定位螺栓一般采用不锈钢固件。

屏蔽门承重结构采用钢架结构，是完整的受力控件，由底部支撑、门槛和立柱、门体框架、门机梁、顶部自动伸缩装置结构组成，通过相互之间的刚性连接，形成一个整体受力框架，如图 2-7 所示。

钢架结构分为上下两个部分，上面一部分由顶部预埋件、支座、绝缘板及顶部自动收缩装置等组成，立柱的顶部与顶部预埋件相连；下部结构由下部预埋件、踏步板和绝缘垫等组成，下部构件表面会进行绝缘镀层处理，全部绝缘安装，使得屏蔽门与站台等建筑物绝缘。

姓名____________　班级____________　日期____________

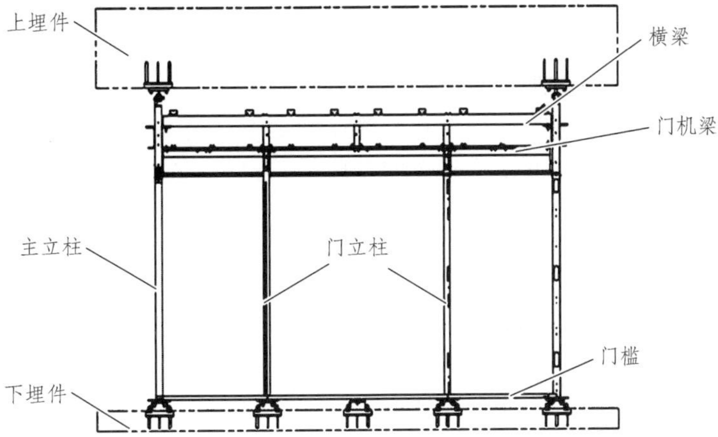

图 2-7　屏蔽门钢架结构简图

1．顶部结构

顶部结构由 L 形支架、伸缩调节装置、横梁等组成。上部连接部件与站台顶梁的连接形式如图 2-8 所示。

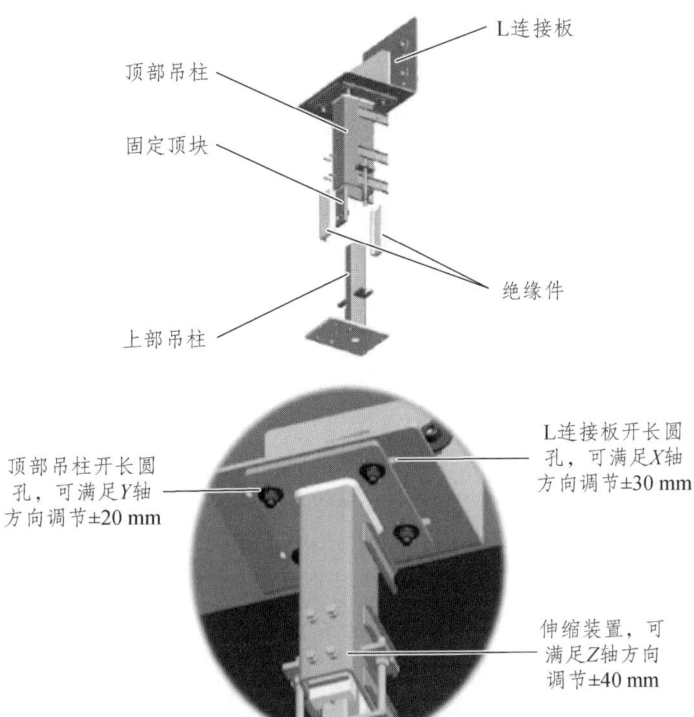

图 2-8　上部伸缩装置结构及上部结构位置调节示意图

L 形支架通过高强度螺栓穿过土建预留件与站台钢筋混凝土顶梁连接，承受顶部结构的自重和传递载荷。槽钢梁通过螺栓与 L 形支架紧固在一起，承受水平和垂直的力，同时也是顶箱安装的一个支撑构件。

伸缩调节装置是通过垂直伸缩杆在绝缘件中上下移动和转动，起到多方位的伸缩调节作用。该装置能有效降低因土建误差造成的站台不均匀沉降，消除温差引起的材料变形和土建结构受力变形的影响。伸缩调节装置采用高性能绝缘件，可确保屏蔽门系统与土建绝缘。

横梁作为屏蔽门单元的承重结构之一，可保证门机梁处于自然悬挂状态和较简单的受力状态，保证门机单元内的传动装置和导轨不会因受力而对门体运行状态造成影响。

整个顶部结构通过顶箱与门体连接构成一个完整的受力屏障，承受屏蔽门系统内部及外部分压力。

2. 屏蔽门立柱

屏蔽门立柱如图 2-9 所示，其由方形型钢加工而成，立柱安装后的外包板采用不锈钢，立柱外包不锈钢厚度不小于 1.5 mm，满足 30 年以上的寿命。立柱是承重结构中的主构件，是连接底部结构和顶部结构的关键部件。屏蔽门立柱下部与门槛相连，上部与门机梁相连，顶部可调节，使门机梁和顶箱能够安装在正确的高度。

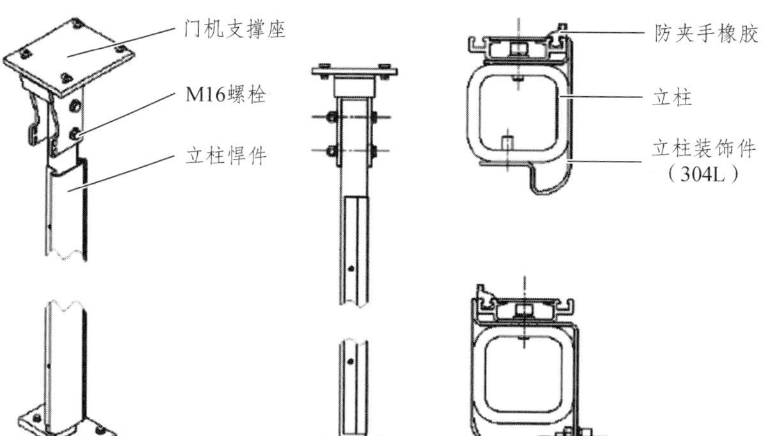

图 2-9　立柱结构示意图

3. 底部支撑结构

屏蔽门底部支撑部件与站台板螺栓连接形式如图 2-10 所示。在站台边缘预留槽内安装支撑屏蔽门门槛及立柱的固定支座。固定支座通过土建预留孔连接固定在站台边缘预留槽内，预留槽下方放置一块钢板来加强连接效果。固定支架采用 T 形支架结构，它与站台钢筋混凝土结构直接连接，达到直接传递载荷的作用。由竖向螺杆调节门槛的上下

姓名＿＿＿＿＿＿　班级＿＿＿＿＿＿　日期＿＿＿＿＿＿

安装位置，这种结构便于控制门槛的安装精度。使用垫片对底座的高度和水平进行微调，垫片下有绝缘片，以保持站台与轨道区绝缘。

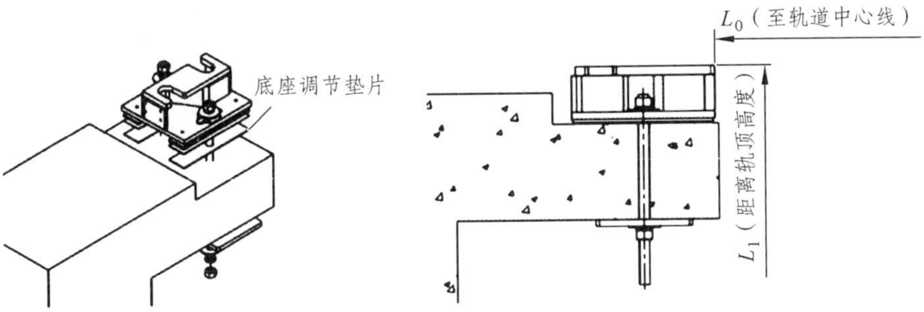

L_0/mm	L_1/mm	安装参考图纸
15 230 ± 5	821 ± 2	底座安装布局图

图 2-10　底部支撑安装图

2.3　门槛和顶箱

1. 门　槛

门槛即是踏步板。如图 2-11 所示，其包括固定门门槛和滑动门门槛。固定门门槛承受固定门的垂直载荷，滑动门门槛承受乘客载荷。材料为铝合金，采用防滑设计，保证乘客上下车安全。

图 2-11　屏蔽门承重结构部件

门槛踏面设计有贯通的凹形导槽。门槛的导槽与滑动门门扇下缘导靴组成往复滑动的运动副，不仅为门扇开关起导向功能，而且可以保持滑动门门扇运行平稳。滑动门导靴在门槛中滑动自如，且门槛导槽便于清扫，不藏杂物与灰尘。滑动导槽的贯道设计可以防止杂物堵塞滑动门导靴的运动，以避免发生滑动门不能关闭的情况。

姓名____________ 班级____________ 日期____________

滑动门门槛上表面靠近站台处制作凹槽，内添性能优良的自发光带，当滑动门开关时提供一条安全带，以提醒乘客上下车时注意安全。为减小列车车体与门槛（站台边缘）的间隙，避免乘客上、下时发生踏空及物品掉落事故，在站台边缘滑动门门槛对应位置安装安全防护橡胶条，对上述间隙进行填充。

开关门时，门槛与滑动门导靴之间要求没明显的摩擦噪声，两者之间的摩擦系数不得超过 0.4。屏蔽门的滑动门与门槛之间的间隙不大于 5 mm，应急门、端门与门槛之间的间隙不大于 10 mm。

2. 顶　箱

顶箱由顶箱活动前盖板、门机梁、顶箱固定前盖板、顶箱后盖板等组成，如图 2-12 所示。顶箱内设置有门的驱动机构、锁紧及解锁装置、门控单元、配电端子箱、导轨、滑车及顶梁等部件。

图 2-12　顶箱

顶箱对上述部件起到密封和保护作用，并便于安装、调试以及维护、检修。顶箱的前盖板兼作车站导向指示牌和站台边缘光带反射板。顶箱采用绝缘、密封安装，气密性要好，应不透灯光。每件顶箱前盖板上设置门锁，盖板关闭后锁紧。当打开前盖板时，支撑装置将盖板支撑住，有足够的开度满足从站台侧检修顶箱内的操作设备，方便维修。每个盖板的周边有可压缩橡胶密封条，当盖板关闭与锁紧时，形成完整的密封箱体。

顶箱前盖板的分缝宽度要求不大于 5 mm，后盖板要能承受列车活塞风载荷。盖板与顶箱之间的密封完好。在有活塞风的情况下，顶箱不发出风啸声。活动前盖板中部可采用加强筋结构以加强盖板刚度，要求达到前盖板在存放、安装及日常检修维护过程中，不会出现因其自重而产生的扭曲和永久变形。顶箱后盖板不能直接安装在土建顶梁上，而是与顶箱上部采用沟槽扣式连接，上下部采用螺栓固定，在轨道区活塞风的作用下，保证后盖板不会脱落危及行车安全。顶箱盖板要保证足够的强度，耐腐蚀，使用寿命可以达到 30 年以上。

姓名＿＿＿＿＿＿＿　班级＿＿＿＿＿＿＿　日期＿＿＿＿＿＿＿

评价反馈

学生自评表

班级：	姓名：	学号：	
项目二任务二			
评价项目	评价标准	分值	得分

学生互评表

项目二任务二															
评价项目	分值	等级								评价对象（组别）					
										1	2	3	4	5	6

教师综合评价表

班级：	姓名：	学号：	
项目二任务二			
评价项目	评价标准	分值	得分

拓展思考题

屏蔽门门体基础结构由哪几部分组成？

姓名____________ 班级____________ 日期____________

任务三　屏蔽门玻璃破碎处理

任务导入

工作人员在1号线××站巡检时发现屏蔽门门体玻璃破碎,需要立即进行维修处理,以防门体受损导致安全事故发生。

任务目标

知识目标	(1)了解屏蔽门门体材料构成; (2)掌握玻璃破碎应急处理方法。
能力目标	(1)能够应对玻璃破碎应急情况; (2)能够熟知破碎处理流程; (3)能够按照流程迅速完成玻璃破碎应急情况处理。
素养目标	(1)培养学生动手能力; (2)培养学生自主学习的能力; (3)培养学生独立思考的能力。

任务分组

班级		组号		指导老师	
组长		学号			

组员

姓名	学号	姓名	学号

任务分工

任务准备

屏蔽门的门体隔离材料通常采用钢化玻璃制成，钢化玻璃由于在制造过程可能残留自爆因子（如硫化镍等），在温度变化、振动、外力冲击等诱因情况下，钢化玻璃有一

姓名____________ 班级____________ 日期____________

定的自爆率。

钢化玻璃的边角特别脆弱，如被坚硬的物体撞击很容易破裂。对于端门、应急门等机械操作的门单元，如果没有锁好，很容易被隧道风压吹开，与别的物体相撞而破裂。

引导问题：屏蔽门玻璃破碎会造成哪些安全隐患？

____

____

____

任务实施

在屏蔽门玻璃（可能是滑动门、应急门、固定门玻璃）爆裂的紧急情况下，尽管屏蔽门玻璃是钢化安全玻璃，仍然可能导致乘客受伤。破碎的玻璃也可能进入轨道，降低列车和站台之间的安全系数。在这种紧急情况下，建议立即封锁故障区域。如果是滑动门的玻璃损坏，应该将此门设置成隔离模式，以防止门继续自动运行。

屏蔽门系统门的玻璃破碎，碎玻璃均有可能进入轨道中，相应工作人员应立即将碎玻璃清除，并且用金属板作为紧急替用板安装在漏洞上，至少需要拉警戒线并由专人看护。在碎玻璃的清除和替换过程中，建议列车暂时停止运行，直到替用板安装完毕。

项目任务中的相关知识点

2.4　门体隔离材料

据报道，2011 年上海地铁轨道交通屏蔽门发生钢化玻璃突然爆裂事件。为了避免此类事件的发生，屏蔽门玻璃宜采用安全玻璃。根据国标 GB 15763《建筑用安全玻璃》规定，所谓的安全玻璃是指钢化玻璃、夹层玻璃，或者由这两种玻璃组合的中空玻璃。屏蔽门系统作为地铁站台建筑装修的重要组成部分，不仅要满足整体装修风格的统一协调，还要保证使用的安全性。因此屏蔽门通常用大面积玻璃来营造明亮的室内光环境，并达到建筑空间交融的效果。

屏蔽门玻璃的安全选用，应符合国家相关标准，根据 DB29—221—2013《玻璃幕墙工程技术规范》和 JGJ113—2019《建筑玻璃应用技术规程》规定，考虑到地铁站台属于人流集中的公共场所，屏蔽门玻璃还有抗风压和防人体冲击要求，所以屏蔽门玻璃选用应以钢化玻璃为主。

钢化玻璃在使用过程中，有一种不可避免的特性就是自爆。据统计，安装施工后使用过程中自爆率约 3%～5%左右。目前，国内外生产厂家对钢化玻璃自爆问题，还无有效解决办法。因此，在屏蔽门巡检过程中，要及时发现玻璃破裂问题，避免造成人员伤害。

2.5　门体玻璃爆裂时的处理

发现玻璃破碎应第一时间报告车控室行值，车控室行值接到报告后，通知值站前往现场进行处理，并立即向 OCC（运行控制中心）汇报，并建议行调是否扣车，是否对进出站限速。

当整侧屏蔽门无法与列车车门联动时，站台保安第一时间进入端门查看 PSL 状态指示灯是否全部熄灭，并将现场情况汇报车控室值班员，行值接到通知后立即查看屏蔽门状态显示以及 IBP 盘屏蔽门指示灯，同时通过综合监控上屏蔽门模块界面查看电源系统状态是否报警。车控室行值立即将故障信息按流程上报。

值站接到行值报告后立即前往站台处置，在确认屏蔽门失电后，对两侧靠近电扶梯的屏蔽门进行开启，并在其他关闭的屏蔽门上粘贴“此门故障”告示条，立即呼叫客值、安检、保洁到站台支援。值站组织人员，在保证发车条件下，按“隔三开一”的方式接发列车。

1. 滑动门玻璃爆裂处理

值站前往现场确认后，立即和站台保安用铁马对两侧正常的滑动门进行围挡，再将围挡后的正常滑动门通过 LCB（就地控制盒）钥匙打至手动开，对隧道活塞风进行泄压，利用行车间隔，用黄色胶带对爆裂的滑动门进行横竖网状加斜条对拉的方式进行粘贴，防止滑动门破碎后玻璃调入轨行区，可根据现场情况增加胶带的粘贴数量，车站完成对爆裂的滑动门胶带粘贴后，将该爆裂滑动门通过 LCB 钥匙打至手动开，并设置铁马进行隔离防护。最后将两侧因泄压而打开的正常滑动门，通过 LCB 钥匙打至自动位进行关闭，并撤除防护。

2. 固定门（应急门）玻璃爆裂处理

当站台保安发现固定门爆裂时立即汇报车控室行值，值站前往现场确认后，立即和站台保安用铁马对爆裂的固定门两侧正常的滑动门进行围挡，再将固定门两个正常滑动门通过 LCB 钥匙打至手动开，对隧道活塞风进行泄压，利用行车间隔，用黄色胶带对爆裂的固定门用横竖网状加斜条对拉的方式进行粘贴加固，防止固定门破碎后玻璃调入轨行区，可根据现场情况增加胶带的粘贴数量，最后设置铁马进行隔离防护。

3. 端门玻璃爆裂处理

当站台保安发现固定门爆裂时立即汇报车控室行值，值站前往现场确认后，将爆裂的端门玻璃用封箱胶纸粘住，将临近的第 1 挡或第 30 挡滑动门打开，并将打开的滑动门隔离断电，最后设置铁马进行隔离防护。

在发生屏蔽门玻璃爆裂的故障后，需要大致判断玻璃爆裂的原因是自爆还是人为损坏，有条件的可以先查看车站监控录像，看爆裂时间点前后玻璃门旁边是否有人为原因破坏导致。检查玻璃现状，观察起爆点处是否有玻璃掉下来，一般因人为外力冲击损坏的起爆点有玻璃碎粒掉下来；通常自爆的钢化玻璃起爆点处没有玻璃掉下来，且可能有蝴蝶斑状碎块或杂质，如图 2-13 所示。

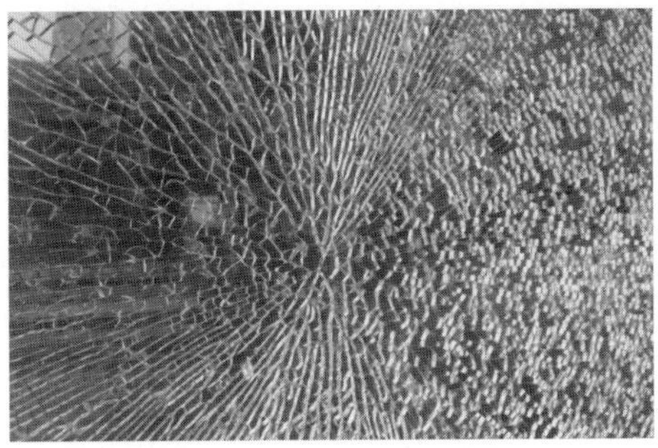

图 2-13　自爆的钢化玻璃

为减少对日间运营的影响，爆裂后的门头通常在运营结束后进行更换，在更换前应做好更换部件的运输及工具、器具的准备工作。

评价反馈

学生自评表

班级：	姓名：	学号：	
项目二任务三			
评价项目	评价标准	分值	得分

学生互评表

项目二任务三															
评价项目	分值	等级								评价对象（组别）					
										1	2	3	4	5	6

教师综合评价表

班级：	姓名：	学号：	
项目二任务三			
评价项目	评价标准	分值	得分

拓展思考题

为什么屏蔽门选择单层钢化安全玻璃？

任务四　屏蔽门与车门夹人处理

任务导入

1号线内有一名男子，在警告灯亮起之后，仍旧继续往车上挤，结果没能上车，不幸被夹在了车门与屏蔽门的中间，触发站内防夹人夹物安全装置，试分析解决方法。

任务目标

知识目标	（1）了解屏蔽门限界与安全措施； （2）了解乘客探测器的工作原理； （3）了解被两门夹住的救援方法。
能力目标	（1）掌握屏蔽门与车门夹人处理； （2）掌握夹人故障处理流程； （3）能够按照流程迅速完成夹人应急情况处理。
素养目标	（1）培养学生自主学习的能力； （2）培养学生独立思考的能力； （3）培养学生动手操作的能力。

项目二　屏蔽门门体系统检修

姓名__________ 班级__________ 日期__________

任务分组

班级		组号		指导老师	
组长		学号			

组员

姓名	学号	姓名	学号

任务分工

任务准备

2007 年 7 月 15 日下午 3 点 34 分，某市地铁 1 号线下行方向的列车，在某站发生一幕惨剧：一名男性乘客因强行上车，不慎被夹在列车车门与屏蔽门之间，列车正常启动后，该乘客被挤压坠入隧道不幸身亡。

引导问题：屏蔽门与车门之间有安全防护装置吗？

____

____

____

任务实施

如果乘客被夹在两门之间困住时面向屏蔽门，可以拉动滑动门紧急拉手将门打开；如果乘客被困住时面向车门，不便使用拉手，就只能依靠其他乘客的帮助。车上乘客可以拉动列车门附近的紧急解锁停车装置，使列车不能马上起动。站台上的乘客可以按动站台紧急按钮，也可大声呼唤车站工作人员阻止列车起动。

当乘客发现有可能被两门夹住时，在这种危急情况下可以主动伸手或用其他较厚的物件挡在正在关闭的两扇车门之间或两扇屏蔽门中间，阻挡门关闭。因为屏蔽门和车门均设计有防夹功能，当夹到不小于 25 mm × 30 mm 的物体时，门会自动弹开，而车门或屏蔽门不关闭，则车辆不能起动。这样乘客可能被夹痛或受伤，但不会有生命危险。

项目任务中的相关知识点

2.6　屏蔽门、车门夹人夹物原因分析

1. 屏蔽门与车门之间存在的有害空间

屏蔽门是与地铁车辆配合使用的，为避免它们之间发生碰撞，从结构限界上就必须留有一定的安全距离，又由于车辆是运动的，屏蔽门是静止的，所形成的动态包络线使这一安全距离增大。对于车辆和屏蔽门这两个设备之间必须确保的安全距离，恰恰对于乘客确是有害空间，并且这一安全距离越大，造成乘客乘车危险性就越高。从运营安全考虑，按照地铁设计规范设备安全限界的计算，在地下站台，B 型车最小要保证 204 mm 距离，屏蔽门在特殊考虑下，也要保证至少 180 mm 距离，可是受曲线站台等的影响，这一距离均会变大，一般体型瘦小的人或孩子最容易被困在这个有害空间之内。

2. 屏蔽门、车门探测障碍物能力有限

车门防夹功能最小检测障碍物大小为 30 mm × 60 mm，在正常关门时如果遇到障碍物，最大关门力持续 0.5 s 后，车门重新打开至 350 mm，再重新关闭；如果障碍物仍旧存在，则将再循环一次。当障碍物探测达到 3 次，客室门将处于打开状态，由司机再次操作关门按钮可将车门关闭。屏蔽门滑动门能够探测到的障碍物最小厚度为 4 mm，如滑动门在关闭过程中感应到存在障碍物时，滑动门将停止执行关闭指令并打开约 100 mm（即每扇门各打开 50 mm），0 ~ 2 s 后，滑动门自动关闭；如障碍物仍然存在，滑动门打开 100 mm（即每扇门各打开 50 mm）；如果三次关门失败，滑动门将打开至全开位置。因此，当障碍物小于车门、屏蔽门的最小探测障碍物的大小时，车门、屏蔽门将认为屏蔽门、车门在安全状态，这导致存在车门、屏蔽门夹障碍物开车的隐患。

3. 客流集中，拥挤现象明显

地铁一般在上下班高峰期单向客流明显且客流比较集中，上下车的乘客会发生对冲冲门堵门的现象，导致乘客上下车效率降低。而乘客上下车效率不仅影响地铁站内人群的活动，同时也容易在车门口发生滞留，影响地铁列车的停车时间和服务水平，容易发生屏蔽门、车门夹人夹物事件。

2.7　屏蔽门、车门防夹人夹物安全设施

1. 防攀爬斜板及挡板

1）防攀爬斜板

在屏蔽门靠近轨道侧的滑动门上加装的防攀爬斜板，是一种三角形的铝制防爬板，

横向安装在滑动门的最下面。当屏蔽门关闭时，防爬板可以将屏蔽门和列车门之间的剩余的地面空间填满。这样，即使有乘客强行冲进屏蔽门，也会由于双脚无法落地，只能退出屏蔽门。防爬板的安装不会侵限，无须额外加装有源设备，算是比较有效的方法之一。

缺点：乘客可能由于拥挤，在车门先开的情况下被挤出车厢无处落脚，脚滑入站台和车体的缝隙后发生伤害；不能解决类似夹包的问题。

2）挡　板

在屏蔽门靠近轨道侧的滑动门上加装的挡板，是一种高约 60 cm 的橡胶挡板，竖向安装在滑动门的侧边缘，与滑动门成直角。当屏蔽门关闭时，挡板增大了滑动门关闭时两门的接触面积，使乘客在关门时被夹到的可能性增大。这样，即使有乘客强行冲进屏蔽门，也会由于脚步被夹而使滑动门弹开，减少被困在危险空间的比率，而且不会被夹伤。

缺点：不太美观，侵入限界，虽然对于上车乘客比较有效，但对于先开车门，由于拥挤被挤入危险空间的乘客来说还是不利的，它使乘客脸部向门体两侧移动，被逼入死角，而且也不能解决类似夹物问题。

2. 站台软灯管

广州地铁自主研发了屏蔽门站台软灯管，在屏蔽门尾端立柱外侧加装竖行的黄色软灯管，只要有人被夹在屏蔽门和列车门之间，黄色灯光就会被挡住，列车驾驶员可清楚地瞭望到屏蔽门与车门之间的间隙情况，一有情况司机就不会开车，此举有效地防止了屏蔽门夹人事件的再次发生。之所以称为“软”灯管，是因为它的安装已经侵限，因为软灯管最好能装在缝隙正中间，若太靠近门体安装则有可能检测不出异常情况。

缺点：只适合地下直线站台的应用，对于曲线站台和高架及地面站台就不适用，在曲线站台司机看不全软灯管，在高架和地面受自然光线的影响司机看不清软灯管。另外，此方法的安全靠司机保证，一旦司机疏忽可能造成隐患，还要加强制度管理。

3. 乘客探测装置

乘客探测装置常见的有红外探测器和激光探测器。

1）红外探测器

红外探测器是靠探测人体发射的红外线来进行工作的。探测器收集外界的红外辐射进而聚集到红外传感器上。红外传感器通常采用热释电元件，这种元件在接收了红外辐射温度发出变化时就会向外释放电荷，检测处理后产生报警。这种探测器是以探测人体辐射为目标的，所以辐射敏感元件对波长为 10 μm 左右的红外辐射必须非常敏感。该探测器可以每个门加装，也可以屏蔽门首尾端加装。

缺点：每个门都安装红外线装置，其造价较高而且故障点增多，影响运营效率；仅首尾两端安装红外线装置，由于聚光分散，光斑较大，会造成误报现象；不适合曲线、高架和地面站台。

2）激光探测器

激光探测器所用激光凝光性能好，两端安装激光装置会比红外线装置性能优越，误判率大大降低。

缺点：安装精度要求高，不宜采用软质材料；不适合曲线站台首尾两端安装，曲线站台可采取每节车厢安装一对的方法。

4. 其他防护技术

随着科技的发展，现在采用视频探测并结合图像自动识别技术，在每个屏蔽门的上方或斜上方安装一个摄像头，在运营时间一直处于工作状态，当列车进站后屏蔽门与车门打开的时候，软件中的自动识别程序进入准备状态，当识别到屏蔽门和车门关闭后启动程序判断功能，程序通过与以往图像的比照对有害空间的状态进行判断，考虑到每次车停不准的因素，每一次的图像与以往储存的对照图像不一致，所以要用到智能判断功能，即关闭后的车门在图像中的位置变化不会引发报警，只有当发现车门或屏蔽门之间夹有异物或者有害空间夹有异物后才进行报警，自动判断程序将在不到 1 s 的时间内完成判断结果，从而能够快速准确判断两门夹人夹物事故。

2.8　屏蔽门、车门夹人夹物救援措施

1. 列车未启动时处理程序

（1）如接到报告或观察到夹人（夹物）后，立即重新打开车门和屏蔽门，待人和物撤离后，再关闭屏蔽门和车门。

（2）如司机发现而站台保安未发现夹人夹物时，应通过端墙电话通知车控室。

（3）凭站台保安“好了”信号，关闭车门和屏蔽门，确认车门、屏蔽门无夹人夹物。

2. 列车已动车时处理程序

（1）列车产生不明原因紧急制动后汇报行调（如运行中获知夹人夹物信息应立即停车）。

（2）接到行调或乘客报警有关夹人夹物处理指示后确认具体位置，做好乘客安抚广播。

（3）前往现场采用单个车门紧急解锁方式处理（解锁前要确保附近乘客的安全）。严禁按压司机室门控按钮开门。

（4）处理完毕，恢复车门，汇报行调。凭行调指令动车。

姓名____________ 班级____________ 日期____________

3. 接报非站台侧车门夹人夹物后有关人员处理程序

（1）接到行调通知或紧急报警得知车门夹人夹物后，前往现场处理。

（2）采用单个车门紧急解锁方式妥善处理夹人夹物（解锁前要确保附近乘客的安全）。处理完毕，恢复车门。

（3）如在站台则根据站台工作人员“好了”手信号关门，确认车门、屏蔽门无夹人夹物。如在区间则汇报行调。

评价反馈

学生自评表

班级：	姓名：	学号：	
项目二任务四			
评价项目	评价标准	分值	得分

学生互评表

项目二任务四															
评价项目	分值	等级								评价对象（组别）					
										1	2	3	4	5	6

教师综合评价表

班级：	姓名：	学号：	
项目二任务四			
评价项目	评价标准	分值	得分

姓名____________ 班级____________ 日期____________

拓展思考题

列车已动车时发生夹人事件该如何处理？

姓名____________ 班级____________ 日期____________

项目三　屏蔽门门机系统检修

学习情境描述

城市轨道交通屏蔽门门机系统是指通过控制电动机正反转驱动传动系统的正反转，从而使得滑动门实现开和关的控制要求的系统。在滑动门开关的过程中将电压和电流等信息反馈给门控单元（DCU），以便控制和判断滑动门运行状态。门机系统一般装设在门本体结构的顶箱内，少数装在底箱内，主要包括驱动装置、传动装置、悬挂装置和锁紧装置等，如图 3-1 所示。顶箱对内部的装置等起密封保护作用。维修盖板是附于顶箱的正面装置，每一个维修盖板由两把钥匙开启，钥匙与手动开启滑动门（ASD）、应急门（EED）、端头门（MSD）的解锁钥匙相同。维修盖板采用的是气动支撑装置，当钥匙开启后，撑杆自动支撑维修盖板到一定角度，便于顶箱内部的观察和检修。

门机系统的主要作用是接收来自中央控制盘（PSC）的控制命令，依照命令驱动滑动门完成控制动作，是屏蔽门系统动作的具体执行者。

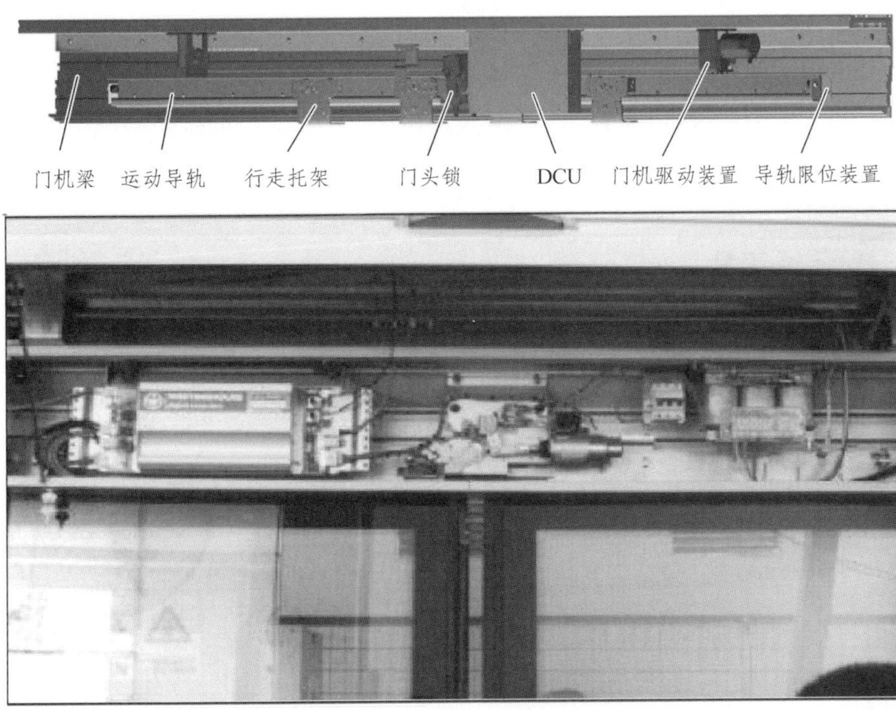

图 3-1　门机系统整体图

姓名____________ 班级____________ 日期____________

任务一　屏蔽门电动机检修及更换

任务导入

1 号线车站上行 108 号滑动门门头灯常亮，列车能够正常进出站台，信号开/关门时，其余滑动门正常，此道门处于关闭状态，检查发现 108 号滑动门电动机电流过高报警。打开开门开关，该滑动门电动机处声音异常且转动沉重。作为屏蔽门检修工请进行故障检修。

任务目标

知识目标	（1）了解直流无刷电动机的工作原理； （2）掌握直流无刷电动机变速的方法。
能力目标	（1）能够对直流无刷电动机进行故障分析； （2）能够对电动机进行检修和更换。
素养目标	（1）培养学生认识新事物的能力； （2）培养学生自主学习的能力； （3）培养学生团队协作能力； （4）培养学生独立思考的能力； （5）培养学生查阅资料的能力。

任务分组

班级		组号		指导老师	
组长		学号			
组员	姓名	学号	姓名	学号	
任务分工					

姓名＿＿＿＿＿＿　班级＿＿＿＿＿＿　日期＿＿＿＿＿＿

任务准备

引导问题：请阐述直流无刷电动机与直流有刷电动机的区别？

＿＿＿＿＿＿＿＿＿＿＿＿＿＿＿＿＿＿＿＿＿＿＿＿＿＿＿＿＿＿＿＿＿＿＿＿＿＿

＿＿＿＿＿＿＿＿＿＿＿＿＿＿＿＿＿＿＿＿＿＿＿＿＿＿＿＿＿＿＿＿＿＿＿＿＿＿

＿＿＿＿＿＿＿＿＿＿＿＿＿＿＿＿＿＿＿＿＿＿＿＿＿＿＿＿＿＿＿＿＿＿＿＿＿＿

任务实施

通过现象进行分析，并按照故障先简单后复杂的方法来排除。现象是单个滑动门无法开关门，且电动机处声音异常且转动沉重，先查看监视记录，进行故障初步判断，然后是机械故障排除，查看滚轮与导轨是否运行正常，无异常则再查看门机系统，发现故障为电动机轴承故障，导致无法正常开关门。进行故障产生因素分析，站台灰尘较多，滑动门电动机轴承会进入灰尘，加速轴承磨损，导致轴承寿命期缩短。

解决方法为更换直流无刷电动机（见图 3-2）。更换步骤如下：

图 3-2　直流无刷电动机实物图

（1）将 LCB 打到手动关，打开盖板并断电。

（2）拆除电机连接线速。

（3）松开从动轮装置面板螺钉和调整螺栓。

（4）松脱电机固定螺钉，拆除电机装置。

（5）安装新的电机，并拧紧固定螺钉。

（6）将皮带挂回从动轮装置和电机装置的皮带轮上，调整皮带张力。

（7）将 DCU 的电机连接线束接好。

（8）用 LCB 手动开关测试门体开关。

（9）关闭盖板并将 LCB 打到自动模式。

项目任务中的相关知识点

3.1　驱动装置

驱动装置是驱动滑动门运动的动力来源，主要是指电动机，如图 3-3 所示。我们日常生活中电动机分为交流电动机、直流电动机两类，直流电动机又分为直流有刷电动机及直流无刷电动机，其中直流无刷电动机具有低转速、无噪声、免维护保养、寿命长、体积小、大扭矩、过载能力强、响应快、特性线性度好等特点，因此被广泛使用。屏蔽门系统一般使用直流电动机。

图 3-3　驱动装置实物图

1. 电动机相关理论

1）左手定则

判断安培力：张开左手，使拇指与其余四个手指垂直，并且都与手掌处于同一平面内，让磁感线从掌心进入，并使得四指指向电流的方向，这时拇指所指的方向就是电导线在磁场中所受安培力的方向，如图 3-4 所示。

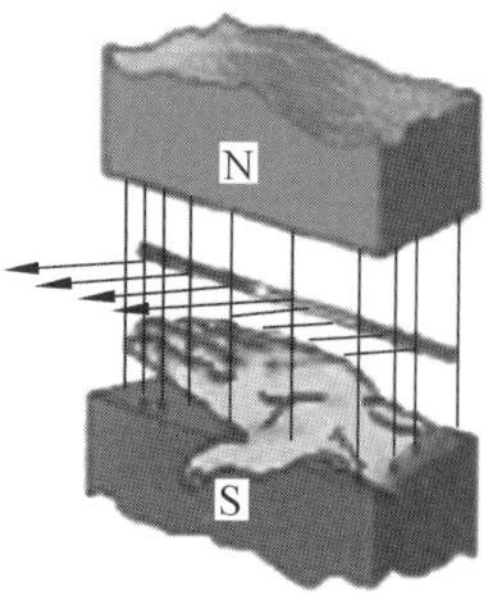

图 3-4　左手定则

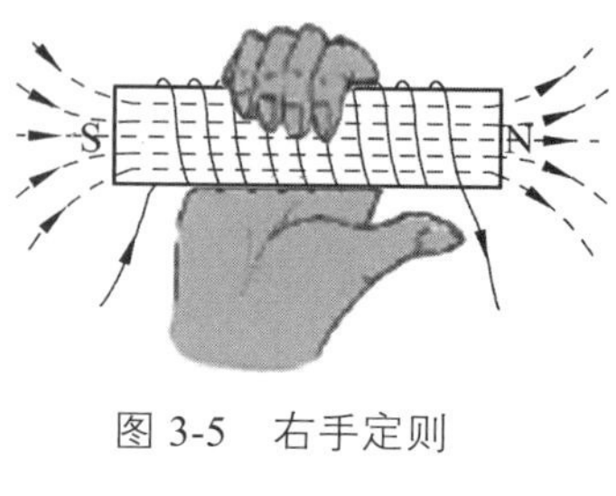

图 3-5　右手定则

2）右手定则

判断磁场方向，用右手握住通电螺旋管，使四指弯曲与电流方向一致，那么大拇指所指的那一端就是通电螺旋管的 N 极，如图 3-5 所示。

3）直流有刷电动机的原理

人们利用电磁感应原理发明了直流有刷电动机，直流有刷电动机是将直流转换为机械能的装置。直流有刷电动机上面是定子的磁场 N 极，下面是定子的磁场 S 极，由此产生了由上到下的磁感应线。转子部分是由换向器、电刷和线圈组成，其中电刷上分别接直流电源正负极。当直流电源通过电刷向电枢绕组供电时，电枢表面的 N 极下导体可以流过相同方向的电流，根据左手定则导体将受到逆时针方向的力矩作用；电枢表面 S 极下部分导体也流过相同方向的电流，同样根据左手定则导体也将受到逆时针方向的力矩作用。这样，整个电枢绕组即转子将按逆时针旋转，输入的直流电能就转换成转子轴上输出的机械能。当直流有刷电动机旋转 90°后转子由于惯性继续转动，此时原本的 S 极传上来变成了 N 极，同时原本的 N 极现在转下去变成了 S 极。新 N 极所对应的换向器接触到了电源的正极，因此根据左手定则导体又受到逆时针方向的力矩作用，使得整个电动机持续进行逆时针转动，因此直流有刷电动机就转动起来了。直流有刷电动机如图 3-6 所示。

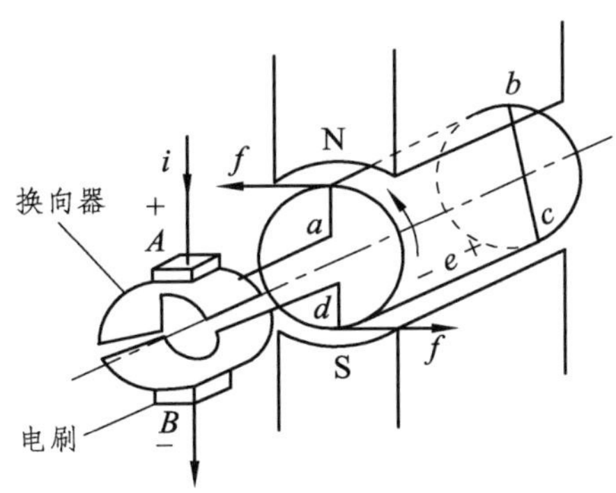

图 3-6　直流有刷电动机

2. 直流无刷电动机

1）直流无刷电动机概述

直流无刷电动机由电动机主体和驱动器组成，是一种典型的机电一体化产品。无刷电动机是指无电刷和换向器（或集电环）的电动机，又称无换向器电动机。早在 19 世纪诞生电动机的时候，产生的实用性电动机就是无刷形式，即交流鼠笼式异步电动机，这种电动机得到了广泛的应用。但是，异步电动机有许多无法克服的缺陷，以致其技术发展缓慢。20 世纪中叶诞生了晶体管，因而采用晶体管换向电路代替电刷与换向器的直流无刷电动机就应运而生了。这种新型无刷电动机称为电子换向式直流电动机，它克服了第一代无刷电动机的缺陷。

无刷直流电动机保留了优良的调速性能，又省去了机械电刷和换向器。因为采用了位置检测器和电子开关变换器替代电刷和换向器，既有传统直流电机的优良特性，又有交流电机的结构简单、运行可靠、寿命长的优点。

2）直流无刷电动机的结构

直流无刷电动机主要包括定子、转子、检测转子磁极位置的传感器及电子换向器等，如图 3-7 所示。

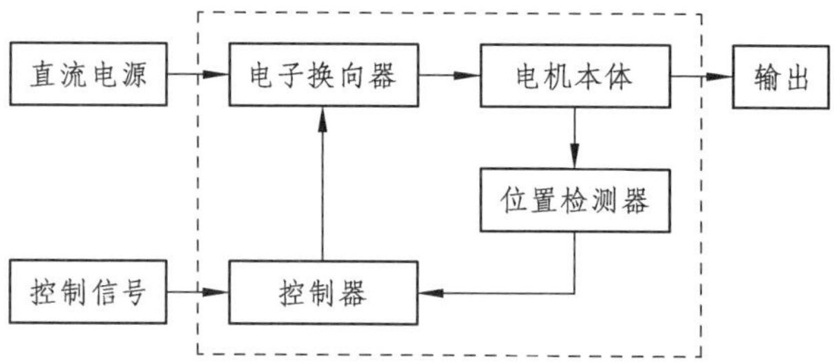

图 3-7　直流无刷电动机的结构

根据直流无刷电机运转方式的不同，有可以分为内转子无刷电机和外转子无刷电机。内转子都是三相的，价格相对比较贵，外转子的价格很便宜，现已大批量生产已经接近碳刷电机，因此近年来得到广泛应用。

我们这里主要讨论外转子直流无刷电动机。电动机外部是转子，转子上是用永磁体制成的磁铁，转子中心连接一根转轴。内部是定子，定子采用叠片结构并在槽内铺设绕组的方式，定子绕组多采用三相并以星形方式连接，当绕组通电时就会产生磁场，转子上的永磁体可以与定子产生的磁场相互作用，如图 3-8 所示。我们这里都以三相六极直流无刷电动机为例，这里所谓的“三相”是指电动机采用星形连接的 ABC 三组线圈进行励磁，“六极”是指定子磁场磁极为 6 个。

图 3-8　转子与定子

3）直流无刷电动机的原理

直流无刷电动机是如何能动起来的呢？其实，直流无刷电动机本质上是一种同步电动机，即定子绕组通电产生旋转磁场，吸引转子磁极与之对准，产生轴的运动。图 3-9 所示是三相六极无刷直流电动机绕组结构图，定子上绕有六组线圈，分别为 A+、B+、C+、A－、B－、C－，其一一相互对应，相对应极的两个绕组首尾相接连接成一相绕组，即形成了 A+与 A－，B+与 B－，C+与 C－三相绕组。定子上的六组线圈固定不动，转子上的永磁体不停地旋转，当线圈 A+与 A－通正向电流后，产生了由 A－到 A+的磁势，此时 A+为所产生的电磁场的 N 极，A－产生电磁场的 S 极。这个 N 极与转子上的 S 极之间就会因为异性相吸而产生一股吸引力，从而使得转子逆时针方向转动。当转子 S 极逆时针转动 60°时，线圈 A+与 A－断电，线圈 C+与 C－通反向电流，这个时候就使得 C－产生电磁场的 N 极，C+产生电磁场的 S 极，转子的 S 极持续受到 C－所产生的 N 极吸引，因而继续转动。当转子 S 极经过 C－之后，线圈 C+与 C－断电，B+与 B－通电，因此转子持续转动达到了电动机转动的目的。有人把这个现象比喻成毛驴吃胡萝卜，在毛驴前面吊着胡萝卜，不断吸引毛驴前进。

后来，人们发现每次只有一组线圈通电工作，两组线圈断电不工作，使得电动机效率低下，人们在原来的基础上进行了改进。刚开始工作的时候，同时给线圈 A+与 A－，C+与 C－通方向相反的电流，使得 A+和 C－都成为线圈的 N 极，此时两个 N 极产生的吸引力 F_{A+}与 F_{C-}合成了一股合力 F_{A+C-}，吸引转子 S 极转动（见图 3-10）。

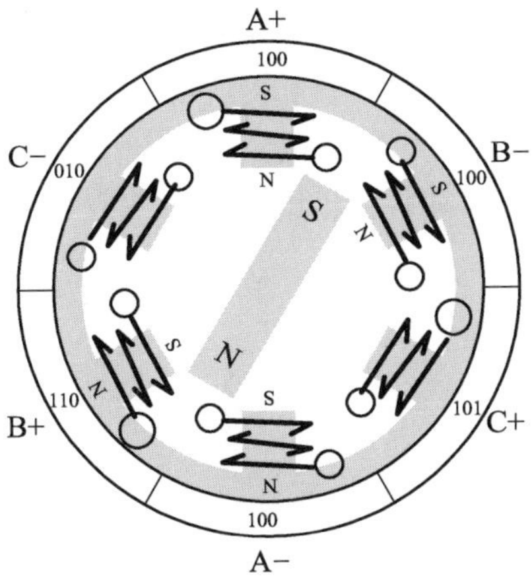

图 3-9　三相六极无刷直流电动机绕组结构

合力 F_{A+C-}比单独的 F_{A+}或 F_{C-}都要大，因此转子 S 极转动速度加快，这在一定程度上提高了电动机的工作效率。当转子转过 60°后，线圈 A+与 A－，C+与 C－通电截止，紧接着线圈 C+与 C－，B+与 B－通电，使得 C－和 B+分别成为线圈的 N 极。其磁场所产生的吸引力 F_{C-}与 F_{B+}所合成的合力 F_{B+C-}吸引转子 S 极持续转动。

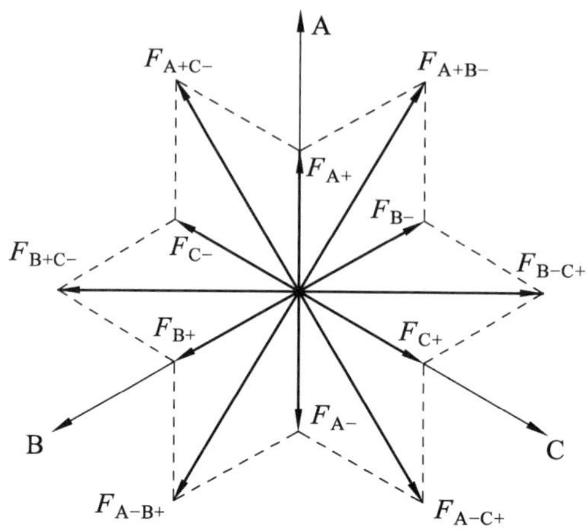

图 3-10　磁极合力图

由图 3-10 所示我们可以看出转子 S 极一个周期依次受到合力① F_{A+C-}、② F_{B+C-}、③ F_{B+A-}、④ F_{C+A-}、⑤ F_{C+B-}、⑥ F_{A+B-}的作用，形成了一个循环，电动机于是也逆时针转动一圈，接下来的周期按照这个顺序依次受力，电动机持续转动。在这个过程中，就需要依次按照上述 6 个步骤分别给 A+与 C－、B+与 C－、B+与 A－、C+与 A－、C+与 B－、A+与 B－分别通正向电流和反向电流，使得它们依次成为电磁场的 N 极，吸引转子的 S 极不断转动。

这个通电过程要按步骤通电，还要注意电流方向，比较复杂，人们进一步改进电路，将 A+、B+、C+、A－、B－、C－三相六极相对应极的两个绕组首尾相接连接成一相绕组，然后将三相绕组的 A－、B－、C－三个极端连接起来成为星形连接，并用小写英文字母 a、b、c 表示 A－、B－、C－三个线圈，中间的共同点成为 COM 端，如图 3-11 所示。

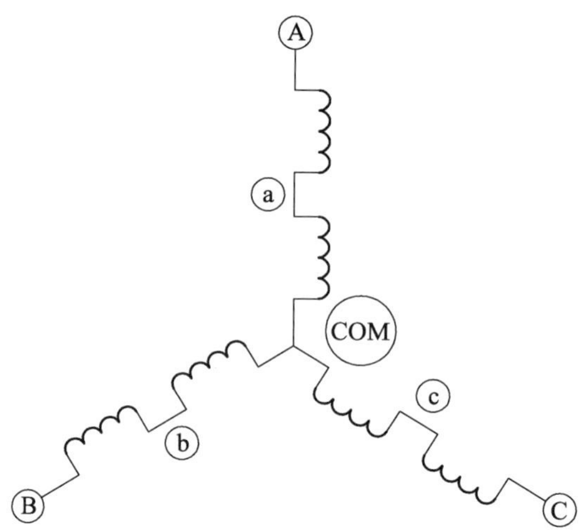

图 3-11　星形连接

姓名____________ 班级____________ 日期____________

根据右手定则，当两个铁芯线圈绕线方向相同，但电流方向不同时，产生的磁场方向也不同。在星形连接中，所有线圈的绕线方向相同，因此给予不同方向的电流就可以产生不同方向的磁场。

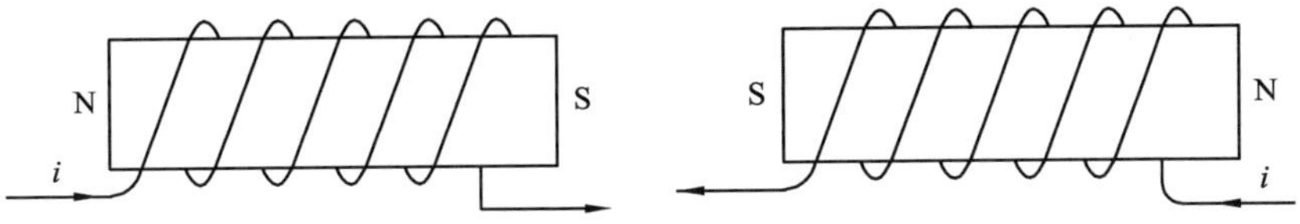

图 3-12

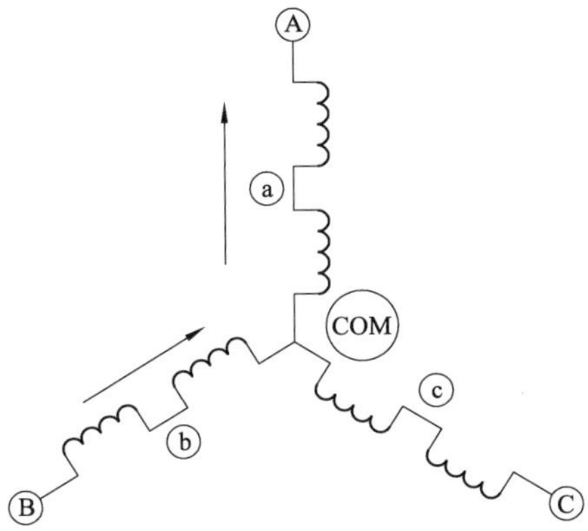

图 3-13　星形连接

假如电流从 A 相绕组流进并经过线圈 a 和线圈 b，从 B 相绕组流出，A 相绕组产生从 COM 端指向 A 端的磁势，B 相绕组产生从 B 端指向 COM 端的磁势。此时 A 为 N 极，b 为 N 极，a 为 S 极，B 为 S 极，产生同上文的合力，吸引转子旋转 60°。然后改变电流流入的绕组，电流从 A 相绕组流进经过线圈 a 和线圈 c，从 C 相绕组流出，A 相绕组产生从 COM 端指向 A 端的磁势，C 相绕组产生从 C 端指向 COM 端的磁势。A 为 N 极，c 为 N 极，a 为 S 极，C 为 S 极，产生同上文的合力，吸引转子旋转 60°。

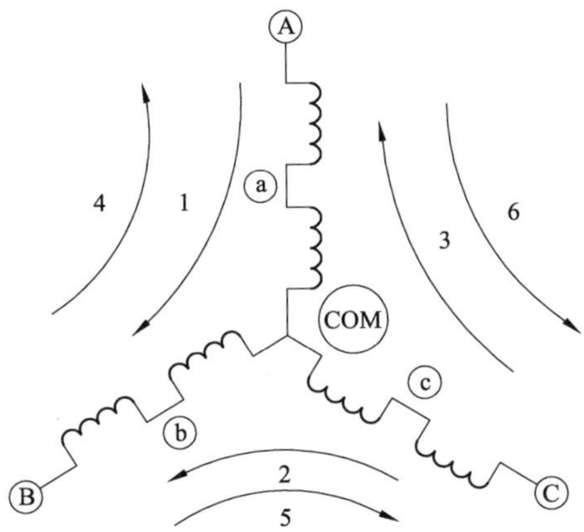

图 3-14　三相通电顺序图

如此依次改变电流流入的绕组，使三相绕组按如下规则通电：每步三相绕组中的一个绕组流入电流，一个绕组流出电流，一个绕组不导通，通电顺序为：

① A+B－；② C+B－；③ C+A－；④ B+A－；⑤ B+C－；⑥ A+C－

每步仅一个绕组被换相，每步磁场旋转 60°，每 6 步旋转磁场旋转一周。随着磁场的旋转，吸引转子磁极随之旋转，如图 3-15 所示。

磁场顺时针旋转，电动机顺时针旋转：1→2→3→4→5→6；

磁场逆时针旋转，电动机逆时针旋转：6→5→4→3→2→1。

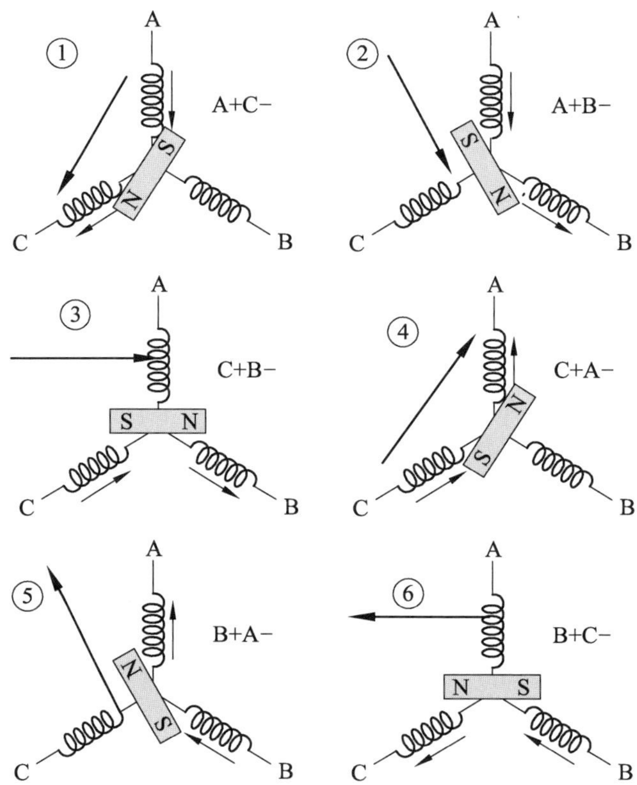

图 3-15　通电顺序图

通过前面的论述我们知道，只需要按照六状态通电的方式就可以使得电动机顺时针或逆时针方向转动。那么接下来我们就要讨论如何实现无刷的方式进行六状态通电呢？在六状态通电里我们要给有的极正电流，有的极负电流，在有刷直流电动机通过刷子的转换来给电动机输入不同方向的电流，那么无刷直流电动机呢？

要想做到无刷，就要求定子产生旋转磁场，但还要做到直流驱动。因此人们想到使用电力电子中的逆变技术（利用开关管将直流变为交流），即直流无刷电动机使用全桥逆变技术，将直流电源分六种不同的形式对线圈进行供电，最终实现六拍控制。

我们采用如图 3-16 所示的转向电路替代直流有刷电动机的转向器，转向电路中有直

流电源连接6个由三极管作为开关的控制电路，再连接三相六极直流无刷电动机的三相。6个控制电路分别对应了A+、B+、C+、A－、B－、C－，连接着三相的A、B、C。以图3-16①为例，平时A+、B+、C+、A－、B－、C－这6个控制电路关闭，当电动机要进行顺时针转动第一个状态时，需要A+B－，即从A输入正电流，B输出入负电流，则把A+和B－两路的三极管开关闭合即可（给三极管基极高电平1时三极管闭合，给三极管基极低电平0时三极管断开）。

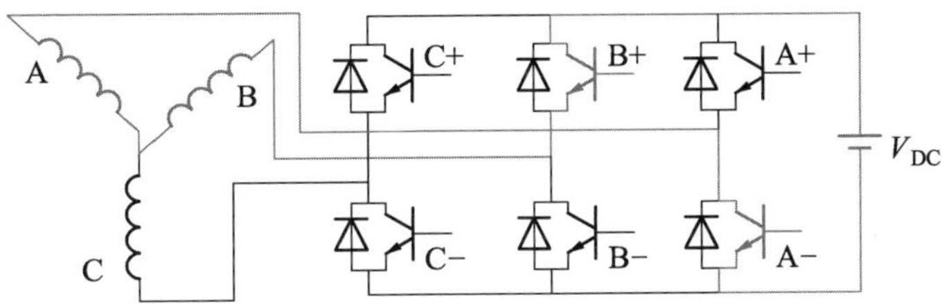

① B+A−

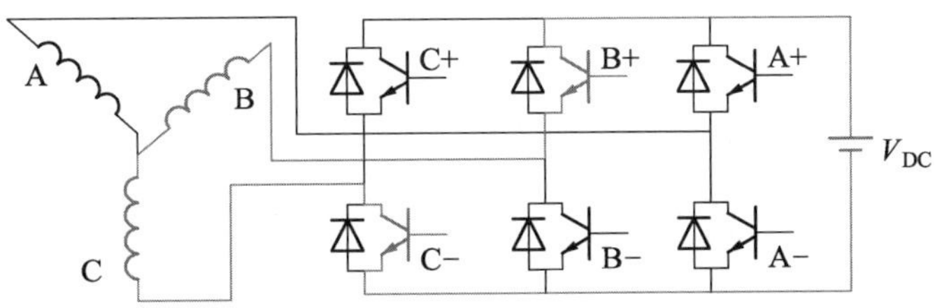

② B+C−

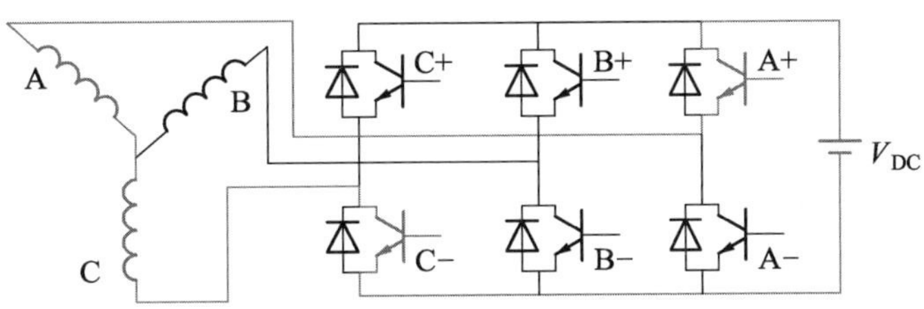

③ A+C−

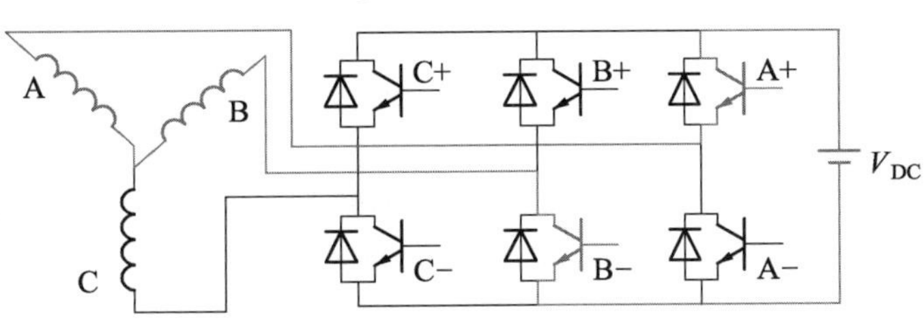

④ A+B−

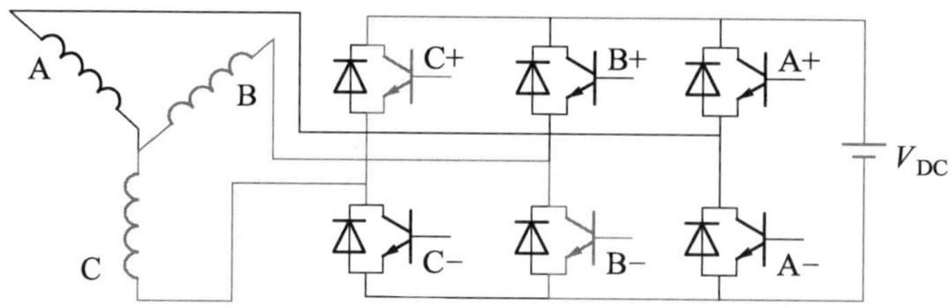

⑤ C+B−

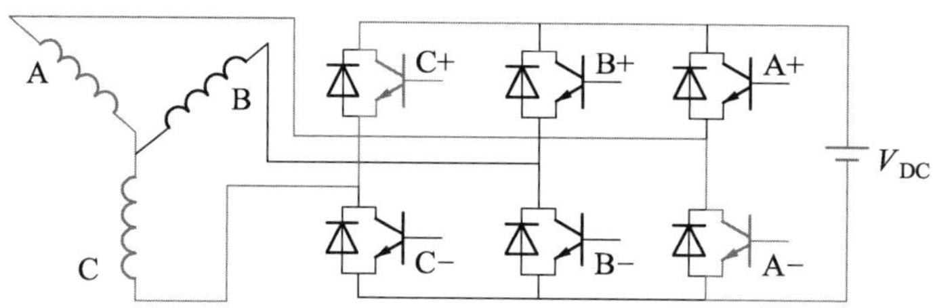

⑥ C+A−

图 3-16　电子开关线路图

同理，电动机要实现状态 B+C－时，把 B+和 C－两路的三极管开关闭合即可。因此，按照六状态来控制对应的三极管开关，使得 A、B、C 三相分别流入正向或反向电流，就能实现电动机顺时针或逆时针转动。图 3-16 中分别显示了如何实现六状态通电。

接下来的问题是如何判断该是哪组线圈通电以及什么时候通电。我们知道无刷直流电动机定子绕组必须根据转子的磁极方位切换其中的电流方向，才能使转子连续旋转，因此在无刷直流电动机内必须设置一个能够探测转子磁极位置的传感器，这种传感器通常采用霍尔元件。

霍尔元件是一种由霍尔元件加上信号处理电路组成的磁感应传感器，可以检测磁场的极性，将磁场的极性变成电信号，霍尔传感器是根据霍尔效应制作的一种磁场传感器，它可以有效地反映通过霍尔原件的磁密度，有正向磁场通过霍尔输出“1”，有反向磁场通过霍尔输出“0”。当霍尔传感器在和电机的转子做相对运动时，随着转子下磁密度的变化来产生变化的信号，如图 3-17 所示。

在无刷直流电动机中，一般采用 3 个开关型霍尔传感器测量转子的位置。由其输出的 3 位二进制编码去控制逆变器中 6 个功率管的导通实现换相。如果将一只霍尔传感器安装在靠近转子的位置，当转子 N 极靠近霍尔传感器即磁感应强度达到一定值时，其输出是导通状态；导通状态保持直到电机旋转使得 S 极靠近霍尔传感器并达到一定值时，其输出才翻转为截止状态。在 S-N 交替变化磁场下，传感器输出波形中高、低电平各占 50%。

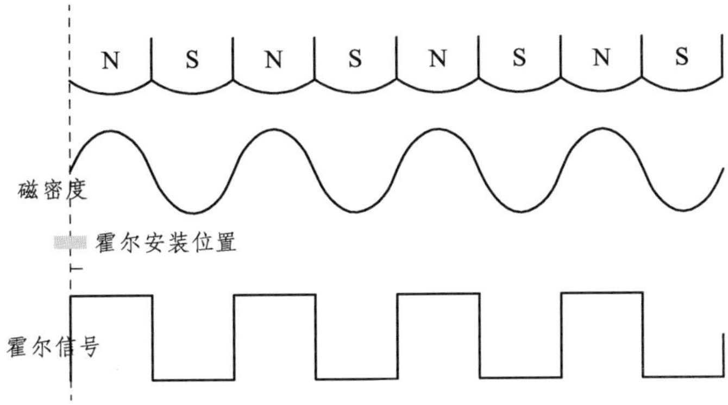

图 3-17　霍尔传感器信号

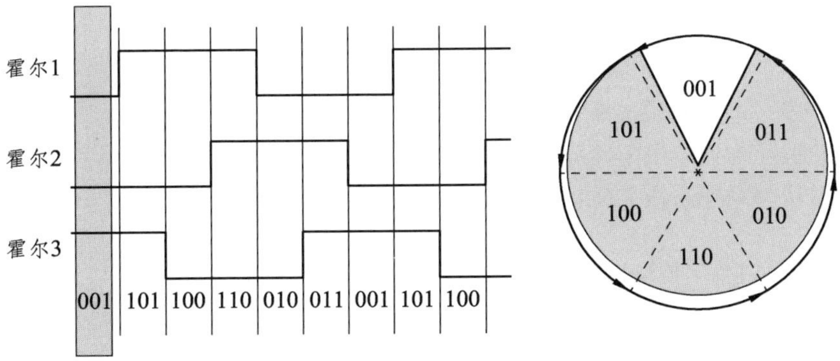

图 3-18　霍尔传感器波形图

如果转子是一对极，则电机旋转一周，霍尔传感器输出一个周期的电压波形，如果转子是两对极，则输出两个周期的电压波形。直流无刷电机中一般安装 3 个霍尔传感器，间隔 120°或 60°按圆周分布。如果间隔 120°，则 3 个霍尔传感器的输出波形相差 120°，转子旋转 180°后转子磁极极性转换，因此输出信号中高、低电平各占 180°。如果规定输出信号高电平为“1”，低电平为“0”，则输出的三个信号可用 3 位二进制编码表示。每 60°编码改变一次，如表 3-1 所示。

表 3-1　霍尔传感器信号及通电关系表

	霍尔#1	霍尔#2	霍尔#3	A+	A−	B+	B−	C+	C−	方向
正转	1	0	1	关闭	开通	关闭	关闭	开通	关闭	↓
	0	0	1	关闭	开通	开通	关闭	关闭	关闭	↓
	0	1	1	关闭	关闭	开通	关闭	关闭	开通	↓
	0	1	0	开通	关闭	关闭	关闭	关闭	开通	↓
	1	1	0	开通	关闭	关闭	开通	关闭	关闭	↓
	1	0	0	关闭	关闭	关闭	开通	开通	关闭	↓

接下来要解决的任务是如何控制开关管导通关断时间进而使所产生的六拍磁场与转子位置相对应。即先利用霍尔传感器检测转子位置，输出能够反映转子位置的数字信号（真值表），再导入计算机中与开关管导通关断相对应，最后 PWM（脉冲宽度调制）产生不同宽度的脉冲输出到开关管，进而实现磁场和转子磁极的同步控制。

3.2　滑动门变速及障碍物探测功能实现

1. 电动机变速与 PWM 技术

前面我们讲了电动机的转动原理，但是没有涉及电动机转动的速度，事实上屏蔽门并不是匀速开关门的，DCU 是按照运动曲线以非匀速来开关门，其开关门过程共分为 4 个阶段（见图 3-19）：

第一阶段：加速阶段（取 N_on = 4）；

第二阶段：过渡阶段（N_on 自增到 15）；

第三阶段：匀速阶段（N_on 取 15）；

第四阶段：减速阶段（N_on 自增到 30）。

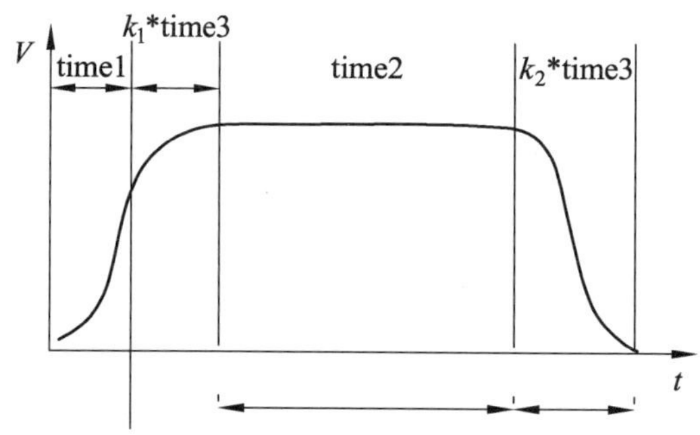

图 3-19　屏蔽门开关速度图

这就需要电动机能够变速，那么如何改变电动机运转速度？无刷直流电动机可以运用 PWM 技术来改变电动机的速度。所谓的 PWM 脉宽调制，是靠改变脉冲宽度来控制出电压，通过改变脉冲中高电平的宽度来改变输出的平均电压，从而控制电动机改变速度。

脉冲宽度：给予电压的时间宽度，如图 3-20 的 1 ms 波形。

占空比：给予高电平电压在整个周期中的比例，图 3-20 中占空比为

$$1\ \text{ms}/(1+3)\ \text{ms} = 25\%$$

PWM 控制电动机转动原理：

通过调制器可以给电动机提供一个具有一定频率的脉冲宽度可调的电脉冲。

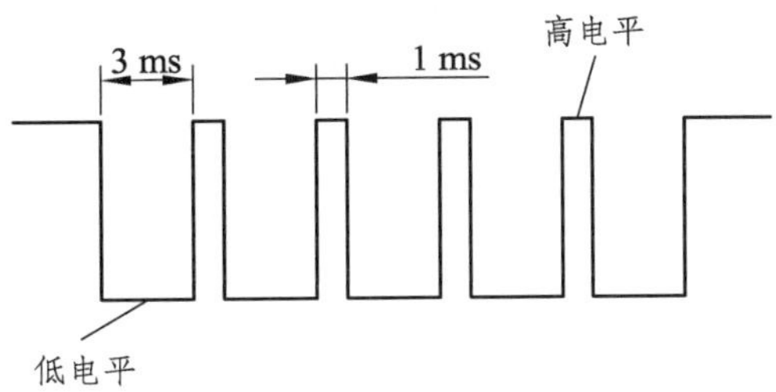

图 3-20　占空比为 25%信号图

运用 PWM 控制电动机的时候电源并非连续地向电动机供电，而是在一个特定的频率下以方波的形式提供电能。不同占空比的方波信号能对电动机起到调速作用，脉冲输入信号被平均分配到作用时间上，这样改变占空比就能改变加载在电动机两端的电压的大小从而改变力矩来改变转速。脉冲宽度越大即占空比越大，提供给电动机的平均电压越大，电动机转速就高；反之脉冲宽度越小，则占空比越小。提供给电动机的平均电压越小，电动机转速就低。

其实，PWM 不管是高电平还是低电平时电动机都是转动的，电动机的转速取决于平均电压。如图 3-21 所示，设电动机始终接通电源时，电动机转速最大为 V_{max}，占空比为 $D=t_1/T$，则电动机的平均速度为 $V_a=V_{max}\times D$，其中 V_a 是电动机的平均速度。由此公式可以看出改变不同占空比就可以得到不同的调速目的。

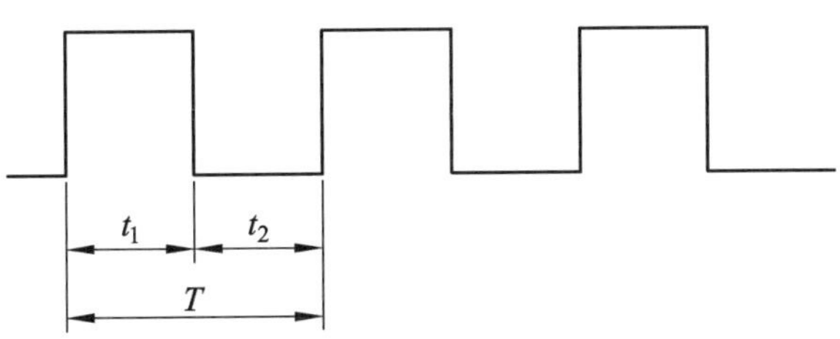

图 3-21　占空比图

调节占空比就能调节电动机的运转速度，调节电动机运转速度就可以使得屏蔽门进行曲线运动。屏蔽门刚启动时，PWM 信号应给与较大的占空比，使得门控电机有较大的励磁电压，这样提高启动转矩便于使屏蔽门开始运作，大概时间为 0.3 ~ 0.6 s，之后慢慢下降 PWM 信号的占空比，使电动机的电磁转矩与阻力矩平衡，屏蔽门过渡到匀速阶段，这是屏蔽门运动过程中的主要阶段，也是发生障碍最频繁的阶段，此时如果发生夹住乘客现象，电动机应该瞬间制动，门瞬时泄力，防止夹伤乘客。当到达一定距离时 PWM 信号的占空比再次下降，门控电动机减速至停止，此时屏蔽门应运动到预先设置的位置，这样就完成了一次开关门的动作。

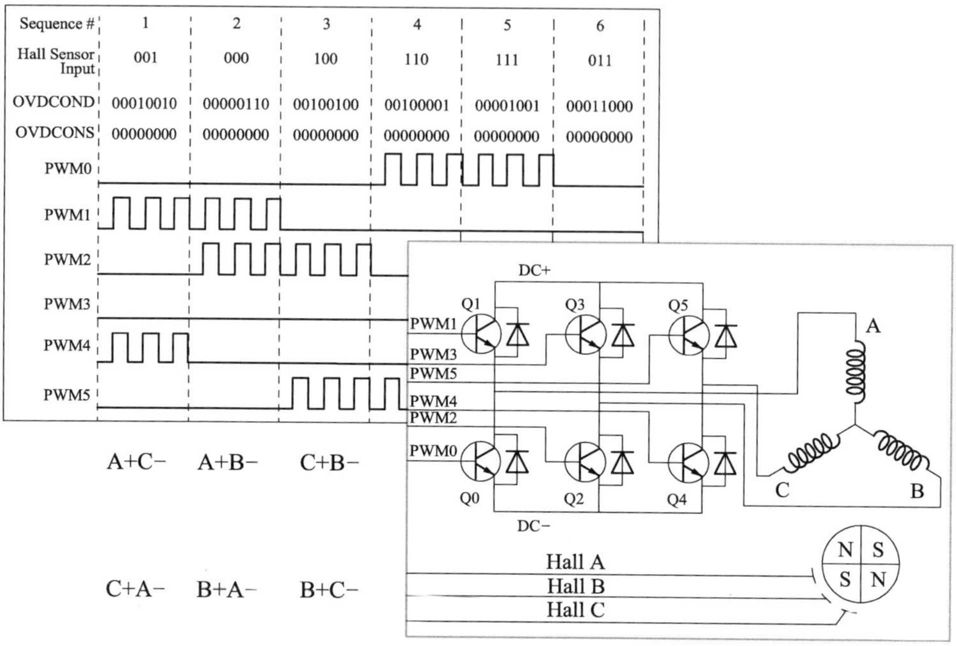

图 3-22　PWM 控制通电图

PWM 波形由门控单元 DCU 控制和产生，门控单元 DCU 可以运用 51 单片机实现：可以用 T0 定时器中断让 I/O 口输出高电平，在这个 T0 定时器的终端当中启动定时器 T1，该定时器让 I/O 口输出低电平。这样通过改变 T0 和 T1 的初始值来改变 PWM 的占空比。在城市轨道交通屏蔽门系统中，常常用 DSP 作为控制单元 DCU，DSP 里有专门的 PWM 引脚。PWM 控制通电图如图 3-22 所示，通电控制电路整体图如图 3-23 所示。

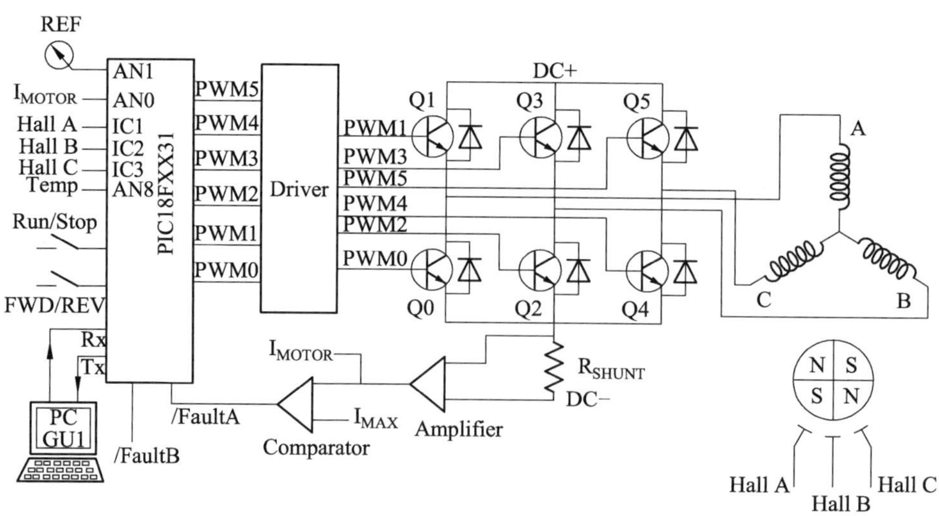

图 3-23　通电控制电路整体图

PWM 在门控单元 DCU 中的应用：

（1）在 DCU 中对转向电路三极管的通断进行控制，使得电动机线圈得到一定占空比的电源。使直流无刷电动机速度可变，相当于在绕组的两端加可变电压。

（2）利用 PWM 控制技术，通过控制 PWM 信号的不同占空比，则绕组上平均电压可以被控制，从而控制电动机转速和力矩，在控制系统中采用 DSP 或单片机时，可利用器件中的 PWM 产生模块产生 PWM 波形。

（3）根据转速要求设定占空比，然后输出 6 路 PWM 信号，加到 6 个功率管上。

2. 障碍物检测功能实现

1）障碍物检测具体功能要求

障碍物探测是保障乘客安全的关键技术，若在此方面未达到严格的要求，就很容易发生事故。具体功能要求如下：

（1）滑动门设有障碍物探测功能，能够被检测出的最小障碍物尺寸是 4 mm × 40 mm 的钢条（为了障碍物检测试验，4 mm 厚放在关门方向，40 mm 宽放在垂直方向）。在离门槛 400 mm、1 000 mm 和 1 500 mm 高度分别进行检测。

（2）当滑动门关闭时，如某一门感应到障碍物，此门停下来及打开约 100 mm（即每扇门各打开 50 mm），在大约 2 s（可调校）之后，门会自动关闭。如果仍然有障碍物，门像先前一样打开 100 mm（即每扇门各打开 50 mm）……如果三次关门失败，门将打开至全开位置。

（3）当滑动门开启时，如某一门感应到障碍物，此门停下来及关闭约 100 mm，在大约 2 s（可调校）之后，门全自动开启。如果仍然有障碍物，门会自动关闭 100 mm，如果三次开门失败，门将关闭至全闭位置。

（4）滑动门重新关闭和开门的延时能在 0 ~ 10 s 可调。

2）障碍物检测原理

目前，地铁屏蔽门系统障碍物的探测方案是通过比较门速度曲线中预期的电机电流和测量到的电机电流进行的。任何门速的改变也可以用来探测障碍物。

DCU 内部的控制器使用标准的电动机电流去计算障碍物施加给门的阻力，如果这个阻力超过 DCU 配置的软件设计的最大电流时，将启动指定的障碍物程序，DCU 按照设定的速度曲线去控制滑动门的速度。如果门的实际速度曲线与设定速度曲线不符合，

姓名__________ 班级__________ 日期__________

DCU 将调整电压改变量来控制门的实际速度曲线与设定速度曲线达到一致。如果门的速度低于预先设定的低速探测灵敏度或监测到突然减速，电动机需要加大电流来克服阻力，增加速度，当电动机的实际电流大于 DCU 中预期的电流值则判断有障碍物存在，则电动机反转弹开。

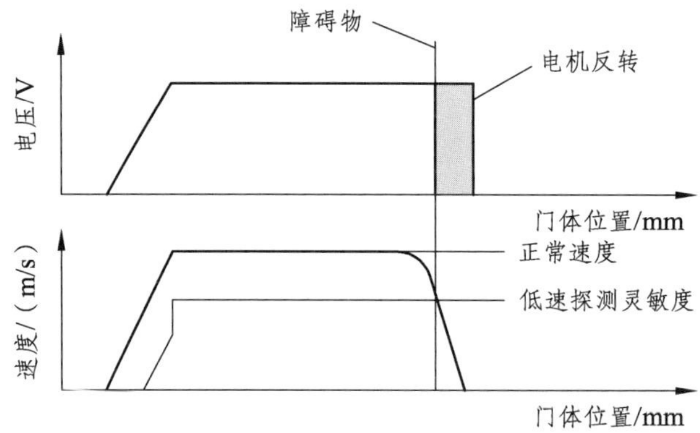

图 3-24　障碍物识别参数图

现有方案具有控制效果好、可靠性高、系统维护量小、易于组态等特点。但是也存在一定的不足：

（1）检测出的最小障碍物尺寸是 4 mm × 40 mm。对于这类障碍物，通过门速改变来探测已经不能满足精度要求。通过比较门速度曲线中预期的电机电流和测量到的电机电流的方式，需要将精度调高，这又将反过来影响在门的实际速度曲线与设定速度曲线不符合时，DCU 对电压的校正功能。寻求在现场运营过程中两者的均衡点成为摆在地铁运营企业面前的一大难题。

（2）滑动门闭合面胶条材料硬度的选择直接影响两扇滑动门。

对于障碍物的探测效果，如果橡胶硬度过大，会增加在运行中夹伤乘客的潜在危险；如果橡胶硬度过小，会在运行中无法有效探测障碍物。目前地铁验收过程中对屏蔽门障碍物探测功能检测时使用的是 4 mm × 40 mm 的钢条，就是利用钢条的刚性来确保障碍物与滑动门闭合面胶条接触后，DCU 能探测到障碍物施加给门的压力变化。所以对于质地较软的物体，如衣服、领带、皮革等障碍物时，就存在障碍物探测不起作用的隐患。

姓名____________ 班级____________ 日期____________

评价反馈

学生自评表

班级：	姓名：	学号：	
项目三任务一			
评价项目	评价标准	分值	得分

学生互评表

项目三任务一															
评价项目	分值	等级								评价对象（组别）					
										1	2	3	4	5	6

教师综合评价表

班级：	姓名：	学号：	
项目三任务一			
评价项目	评价标准	分值	得分

拓展思考题

请阐述直流无刷电动机运行过程。

姓名____________ 班级____________ 日期____________

任务二　屏蔽门皮带及丝杆检修与维护

任务导入

1 号线 × × 站上行 108 号滑动门采用皮带传动（见图 3-25），其开关门缓慢并有较大的振动，请进行检修。

2 号线 YY 站上行 109 号滑动门采用丝杆传动（见图 3-26），开关门时会发出较大的“啪啪”摩擦声，请进行检修。

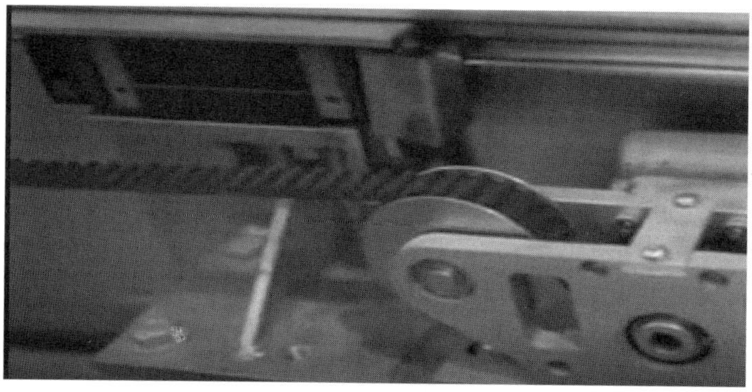

图 3-25　皮带传动

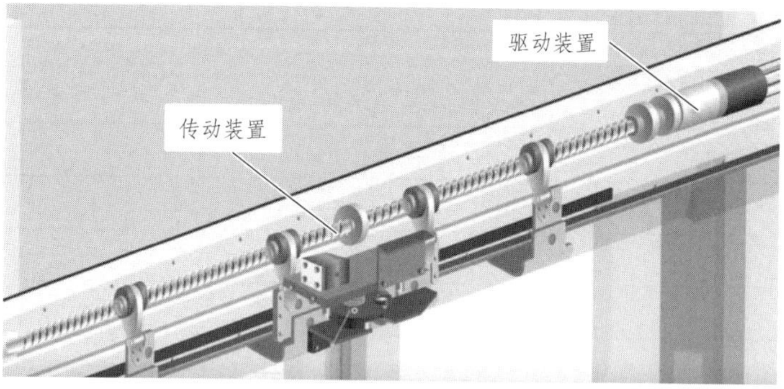

图 3-26　丝杆传动

任务目标

知识目标	（1）了解皮带传动的特点； （2）了解丝杆传动的特点； （3）掌握皮带传动的维护； （4）掌握丝杆传动的维护。

项目三　屏蔽门门机系统检修

姓名____________ 班级____________ 日期____________

能力目标	（1）掌握皮带传动的故障分析与检修； （2）了解丝杆传动的故障分析与检修。
素养目标	（1）培养学生认识新事物的能力； （2）培养学生自主学习的能力； （3）培养学生独立思考的能力； （4）培养学生查阅资料的能力。

任务分组

班级		组号		指导老师	
组长		学号			

组员

姓名	学号	姓名	学号

任务分工

任务准备

引导问题：请阐述皮带传动和丝杆传动各自的优缺点？

____

____

____

任务实施

1 号线 × ×站上行 108 号滑动门经过检查，初步判断是在长期的使用过程中以及外部环境的影响下，皮带形变而使皮带本身变得松弛，与刚性连接件间产生空隙。测试方法为将 2 kg 中立的砝码放置在皮带中间部位，皮带垂直方向下降 25 ~ 40 mm 属于正常范围，超过该范围则松弛。另外，皮带上附有异物也影响了开关门正常运行。

解决方法：

（1）如果皮带带齿没有被磨平，皮带没有老化则可以调整皮带上的禁锢螺钉并且拧紧，按要求调节张力，使传动平稳、不打滑。

（2）如果皮带依旧打滑或老化则需更换皮带，步骤如下：

① 关闭电源，用手推动滑动门至完全打开状态，注意可先在门机梁上画线，为从动轮做好原始安装位置记号。

② 松开安装在吊挂件上的皮带夹的螺丝，并取下皮带。

③ 松开从动轮支架和门机梁的紧固螺丝，调节调节螺杆，确保从动轮支架向门机梁中间方向移动一段距离。

④ 更换一条长度一样的皮带，并把皮带重新固定在皮带夹上，同时需要确保在更换皮带的过程中滑动门不能移动。

⑤ 把皮带重新放回到从动轮上，并确保皮带圆弧齿和同步轮圆弧齿能正常啮合。通过调节螺杆调节从动轮支架位置至之前画线的位置并拧紧紧固螺栓。

⑥ 适度松开从动轮上的 4 个 M5 × 10 六角螺栓。检查张力调整垫片右侧是否与张力调整板末端平齐。

⑦ 如果张力调整垫片与张力调整板末端不平齐，则需要顺时针或逆时针旋转张力调整螺栓，直到齐平。

⑧ 皮带调到规定张力后，检查确认滑动门的单门启动力<90 N，滑行力<70 N。

2 号线 YY 站上行 109 号滑动门经过检查，判断为丝杆润滑不足。一般丝杆使用寿命可以达到 20 年，但是门头顶箱灰尘比较多，丝杆使用时间长了会影响润滑度，解决方法为定期为丝杆更换润滑脂，步骤如下：

（1）开启旁边和中央的活动顶箱前盖板。

（2）通过就地控制盒“隔离”该滑动门。

（3）在站台侧手动解锁，并开启滑动门。

（4）使用抹布小心地清除丝杆上的废油脂，这个动作必须沿丝杆的螺旋线进行。

（5）在传动丝杆对应的球状螺母的位置上使用润滑脂。

（6）用油脂涂刷弹簧下的螺母本体。

（7）手动关闭滑动门。

（8）在球状螺母的另一端使用相同剂量的润滑脂。

（9）手动开启滑动门并将其推回到一半的位置。

（10）利用抹布将多余的油脂清除。

（11）在球状螺母的两侧分别放置 1 cm^2 的润滑脂。

（12）手动开启和关闭滑动门各 5 次。

（13）检查并清理残余油脂，特别是在电气连接部件附近的润滑脂。

项目任务中的相关知识点

3.3　传动装置

传动装置能把动力装置的动力传递给工作机构等中间设备。屏蔽门中的传动装置主要是能够把直流无刷电动机旋转所产生的驱动力传给门体，控制门体能开门或关门。

地铁屏蔽门常用的传动系统主要有皮带传动和滚珠丝杠传动。皮带传动价格便宜，安装简便，但在运行中皮带张力的变化会导致门体运动不稳定。采用滚珠丝杠的屏蔽门，其稳定性良好，且可方便实现自锁，因此很多屏蔽门中都采用滚珠丝杆传动的方式，如图 3-27 所示。

图 3-27　滚珠丝杆传动

滚珠丝杆螺母副主要由丝杆、螺母、滚珠和滚道（回珠器）、螺母座等组成，摩擦力小，具有良好的性能。滚珠丝杆螺母副的工作原理是：屏蔽门中回转运动转换为直线运动的传动装置，以滚珠的滚动代替丝杆螺母副中的滑动。在丝杆和螺母上加工有弧形螺母槽，当它们套装在一起时便形成螺旋滚道，并在滚道内装满滚珠。滚珠则沿着滚道滚动，并经两相邻滚道经回珠器，做周而复始的循环运动。屏蔽门直流无刷电动机顺时针转的时候带动滚珠丝杆螺母副顺时针转动，从而带动门体开门；电动机逆时针转的时候带动滚珠丝杆螺母副逆时针转动，从而带动门体关门。

滚珠丝杆螺母副的特点：

（1）传动效率高：机械效率可高达 92% ~ 98%。滚珠丝杆的丝杆轴与丝母之间有很多的滚珠在做滚动运动，所以能得到较高的运动效率。与过去的滑动丝杆副相比，驱动力矩达到 1/3 以下，即达到同样运动结果所需的动力为使用滚动丝杆副的 1/3，这在省电方面很有帮助。

（2）摩擦力小：主要是用滚珠的滚动代替了普通丝杆螺母副的滑动。

（3）轴向间隙可消除：也是由于滚珠的副作用，提高了系统的刚性，经预紧后可消除间隙。

（4）使用寿命长、制造成本高：主要采用优质合金材料，表面经热处理后获得高的硬度。

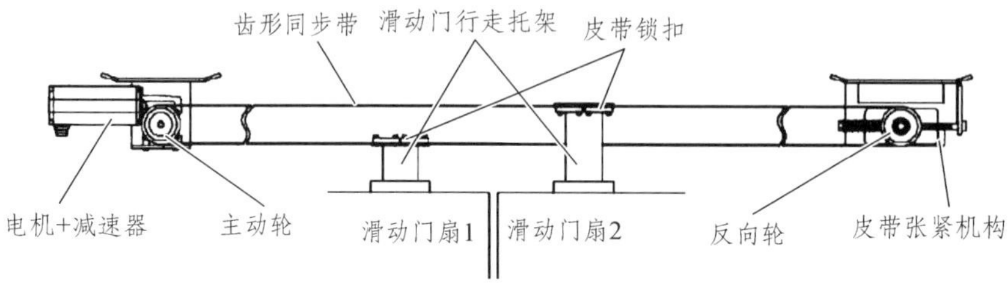

图 3-28　皮带传动运行原理图

皮带传动是屏蔽门的另外一种传动方式，如图 3-29 所示。皮带传动一般由主动带轮、从动带轮和传动带组成。传动带具有挠性，包绕在带轮外面并适度张紧。工作时，直流无刷电动机连接主动带轮，电动机正/反转动时，由于传动带与带轮之间的摩擦力，能带动传动带转动，从而带动从动带轮转动，从动带轮使得屏蔽门门体开关门。

图 3-29　皮带传动

皮带传动装置有以下特点：

（1）传动平稳，噪音小。工作时能起到缓冲、减振作用。

（2）当机器过载时，传动带打滑，能起到安全保护作用。

（3）结构简单，成本低，无润滑，维护方便。

（4）皮带传动装置长时间工作后容易出现打滑现象，传动效果不好，工作寿命短。

（5）多用于传动功率不大、带速适中、传动距离较大的场合。

3.4　悬挂装置

悬挂装置是门体运动载体，能够实现门体上下左右方向微调，使得现场安装方便、迅捷，门体运动平稳，运动阻力小，还能够实现门体与整个系统等电势要求。悬挂装置主要包括门机梁、运动导轨、行走托架、导轨限位装置等，如图 3-30 所示。

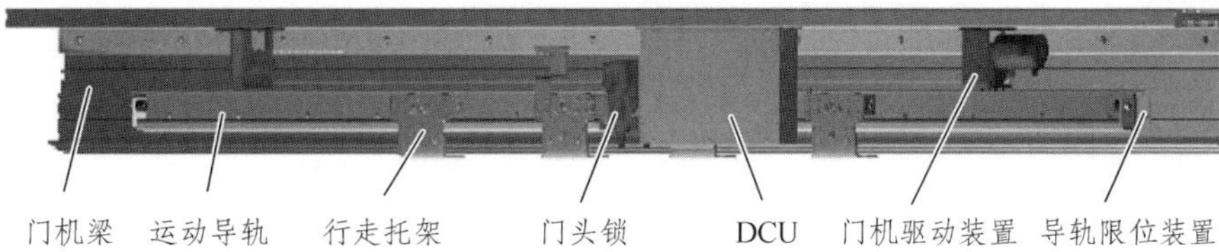

图 3-30　悬挂装置结构

悬挂装置安放在顶箱内，其中门机梁起到了将门机系统固定在顶箱里面的作用。运动导轨是实现门以滑动方式开关的主要部件，一般采用特制的直线导轨配滚珠轴承来实现该功能，该结构对直线导轨的加工精度及表面光洁度要求均很高，而且在使用过程中必须定期添加润滑剂。行走托架将运动导轨等固定在门机梁上。导轨限位装置处为限位开关，当屏蔽门打开并开到限位开关位置的时候，触发限位开关，限位开关给门控单元 DCU 一个信号，门控 DCU 控制直流无刷电动机停止转动。因此，限位开关起着限制门开宽度的重要作用。

评价反馈

学生自评表

班级：	姓名：		学号：
项目三任务二			
评价项目	评价标准	分值	得分

学生互评表

项目三任务二															
评价项目	分值	等级								评价对象（组别）					
										1	2	3	4	5	6

姓名＿＿＿＿＿＿　班级＿＿＿＿＿＿　日期＿＿＿＿＿＿

教师综合评价表

班级：	姓名：	学号：	
项目三任务二			
评价项目	评价标准	分值	得分

拓展思考题

请阐述皮带打滑的处理方法。

任务三　电磁锁检修与更换

任务导入

1 号线上行 108 号滑动门关门后，门头灯延迟熄灭或一直闪烁，没有门关闭且锁紧信号，请进行检修。

任务目标

知识目标	（1）了解滑动门门锁的工作原理； （2）了解滑动门门锁的特点； （3）掌握滑动门门锁的维护要点。
能力目标	（1）能够对滑动门门锁故障进行分析； （2）能够对滑动门门锁故障进行检修。
素养目标	（1）培养学生认识新事物的能力； （2）培养学生自主学习的能力； （3）培养学生独立思考的能力； （4）培养学生查阅资料的能力。

姓名____________ 班级____________ 日期____________

任务分组

班级		组号		指导老师	
组长		学号			
组员	姓名	学号	姓名	学号	
任务分工					

任务准备

引导问题：滑动门门锁的更换需要哪些工具？

____

____

____

任务实施

滑动门关闭却没有发出“门关闭且锁紧”信号，可能是滑动门门锁或行程开关出现问题。经过检测发现电磁锁损坏，需要更换电磁锁（见图 3-31）。更换步骤如下：

图 3-31　电磁锁实物图

（1）将 LCB 打到手动关，打开盖板并断电。

（2）在门机梁上闸锁原始安装位置画线。

（3）断开航空插头。

（4）松开固定电磁锁支架上的 4 个螺丝。

（5）拆除电子锁（门闸锁）。

（6）根据上一步骤的原始画线标记，安装好电子锁，插好航空插头。

（7）确保在滑动门完全关门状态下电子锁插销能够完美插入锁舌孔内。

（8）若有必要可以调节电子锁的上下位置，调整电磁锁间隙确保在正常范围内：左右 1 ~ 2 mm，上下 2 ~ 3 mm，确保锁钩能够锁定门体。

（9）用手推动开关滑动门，检查有没有反常的噪声或阻力。

（10）检查行程开关在滑动门打开和关闭的过程中，关闭锁紧信号是否正常。

项目任务中的相关知识点

3.5　锁紧装置

锁紧装置是屏蔽门的重要组成部分，主要起锁紧屏蔽门的作用，保证了屏蔽门不会随意开启，加强了站台的安全性、可靠性。屏蔽门滑动门闭锁单元主要由机械部分和电子部分组成，机械部分保证滑动门运行至锁定位置后能够锁定，电子部分保证能够通过行程开关将滑动门的状态反馈至每个门单元的门控单元 DCU。

门锁与锁闭安全回路、门控单元 DUC 等相连接，能够为单道滑动门提供关闭状态、锁紧状态、全开状态三种状态，并将状态传递给安全回路和门控单元 DCU，门锁的状态是影响城轨列车停站或离站的因素之一。门锁安置在门机梁上，由锁块、位于滑轮挂件上的双头柱形锁销、行程开关、解锁电磁铁、闭锁辅助弹片等组成锁紧装置。

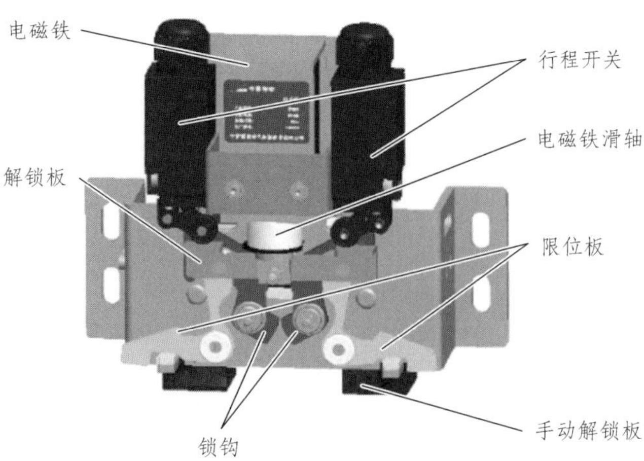

图 3-32　电磁铁结构图

姓名____________ 班级____________ 日期____________

如图 3-33 所示，自动门工作时，电磁铁通电产生磁性，电磁铁 6 带动电磁铁芯向上运动的同时，解锁挂钩 3 带动锁钩 1 以转轴 10 为中心转动，隼喙状的锁钩 1 产生向下的一个运动，从而解除对滑动门限位销的限位，这样滑动门便可以在电机皮带的拉动下水平移动，完成开门动作。当电磁铁 6 失电释放后，复位弹簧 15 能使锁钩 1 旋转进而复位，达到锁定滑动门的目的，由此可完成滑动门解锁与锁紧。采用导轨滑块结构实现滑动门关门是否到位和门是否锁紧检测，并在自动锁定过程中发送“门关闭且锁紧”信号。

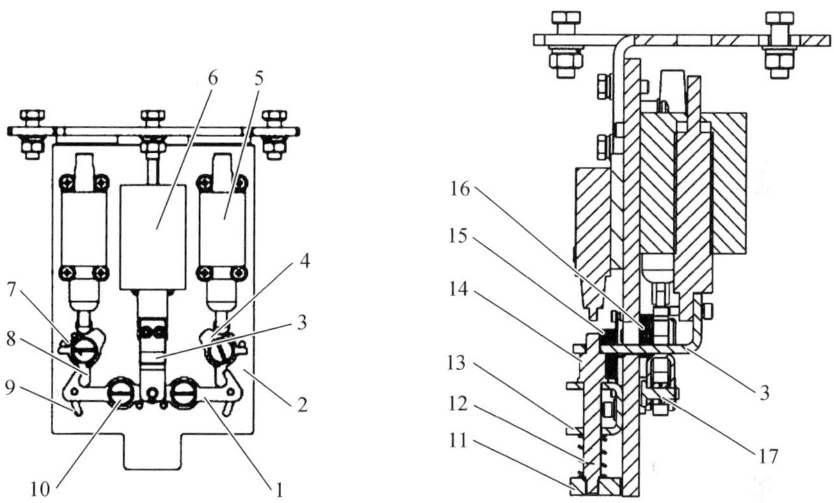

图 3-33　电磁锁工作原理图

在紧急运营模式时，站台工作人员或乘客可手动推动解锁顶板 11，使得固定在解锁顶板 11 的顶杆 14 向上推动解锁挂钩 3，从而使得隼喙状的锁钩 1 向下运动接触对滑动门限位销的纤维，实现解锁。

当收到开门信号后，门控单元 DCU 驱使电磁铁通电，磁场力将锁钩拉起，实现解锁，行程开关被触发，左右滑动门背向运动，脱离锁钩水平约束。此时电磁铁断电，到位开关已处于开门状态，滑动门继续运动至门全开位置。同样，当执行关门命令时，门控单元驱使电动机旋转，两扇门相向而动，在门关闭位置处锁销滑入锁钩锁闭，行程开关被触发，发出“门关闭且锁紧”的信号。

在自动锁定和解锁过程中，行程开关的常闭触点将滑动门的锁闭状态反馈给门控单元（双行程开关构成双切回路），解锁电磁铁由门控单元 DCU 控制。

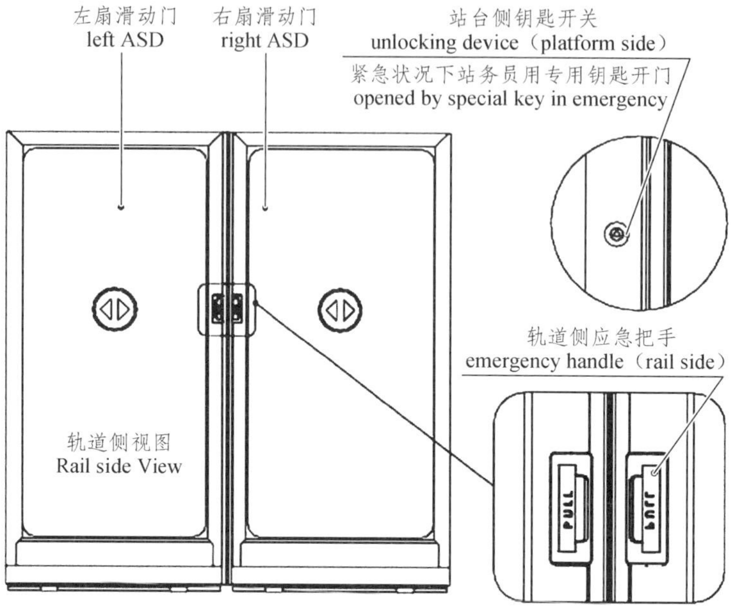

图 3-34　滑动门手动开锁

出于安全性和可靠性的考虑，屏蔽门滑动门还配有手动机械解锁装置，如图 3-34 所示。当在轨道侧操作手动解锁装置或在站台侧用钥匙解锁时，解锁装置内的解锁推杆将锁块推起，此时行程开关触点断开，DCU 探测到此状态时启动声光报警装置进行报警，同时会自动驱动电动机，将门扇自动开启到一定开度。待一定延迟时间（可设置）过后，DCU 重新通电驱动电动机，使门扇自动关闭。当收到“门关闭且锁紧”信号后，门控单元才恢复到正常的工作模式。关闭的动作将使解锁装置自动复位并锁紧门，滑动门恢复至安全状态。

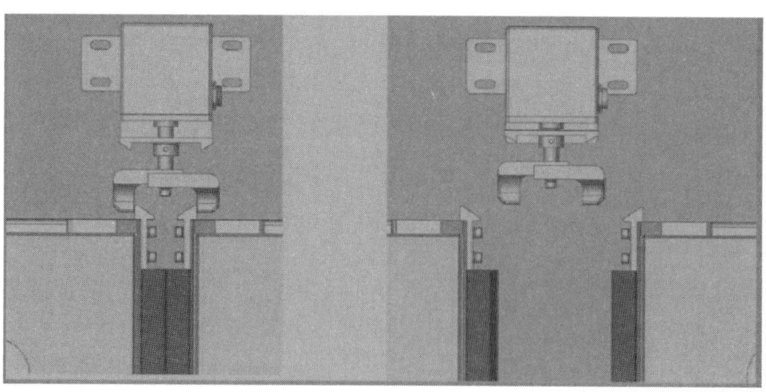

图 3-35　滑动门锁闭装置

目前，城市轨道交通屏蔽门系统通常采用的锁闭方式有电插锁式锁闭、电机反转解锁式机械锁闭和电磁铁解锁式机械锁闭三种，各自特点如表 3-1 所示。

姓名____________ 班级____________ 日期____________

表 3-1　常用门锁装置对比

序号	锁闭类型	功能原理	主要优缺点说明
1	电插锁式锁闭	从滑动门开启开始到滑动门关闭，需要一直向电磁锁提供高电压	（1）长时间高电压通电的电磁铁的寿命大大缩短； （2）加工成本低，但无状态保持设计，检测开关数量多可靠性降低
		滑动门开启瞬间向电磁锁提供高电压，门开启后提供低电压，直至门关闭	
2	电机反转解锁式机械锁闭	电机反转时丝杆与螺母产生的摩擦力带动锁舌实现解锁	（1）无外加动力源和控制装置，一般结构复杂； （2）由于解锁使用电机，造成电机浮动，不利于电机本身对门系统的驱动
3	电磁铁解锁式机械锁闭	滑动门开启瞬间提供高电压，门打开瞬间直至下一次开门之前，电磁铁一直处于断电状态	（1）只是瞬间向电磁铁提供电力，电磁铁的寿命大大延长； （2）解锁状态设置保持机构，即使断电的情况下，依然保证滑动门能够关闭，保证乘客的安全

评价反馈

学生自评表

班级：	姓名：	学号：	
项目三任务三			
评价项目	评价标准	分值	得分

学生互评表

项目三任务三															
评价项目	分值	等级								评价对象（组别）					
										1	2	3	4	5	6

教师综合评价表

班级：	姓名：		学号：
项目三任务三			
评价项目	评价标准	分值	得分

拓展思考题

请简述自动开关门模式下门锁的工作过程。

任务四　屏蔽门行程开关检修

任务导入

1 号线上行 108 号滑动门打开后仍听到电动机转动的声音，门状态指示灯一直闪亮，开门警报声也不停止，请进行检修。

任务目标

知识目标	（1）了解行程开关的工作原理； （2）了解滑动门关门行程开关的作用； （3）了解滑动门开门行程开关的作用。
能力目标	（1）能够对行程开关进行故障分析； （2）能够对行程开关进行故障检修。
素养目标	（1）培养学生认识新事物的能力； （2）培养学生自主学习的能力； （3）培养学生团队协作的能力； （4）培养学生查阅资料的能力。

姓名__________ 班级__________ 日期__________

任务分组

班级		组号		指导老师	
组长		学号			

组员

姓名	学号	姓名	学号

任务分工

任务准备

引导问题：常见行程开关有哪些类型？

____

____

____

任务实施

针对现象进行分析，正常情况下滑动门打开完毕后电动机会停止转动，门状态指示灯也停止闪烁，报警声停止。初步分析可能是门到位的行程开关故障，控制系统没有收到门开启到位信号导致。需要更换滑动门两边门到位行程开关。更换步骤如下：

（1）更换之前应检查限位开关是否有超负荷运载的情况，如有需更正。

（2）准备备用的限位开关。

（3）满足以下任意一点，限位开关必须要更换：

① 功能修理之后电接触失灵；

② 限位开关的滚轴不灵活。

（4）移开每个限位开关的螺钉。

（5）安装新的限位开关。

（6）重复检查所有螺钉是否锁紧。

项目任务中的相关知识点

3.6　行程开关

1. 行程开关介绍

行程开关（又称限位开关或位置开关），其作用与按钮开关相同，是对控制电路发出接通或断开、信号转换等指令的。行程开关有一个探测头，可以是按钮状、杆状、弹簧状、轮状、板状等多种形式，它利用运动物体的机械碰撞产生开关信号，当运动的部件体碰到限位开关的探测头后，开关里面的触点动作。行程开关有直动式、单滚轮式和多滚轮式多种。常见行程开关外形如图 3-36 所示，其文字符号为 SQ。

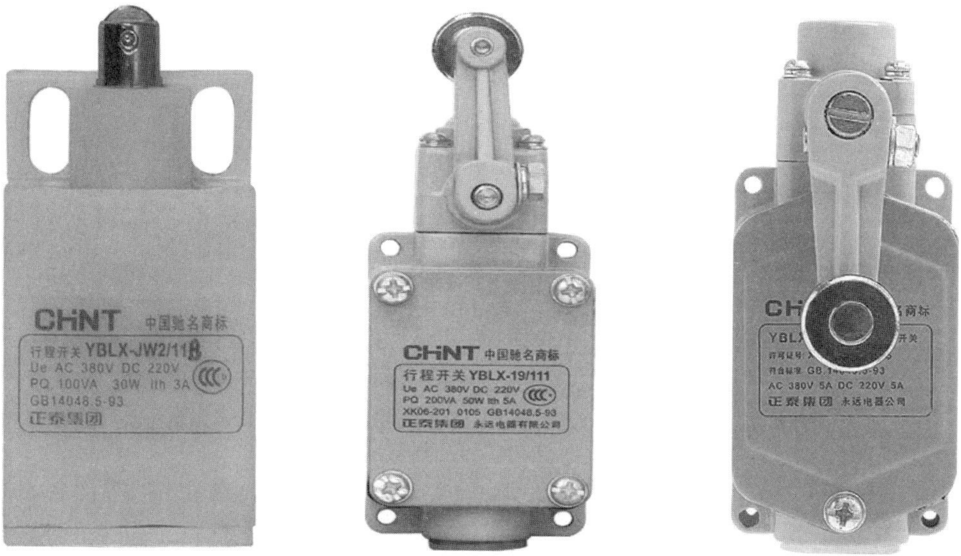

（a）直动式　　（b）单滚轮式　　（c）多滚轮式

图 3-36　行程开关

行程开关的结构和普通的手动开关一样，只是外面的机构形式不一样，有旋转式、顶推式，当运动机构运行到位时，触碰到行程开关的操作机构，带动内部触头的开与关。多数限位开关有一个常开触点和一个常闭触点，与普通的手动开关不同的是行程开关触头的动作不是靠手来完成，而是利用生产机械某些运动部件的碰撞使触头动作，从而接通或断开某些控制电路，达到一定的控制要求。

直动式行程开关（见图 3-37）的工作原理：直动式的探测头为按钮状，按钮受到运动的机械部件撞击压下按钮，促使里面的动触头运动，从动断静触点运动至动合静触点。此时，动断静触点由常闭变成断开，动合静触点由常开变成闭合，并连接通相关的电路，

姓名__________ 班级__________ 日期__________

从而产生相关的动作。当外部压力消失时，弹簧的回复力使得动触头进行恢复运动，动触头离开动合静触点，使得电路断开，恢复到与动断静触点连接的状态。

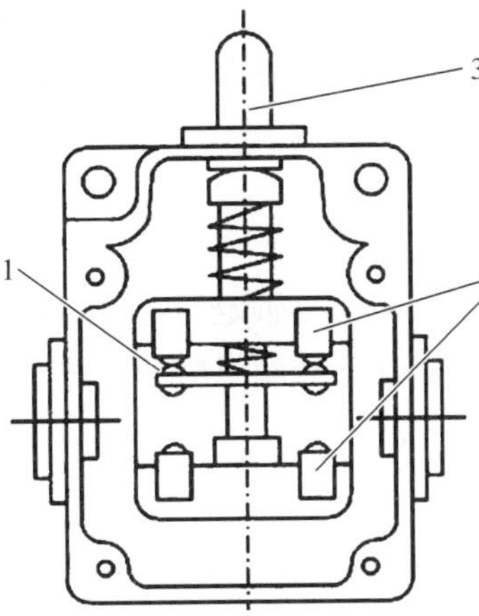

图 3-37　直动式行程开关结构及原理图

滚轮式行程开关（见图 3-38）的工作原理：它的探测头为滚轮，运动物体拨动滚轮，里面的触点产生开关动作。滚轮式行程开关又分单滚轮和双滚轮。受到外部撞击的压力时，单滚轮的行程开关压下时动作，抬起时复位。

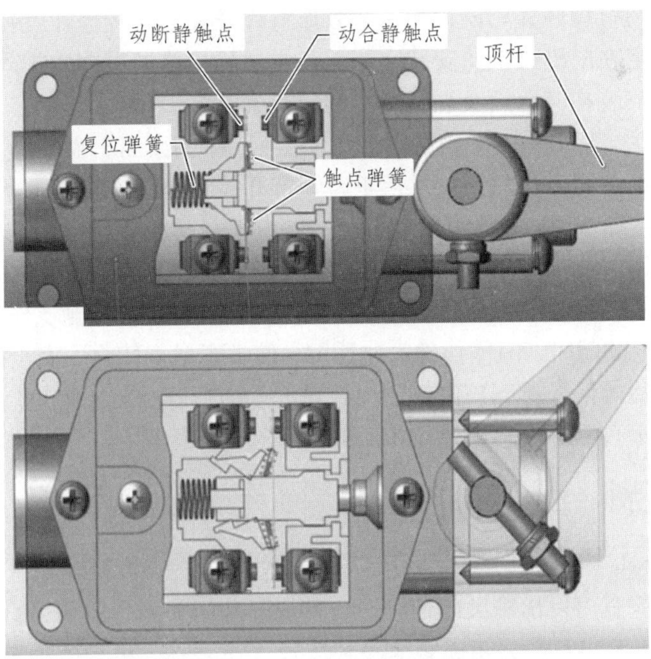

图 3-38　直动式行程开关结构原理图

压下时，顶部单轮探测头向左右转动，动触头离开动断静触点，与动断静触点相连接，使得相关电路导通。压力消失后，复位弹簧促使动触点回复原状。

而双滚轮式的行程开关与单滚轮式的行程开关类似，不同的是碰撞一个滚轮产生开关动作，碰撞另一个滚轮才能复位，一般这种行程开关用于工作台的往返控制。

2. 屏蔽门中的行程开关

1）行程开关传感器的选型

滑动门采用锁定行程开关和到位行程开关。锁定开关采用顶杆式结构，用来检测门扇是否锁定；到位开关采用摆臂式结构，用来检测门扇是否到位。每个开关具有多副常开、常闭触点。

2）行程开关安装及工作

屏蔽门行程开关设置共有 6 处：门扇锁定行程开关、左滑动门到位开关（DL）、右滑动门到位开关（DR）、左应急门行程开关（EED1）、右应急行程开关（EED2）、端门行程开关。基于对行程开关检测效果和成本的综合考虑，门扇锁定行程开关安装在电磁锁旁边，左右滑动门到位开关分别安装在左右门扇靠近门柱处，左右应急门行程开关安装在两个应急门对上的门机梁中部位置，端门行程开关安装在端门右上方对上的门机梁。

应急门、端门行程开关相同，为一个方形行程开关，由行程开关和感应铁块共同动作。行程开关固定在门机梁上，安装完毕后日常故障检修通过固定螺丝余量上下调校。垫片及感应铁块安装在应急门及端门对上的门机梁上。

对于锁定开关，其中一副常闭触点作为安全回路使用，常开触点作为门扇锁定-解锁状态检测。当门扇关闭时，门锁拨叉落下，锁定开关释放，恢复自由状态，使常闭触点闭合，安全回路接通。同时，常开触点断开，检测信号传到该滑动门门控单元 DCU，使 DCU 处理后传到中央控制盘 PSC，再由 PSC 上传到综合监控系统 ISCS 进行显示和报警。

对于到位开关，其中一副常开触点作为安全回路使用，常闭触点作为门扇到位-打开状态检测。当门扇关闭时，门体挂件触碰摆臂，使常开触点闭合，安全回路接通。同时，常闭触点断开，检测信号传到该滑动门门控单元 DCU，经 DCU 处理后传到中央控制盘 PSC、再由 PSC 上传到综合监控系统 ISCS 进行显示和报警。

3. 行程开关故障的影响

1）行程开关检测过于灵敏会引起列车紧制和列车进出站

当滑动门、应急门发出未关闭信号时，整侧屏蔽门关闭锁紧信号会断开，关闭锁紧继电器无法吸合，无法发送关闭锁紧信号到信号 ATP 系统，将导致列车无法在站台区域移动和进出站。一般情况下，滑动门、应急门都具有隔离功能，行程开关检测失常影响列车进出站的概率比较低，较为严重的是会导致列车紧制而造成列车晚点。

2）行程开关检测失灵会引起安全隐患

当滑动门、应急门行程开关失灵，会失去监控门体的能力，这对乘客是一个安全隐患。由于站台人员密集，车站工作人员有限，其不可能把控到每一个门体。当滑动门、应急门没有关闭到位、站台发生推挤或者乘客注意力不集中就容易掉到轨道而发生安全事故。

4. 行程开关故障预防

行程开关故障主要分为两大类：机械类和电气类。当接近传感器故障时，屏蔽门门头灯闪烁，屏蔽门工控机显示门体状态为打开，安全回路断开。

1）机械类故障

行程开关传感器会受门体振动和门机粉尘的影响。门体振动包括了轨道传递到站台的振动和隧道活塞风导致门体的振动。虽然屏蔽门门机内部具有密封保护，但是因为屏蔽门是用来隔绝车站站台和区间隧道的，所以区间粉尘不可避免地逐渐积聚在屏蔽门设备上。

对于门体振动（特别是对应轨顶轨底风口的门体，其晃动较大）的情况：

（1）滑动门到位开关挡片可以通过螺丝孔余量调整上下和内外位置，合理调校间距。

（2）应急门行程开关可以通过传感器固定片螺丝孔余量调整上下和内外位置，合理调校间距。

对于应急门使用频率低，容易积灰的情况：

（1）建议加强门体的周期保养，周期长度为在一个月内，定期除尘并操作开关进行测试。

（2）建议进行门机梁密封情况的检查，保证门机梁内部环境良好。

2）电气类故障

由于屏蔽门内外部存在温差会产生冷凝水和地铁土建渗漏水原因，导致门机内部环境较为潮湿，加之受粉尘的影响，行程开关传感器接头以及线路容易发生短路和接触不良故障。

车站冷凝水和渗漏水容易导致接头短路。冷凝水容易产生在盖板内侧，考虑到冷凝水产生原因，对于门机梁内部尽量保持空气干燥，保养作业完成后要检查盖板是否关闭锁紧，同时应正确开关盖板，以免盖板变形露出缝隙。处理方法：

（1）渗漏水容易从盖板外部渗到门机梁内部，因此盖板材质要求耐腐蚀且密封性能良好。

（2）周期保养时建议加强对各接头和线路的检查，保持清洁干燥。

车站振动和粉尘容易导致插接件松脱，处理方法：

（1）保养过程重点检查，将松脱的线鼻子拨出并将接头用钳子压紧再重新接回。

（2）当故障发生时，可通过检查回路电压是否在正常范围内来判断故障点。

综上所述，地铁屏蔽门系统直接影响列车运行和乘客的乘车安全，而屏蔽门门体的开关传感器是把控安全的基础。在保证正常监测前提下，降低传感器的故障率和误报率，能有效地提高地铁的安全和服务质量。

3.7　半高安全门门机系统

半高安全门的门机系统与全高屏蔽门的门机系统基本原理类似，都是运用 DCU 控制电动机转动，从而带动滑动门进行开关。半高安全门的门机系统也包括驱动装置、传动装置、悬挂装置和锁紧装置等。

半高安全门整体如图 3-39 所示，其左右固定侧盒如图 3-40 所示。左固定侧盒包括控制单元 DCU、就地控制盒 LCB、关闭行程开关、锁紧行程开关等；右固定侧盒包括电源模块、接口盒、主从 DCU、电磁锁等。

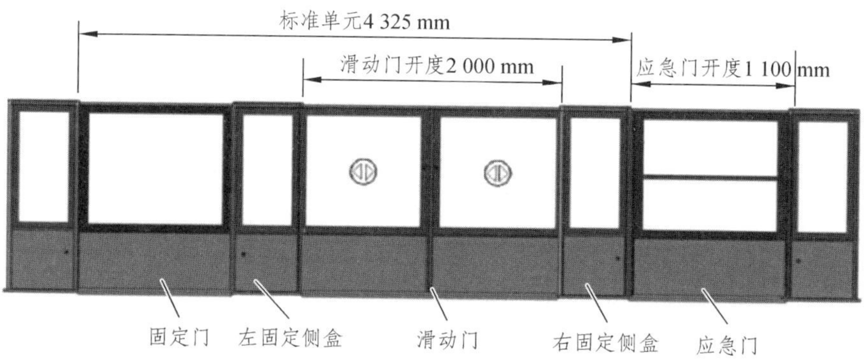

图 3-39　半高安全门整体图

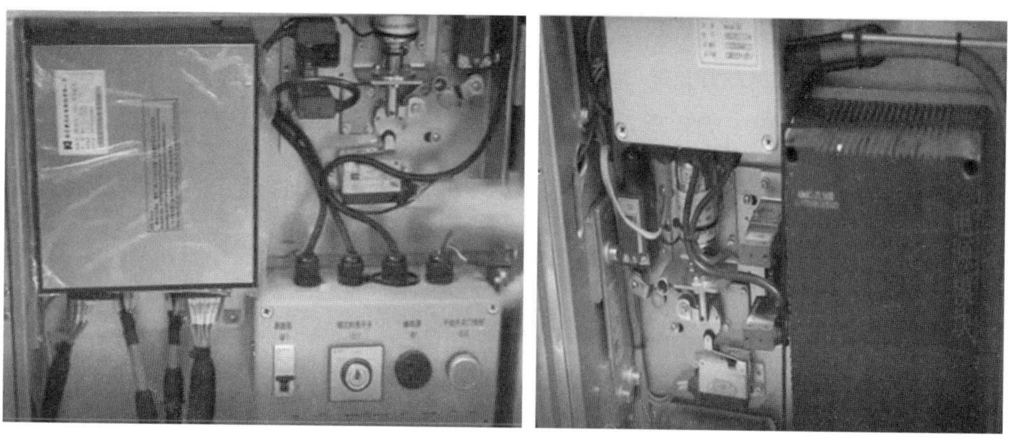

图 3-40　半高安全门左右固定侧盒

姓名____________ 班级____________ 日期____________

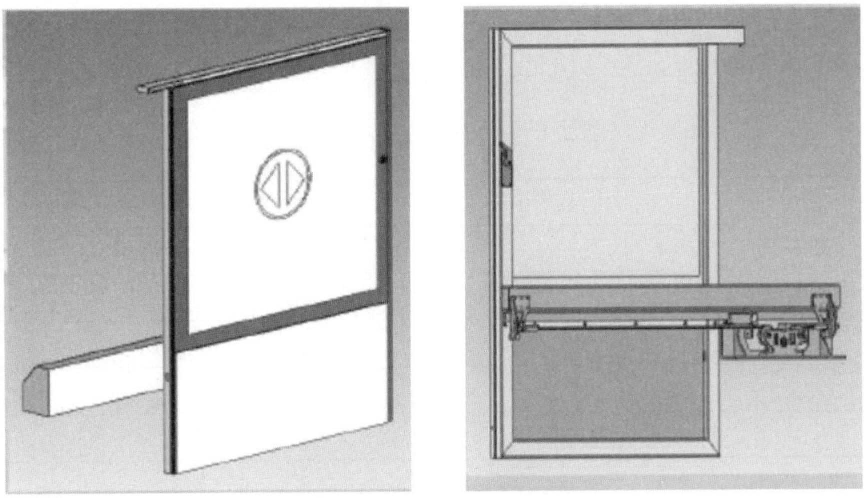

图 3-41　半高安全门后盖盒

门机系统安装在半高安全门的后面，在后盖盒（见图 3-41）内，如图 3-42 所示。

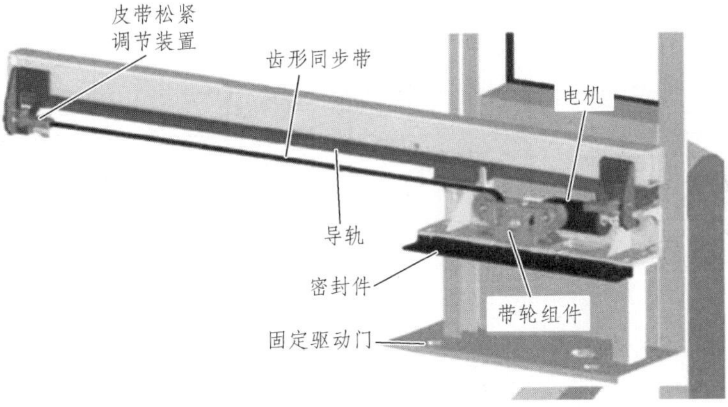

图 3-42　半高安全门门机系统

半高安全门门机系统装设在固定侧盒、滑动门门体的下端，主要由驱动装置、锁紧装置、门机控制器（DCU）、传动装置等组成。目前，国内外半高安全门有两种结构形式：一控制一驱动和一控制两驱动。一控制一驱动是指每对滑动门由一个门机控制器（DCU）控制一套驱动电机，同时驱动左右滑动门扇，虽节省初期投资，但必须设置门槛，门槛上设置开槽，存在一定的安全隐患。同时部分驱动或控制设备需位于站台装饰面以下，维护及清扫不便，后期维护成本增加。

一控制两驱动是指每对滑动门由一个 DCU 控制两套驱动电机，分别驱动左右滑动门扇（保持同步运动），初期投资相比前者高，但克服了前者的各项不足之处，且后期维护方便，成本略低。

姓名____________　班级____________　日期____________

评价反馈

学生自评表

班级：	姓名：	学号：	
项目三任务四			
评价项目	评价标准	分值	得分

学生互评表

项目三任务四															
评价项目	分值	等级								评价对象（组别）					
										1	2	3	4	5	6

教师综合评价表

班级：	姓名：	学号：	
项目三任务四			
评价项目	评价标准	分值	得分

拓展思考题

请简述行程开关的工作原理。

项目四　屏蔽门控制与监控系统检修

屏蔽门控制与监控系统是屏蔽门的重要组成部分，它不仅要满足自动设备在正常状态下的安全可靠运行，还要满足在非正常状态下保证乘客上下车交通运行的需求，并保障乘客的安全。屏蔽门系统在正常运营下采用系统级控制，非正常情况下有站台级控制、车站级控制和手动级控制，共四级五种控制方式。

任务一　列车进出站屏蔽门系统工作过程分析

学习情境描述

很多同学坐地铁或者其他铁道交通工具时可能都会有一个疑问，行驶速度如此之快的地铁是如何做到精准停靠的？本节就对这方面的知识做一下具体的介绍。

任务导入

当屏蔽门系统发生安全回路故障的时候，列车能否停站，如果不能该如何操作？

任务目标

知识目标	（1）了解屏蔽门安全回路故障对列车进站的影响； （2）了解列车进站停站知识。
能力目标	（1）掌握屏蔽门安全回路故障列车进站操作； （2）掌握列车进站停站紧急问题处理方法。
素养目标	（1）培养学生认识新事物的能力； （2）培养学生自主学习的能力； （3）培养学生独立思考的能力； （4）培养学生查阅资料的能力。

姓名__________ 班级__________ 日期__________

任务分组

班级		组号		指导老师	
组长		学号			

组员	姓名	学号	姓名	学号

任务分工

任务准备

引导问题：列车是如何保证精准停位的？

____

____

____

任务实施

4 号线车站下行发生列车无法进站的情况，检查发现下行 22 号滑动门安全回路错误（见表 4-1），此时保洁人员正对下行 22 左滑动门进行清洁，如图 4-1 所示。

表 4-1　站台门故障记录

设备名称	状态名称	状态值	时间
下行线滑动门 22	当前门单元安全回路错误	FALSE	8：06：36
下行线滑动门 22	当前门单元安全回路错误	TRUE	7：59：50

图 4-1　站台视频监控

由监控可知，8 时 1 分 37 秒，列车在下行进站前停在区间；8 时 2 分 56 秒，列车以 RM 模式进站并在下行站台停稳[见图 4-2（a）]；8 时 3 分 37 秒，下行站台门 PSL 就地控制盘被人工切换至互锁解除状态[见图 4-2（b）]。

（a）

（b）

图 4-2　列车以 RM 模式进站并在下行站台停稳

项目任务中的相关知识点

4.1　列车进出站屏蔽门系统工作过程

1．列车 ATO 系统

列车自动驾驶（ATO）系统可以实现列车的精确停车以及停车后自动开启车门和站台安全门。地铁在黑暗的隧道中行驶，装备了一维的电子地图进行导航。地图中地铁的线路用一条线表示，在这条线上，把线路中的所有信号设备标注出来；与汽车导航不同的是，这个地图不需要司机去看，而是需要列车车载设备在运行的过程中不断地读取。图 4-3 中，三角形部件是电子地图中的坐标，叫作信标，又叫作应答器，其实物如图 4-4 所示。

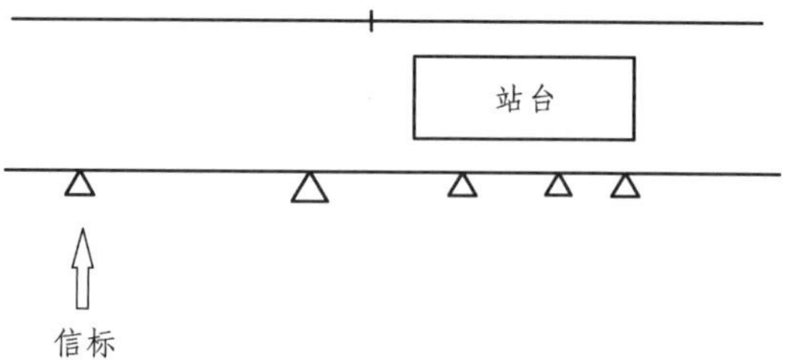

图 4-3 信标示意

图 4-4 信标实物

列车行驶经过应答器之后，可以获取自己在一条地铁线路中的具体位置；而运行中的列车通过不断经过多个应答器而持续地实现位置校正，这样的应答器一般在站里会布置 3～4 个。列车进入站台后，经过第一个应答器的时候，开始第一次校正，列车计算自己的位置和当前速度，同时计算出列车应该输出的牵引力和制动力，通过 ATO 输出给列车，使列车在进站过程中不断调整速度。经过第二个的时候，再次调整速度。一般来说，列车再经过 3 到 4 次速度调整之后，最终可以计算出一个可靠的制动力，保证列车正好停在的停车点的位置，从而实现精确自动停车。信标运行模拟如图 4-5 所示。

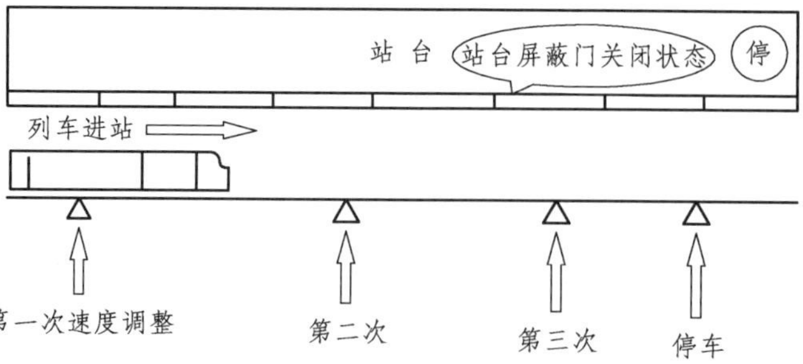

图 4-5 信标运行模拟

2. 信号系统

在目前的地铁运营中，对标（将屏蔽门和车门一一对应）和联动开门都可以依靠信号系统 SIG 自动完成。司机则负责监控设备运行，还有在故障情况下人工介入操作。列车进站时，信号系统根据设定数据控制列车进站对标，列车停稳后，发出信号，信号系统根据接收到的信号控制列车车门与站台屏蔽门同步开启，等一定时间后再发出指令控制车门与屏蔽门同步关闭。确认车门、屏蔽门关好后发出发车指令，列车依照设定速度动车。这样就形成了完全的自动驾驶。

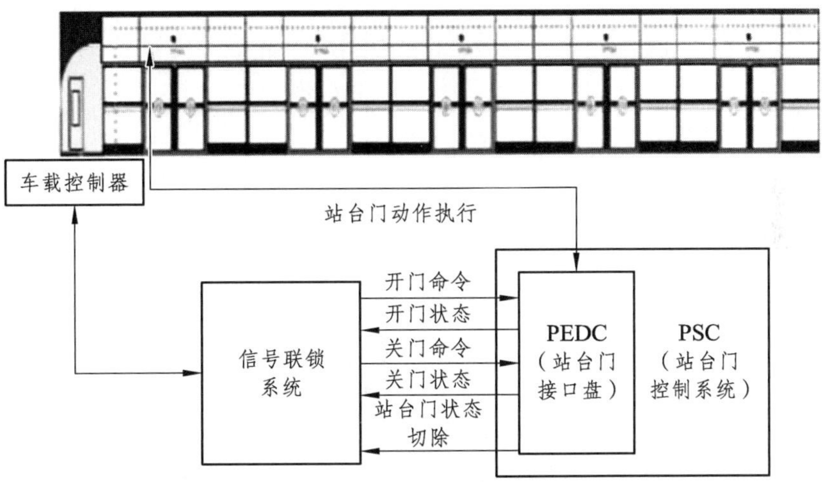

图 4-6　SIG 与 PSD 接口关系

3. 屏蔽门控制与监视系统

屏蔽门系统 PSD 主要是与信号系统 SIG 进行信息交换。列车进入联锁区域时，要收到前方站台的“所有滑动门/应急门关闭锁紧”信号；列车通过 SIG 命令屏蔽门开门，PSC（中央控制盘）接收此开门信号，并反馈“门打开”状态给列车；然后列车通过 SIG 命令屏蔽门关门门，PSC 接收此关门信号，并反馈“所有滑动门/应急门关闭锁紧”给列车；此时列车可以离站。

4.2　屏蔽门控制与监视系统功能分析

1. 屏蔽门控制与监视系统结构

屏蔽门控制与监视系统主要是与信号系统进行信息交换，对屏蔽门的开门、关门进行控制，保证屏蔽门的开门、关门与列车车门动作同步，同时监视各控制信号及记录屏蔽门状态信息，并在关门过程中具备障碍物探测功能。

屏蔽门控制与监视系统主要由中央控制盘（PSC）（含逻辑控制单元和监视单元）、站台端头控制盘（PSL）、车站综合后备盘（IBP）、门机控制器（DCU）、就地控制盒（LCB）及车站监视器（PSA）等设备组成，如图 4-7 所示。其功能如下：

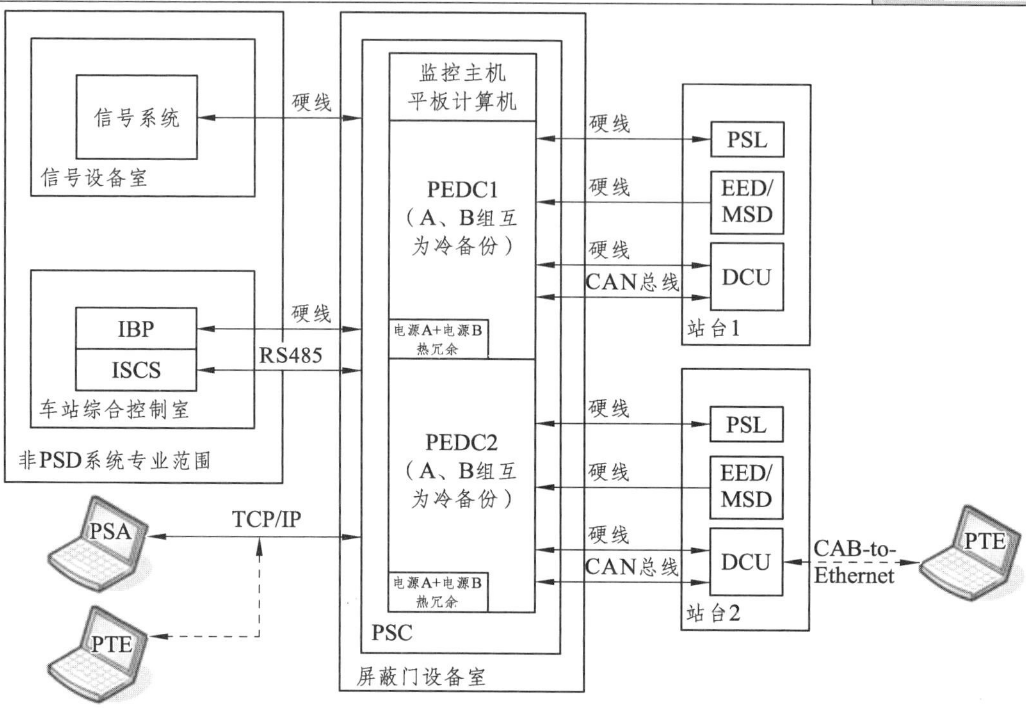

图 4-7 屏蔽门控制与监视系统

图 4-8 车站控制室 1

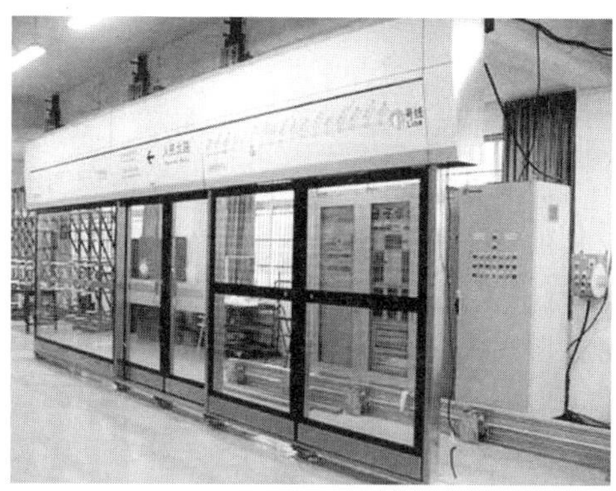

图 4-9 车站控制室 2

（1）满足屏蔽门在正常和非正常状态下的安全、可靠运行，在紧急状态下能保证乘客安全疏散。

（2）屏蔽门控制系统以车站为单位构成独立的监控系统，具备抗电磁干扰的能力。

（3）屏蔽门控制系统满足行车组织、信号系统的运行要求。

（4）屏蔽门控制系统满足主控系统和监控系统的接口要求。

（5）控制系统中采用的电器元器件（如微动开关、继电器、电缆接头、连接件和接插件等）、电缆接头应优先选用航空插头。

（7）屏蔽门边门受 IBP 控制，在站台发生火灾时作为消防排烟通道，可从车控室内电动打开站台屏蔽门边门，不影响屏蔽门系统功能和整体性能。

2. 屏蔽门系统控制方式

按操作方式和操作位置，屏蔽门系统的控制可分为系统级控制（PSC 控制或 SIG 控制）、站台级控制（PSL 控制）、车站级控制（紧急级控制或 IBP 控制）和就地级控制（包括 LCB 控制和手动解锁）4 级控制的网络。

这 4 种控制方式可分别实现屏蔽门的 3 种运行模式，即：

正常运行模式（系统级控制 SIG）；

非正常运行模式（车站级控制 IBP、站台级控制 PSL 和就地级控制 LCB 与手动）；

紧急运行模式（车站级控制 IBP）。

故障分析：

DCU 或电动机出现故障导致门体不能正常关闭，或者是顶箱线路问题导致信号无法执行。

屏蔽门控制等级如图 4-10 所示。

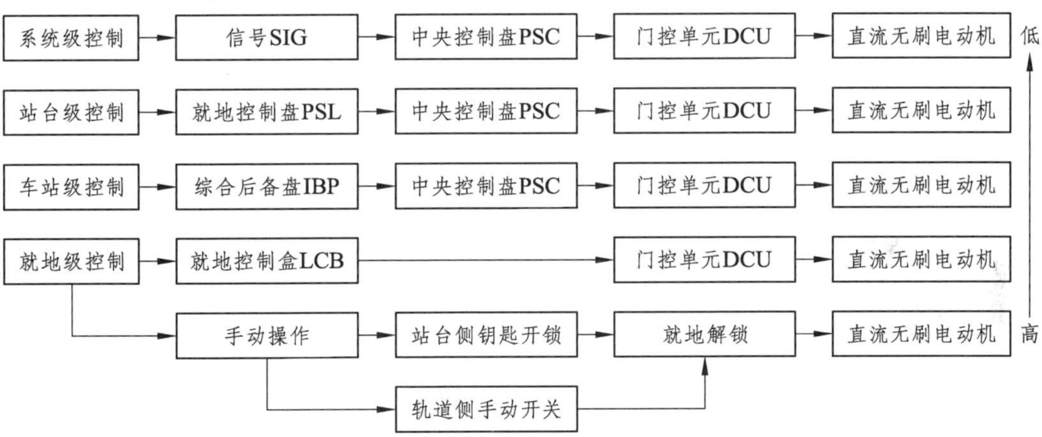

图 4-10　屏蔽门控制等级

1）系统级控制（正常运行模式）

系统级控制应用于正常运行模式，也称屏蔽门自动运行模式。此时，屏蔽门系统和信号系统及两者间的接口等设备都处于正常状态，由信号系统直接对屏蔽门进行控制。

2）站台级控制（非正常运行模式）

站台级控制，也称就地控制盘（PSL）控制，是由列车司机或站台工作人员在站台就地控制盘上对滑动门进行开/关门的控制。

3）车站级控制（非正常运行模式和紧急运行模式）

车站级控制，也称综合后备盘（IBP）控制，是在车站紧急情况下（如火灾），在车站控制室操作 IBP 上的钥匙开关打至开门位，打开上行或下行屏蔽门及全部滑动门。在

此模式下，信号系统与 PSL 对屏蔽门的控制信号被旁路，无法控制屏蔽门运行。

4）就地级控制（非正常运行模式）

就地级控制也称手动操作，是站台工作人员或乘客对屏蔽门进行手动操作，包括 LCB 控制和人工操作。

当单个滑动门故障时，可以通过 LCB 控制开关使该门与整个系统脱离；当出现系统控制故障、系统电源故障、整侧滑动门故障以及紧急撤离等情况时，可以人工开启滑动门、应急门与端门。

评价反馈

学生自评表

班级：	姓名：		学号：
项目四任务一			
评价项目	评价标准	分值	得分

学生互评表

项目四任务一														
评价项目	分值	等级							评价对象（组别）					
									1	2	3	4	5	6

教师综合评价表

班级：	姓名：		学号：
项目四任务一			
评价项目	评价标准	分值	得分

姓名____________ 班级____________ 日期____________

拓展思考题

列车精准停位对 SIG 系统级控制有什么影响？

任务二　屏蔽门 PSC 系统线路连接

学习情境描述

屏蔽门控制与监视系统主要是由信号输入口（包括 SIG/PSL/IBP）、中央控制盘 PSC、门控单元 DCU、直流无刷电动机等组成“四点一线的控制结构”。其中，信号输入口包括信号系统 SIG、就地控制盘 PSL 和综合后备盘 IBP，再加上就地控制级，一共四级控制，因此形成了“四点一线的控制结构，四级控制的网络”。信号接口接到开关门的指令后传给中央控制盘 PSC，中央控制盘 PSC 与门控单元 DCU 组成了主从分布式通信网络，接到开关门命令后把命令传给各个门控单元 DCU，DCU 控制电动机正反转，从而实现了开门或关门的动作。LCB 直接控制门控单元（DCU）开关门。屏蔽门控制系统框图如图 4-11 所示，硬件连接图如图 4-12 所示。

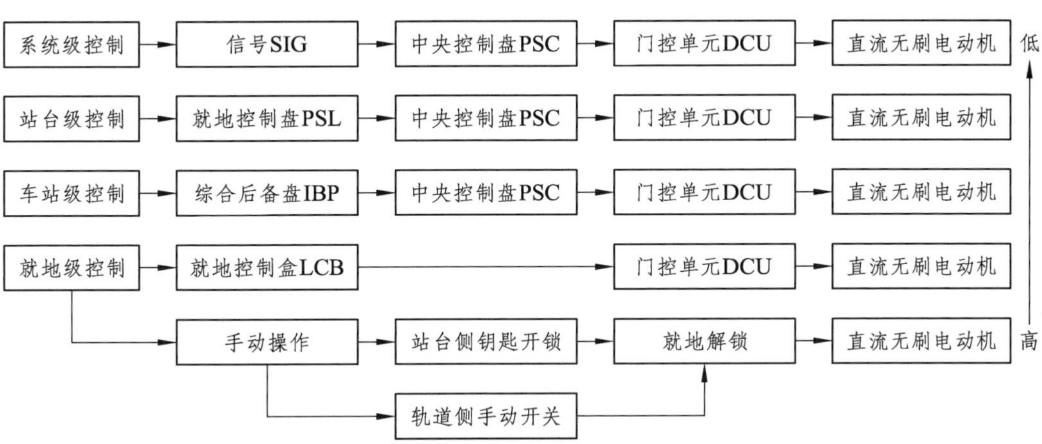

图 4-11　屏蔽门控制系统框图

姓名____________ 班级____________ 日期____________

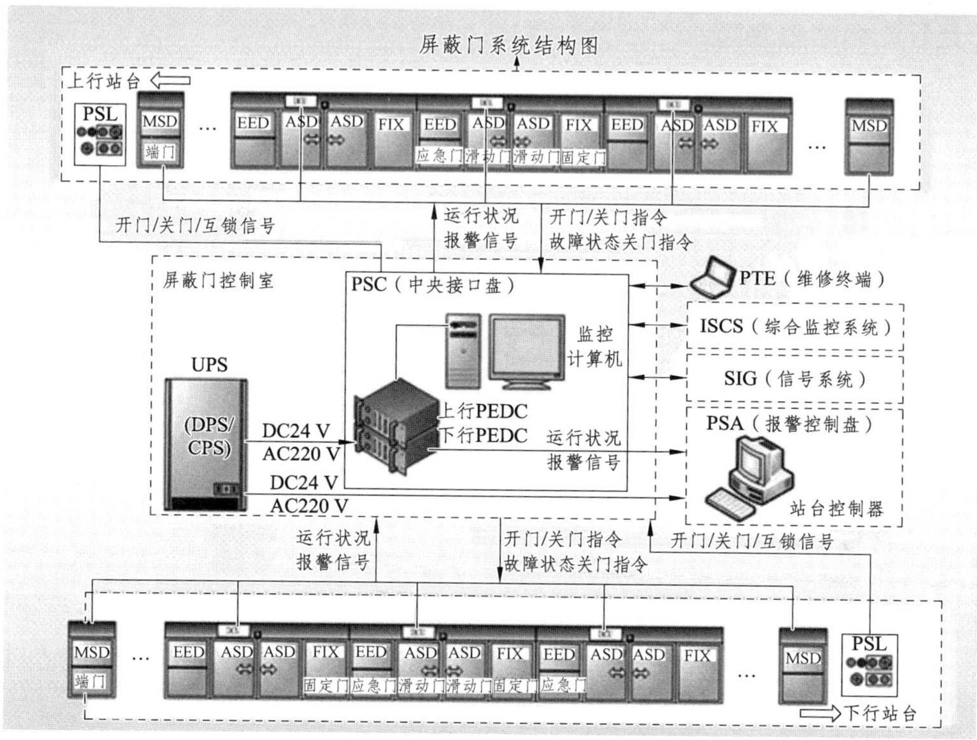

图 4-12　屏蔽门控制系统硬件连接图

任务导入

轨道交通 1 号线屏蔽门 PSC 系统线路老化，部分线路断裂，现要进行重新布线连接。

任务目标

知识目标	（1）掌握屏蔽门 PSC 系统内部线路连接； （2）掌握屏蔽门 PSC 系统外部接口线路连接。
能力目标	（1）熟悉屏蔽门系统布线知识； （2）掌握屏蔽门系统布线的流程。
素养目标	（1）培养学生认识新事物的能力； （2）培养学生自主学习的能力； （3）培养学生独立思考的能力； （4）培养学生查阅资料的能力。

姓名____________ 班级____________ 日期____________

任务分组

<table>
<tr><td>班级</td><td></td><td>组号</td><td></td><td>指导老师</td><td></td></tr>
<tr><td>组长</td><td></td><td>学号</td><td colspan="3"></td></tr>
<tr><td rowspan="5">组员</td><td>姓名</td><td>学号</td><td>姓名</td><td colspan="2">学号</td></tr>
<tr><td></td><td></td><td></td><td colspan="2"></td></tr>
<tr><td></td><td></td><td></td><td colspan="2"></td></tr>
<tr><td></td><td></td><td></td><td colspan="2"></td></tr>
<tr><td></td><td></td><td></td><td colspan="2"></td></tr>
<tr><td colspan="6">任务分工</td></tr>
</table>

任务准备

引导问题：中央控制盘包含哪些硬件？

____

____

____

任务实施

1. 布线规则

1）裁　线

导线的长度应根据图纸及实物测量后确定，其长度应包含布线余量。裁切好的导线如不能及时布线，应放置在周转箱内，保持导线清洁，严禁踩压。

2）端子压接

电线电缆与电气元件、接线端子（接线柱）与接线座的连接应采用冷压接连接。

电缆可采用焊接形式，焊接处应做好绝缘处理（使用热熔胶或热缩套管封闭）。

3）号码套管

每根导线两端应有清晰、牢固的号码套管或导线标记。

号码套管颜色应按照技术协议和图纸的技术要求，如没特殊要求可以按照表 4-2 执行。

表 4-2　导线标记表

导线名称		导线标记	颜色
交流系统	交流系统的 U 相	U×××	黄
	交流系统的 V 相	V×××	绿
	交流系统的 W 相	W×××	红
	中性线	N×××	浅蓝
直流系统	正极	+×××	棕
	负极	−×××	深蓝
控制电路		0～799，900～9 999	白
信号系统	传感器	电压、电流、频率传感器的模拟量输出	白
公共系统	保护接地导体	PE	黄绿
	屏蔽接地导体	SE××	白

2. 号码套管标记

（1）号码套管只标记线号。

（2）号码套管有段增加通往电气元件的代号及接点。

（3）号码套管有段增加导线连那个段电气元件的代号及接点，号码套管字体为宋体，字体清晰，热缩后字体高度不小于 2.5 mm。

3. 接　线

（1）电气产品的布线应符合电气产品设计所规定的电气原理图、布线图的要求。

（2）电气产品布线时应注意使导线发热器件。

（3）电气产品布线可采用走线槽座、神错网管、波纹管。

（4）所有电缆电线金属穿线孔应增加保护套，以防止电缆电线穿线时被破损。

（5）导线与电气元件的连接必须牢固，不得有断股和损伤，采用螺纹连接时，紧固件应齐全，并按规定的扭矩进行紧固及防松标记。

4. 线束处理

（1）线束中导线不得绞劲，每间隔 50～60 mm 用扎带捆扎一次，在每一批（个）的电气产品中线束捆扎距离应尽量一致，特殊地方除外。

（2）线束中引出的导线位置应准确，长度适中；单线类型的导线或电缆的最小弯曲半径是该导线电缆直径的 5 倍，多导线类型或屏蔽线是直径的 8 倍。

紧固压力的选择极重要的是实现良好的连接，过大的压力会在超过弹性限度的紧固

机构里显示出过分的应力；特殊零件的紧固应依据图纸、作业指导书用扭力扳手按照特定的扭力紧固，另对于需要拆装的紧固件，只需将弹簧垫圈压平即可，也不需要防松标记。

项目任务中的相关知识点

4.3　屏蔽门控制系统主要部件

1. 中央控制盘

PSC 是屏蔽门控制系统的核心，每个车站的屏蔽门设备室设置一套 PSC，如图 4-13 所示。中央控制盘安装在屏蔽门系统的机柜或设备室内，主要组成部分包括：

（1）两台监控主机；

（2）两个逻辑控制单元（PEDC），每个负责控制一侧的屏蔽门。

中央控制盘（PSC）由两套相同、相互独立的子系统组成，每个子系统包括一套逻辑控制单元（PEDC），控制一侧站台屏蔽门，其采用高性能安全继电器，以硬线形式连接滑动门门机控制器（DCU）、站台端头控制盘（PSL）、车站综合后备盘（IBP）等，实现关键控制与关键信号的反馈。PSC 实物如图 4-13 所示。

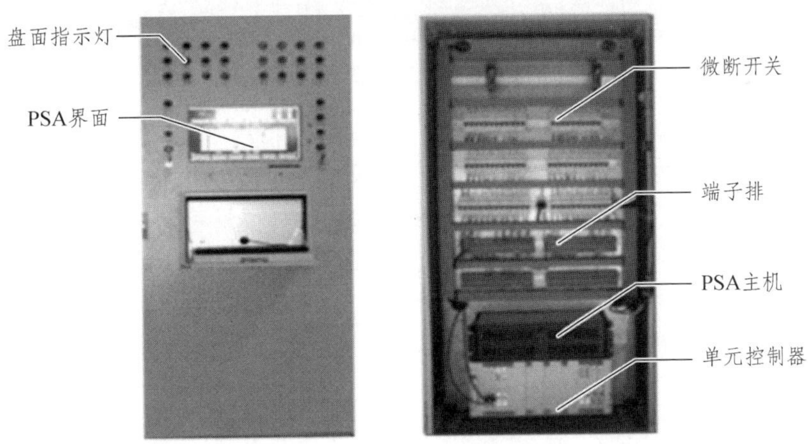

（a）PSC 盘面　　（b）PSC 内部

图 4-13　PSC 实物图

现在有两种 PSC 设计方法：一种是把电气系统（继电器组）和监控通信系统组合在一个模块里，成为一个黑盒子，只提供输出输入接口，既控制屏蔽门运行，也监控屏蔽门状态、故障，并把相关信息存贮起来；另一种是电气系统和监控通信系统各自独立。笔者认为后者较好，一是这样两个系统不会相互影响，能独立开来以后维修，改造方便；二是减低维修成本，一个部件损坏不必整个 PSC 更换。

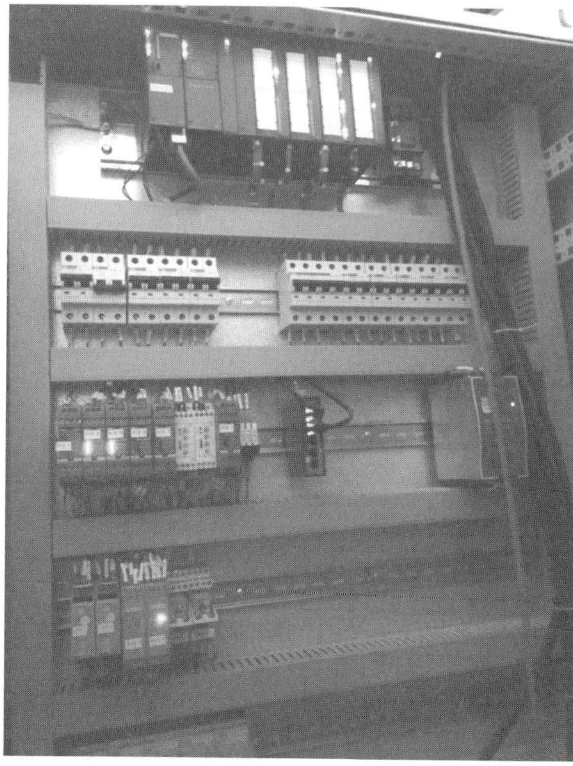

图 4-14　中央控制柜

每个子系统还包括一套监控主机，监控主机是每个控制子系统的主要设备，属于整个总线网络的主设备。实现系统内部信息的收发、采集、汇总和分析，并实现与主控系统车站控制室工作站、PSL、DCU 各单元之间的信息交换，并能够查询逻辑控制单元中各个回路的状态，具有足够存放数据和软件的存贮单元，具有运行监视功能及自诊断功能。

中央控制盘（PSC）的功能主要有：处理信号系统 SIG 命令；处理 DCU 命令和信息；处理综合监控系统（ISCS）信息；数据记录和查询；DCU 门控参数的设置；PEDC、DCU 软件下载等。

因此，PSC 系统内包含控制系统和监视系统两个子系统，另外还有一个安全回路。

（1）中央控制盘（PSC）的控制功能。

① 执行信号系统 SIG 指令，控制 DCU 实现相应操作，并向信号系统反馈屏蔽门的状态信息。

② 可靠执行 PSL 上的操作命令。

③ 主控机内可以修改滑动门的速度曲线参数，并能集中下传到每个 DCU。

④ 每套单元控制器（PEDC）配有独立的回路与车站控制室 IBP 综合监控系统接口相连。

（2）中央控制盘（PSC）的监视功能。

① 具有系统运行监视功能和自诊断功能。

② 能够通过现场总线在线监视所有 DCU 的工作运行状况。

③ 能够查询 PSL 上的操作和状态信息。

④ 能够自动检测屏蔽门系统内部的一些重要故障。

⑤ 存储重要的数据。

⑥ 具有手提计算机接口，以便下载数据或更新参数。

⑦ 具有与综合监控系统的通信功能，将屏蔽门的运营状态及有关故障信息发送至综合监控系统。

虽然 PSC 设备设计不同，但一般有以下接口：

1）PSC 与 SIG 接口

PSC 对列车信号系统 SIG 接口：列车进入连锁区域时，要收到前方站台的“所有滑动门/应急门关闭锁紧”信号；列车通过 SIG 命令屏蔽门开门，PSC 接收此开门信号，并反馈“门打开”状态给列车；然后列车命令屏蔽门关门，PSC 接收此关门信号，并反馈“所有滑动门/应急门关闭锁紧”给列车；此时列车可以离站，在出站连锁区域内，列车依然要收到后方的“所有滑动门/应急门关闭锁紧”信号。如果在列车关门命令发出若干时间后，没有收到“所有滑动门/应急门关闭锁紧”信号，则需要站务人员确认现场情况后，在就地控制盘（PSL）发出“互锁解除”信号，由 PSC 反馈给列车，列车才能离站。PSC 与 SIG 接口如图 4-15 所示。

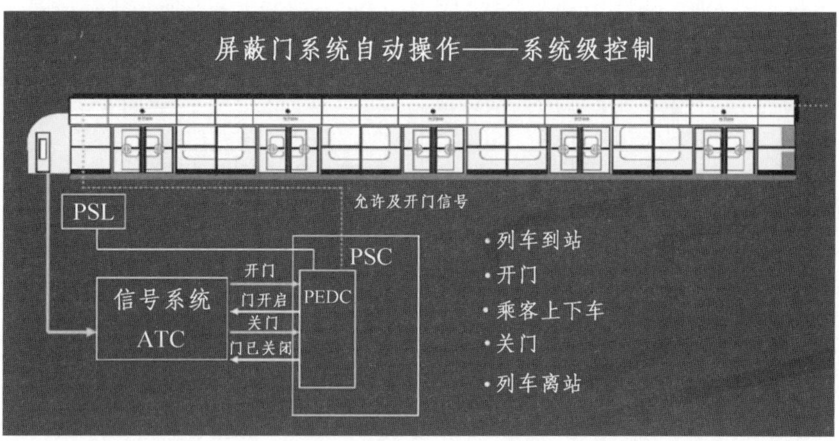

图 4-15　PSC 与 SIG 接口

屏蔽门系统与信号系统的接口是用来在信号系统与屏蔽门系统之间传送信号。信号设备室通过硬线连接屏蔽门设备室，中央接口盘（PSC）端子排是两系统之间的物理接口。根据《地铁设计规范》（GB 50157—2012）相关规定要求，信号系统应能控制站台屏蔽门与列车车门的开、闭按预定顺序动作。信号系统中列车自动保护（ATP）子系统

负责对屏蔽门状态的连续安全监督，列车自动运行（ATO）子系统负责屏蔽门与车门的同步开、关控制。屏蔽门与信号接口控制功能如表 4-3 所示。

表 4-3　屏蔽门与信号接口控制功能

内容	信号名称	接线方式	信号方向	信号系统说明	屏蔽门系统说明
信号系统与PEDC	开门命令	硬线	PEDC←SIG	司机在驾驶室内进行开门操作，信号系统收到此信号，将发出开门命令给屏蔽门系统	从信号系统收到开门命令信号后，由 PEDC 控制所有屏蔽门打开（0.3 s 内）
	关门命令	硬线	PEDC←SIG	司机在驾驶室内进行关门操作，信号系统收到此信号后，将发出关门命令给屏蔽门系统	从信号系统收到关门命令信号后，由 PEDC 控制所有屏蔽门关闭
	门开/闭状态	硬线	PEDC→SIG	PEDC 收到 DCU 发出的门开/关状态信号后向 SIG 发出此信号	DCU 收到 PEDC 门开/闭命令，控制驱动电机开/闭屏蔽门后，向 PEDC 发出门状态信息
	ASD/EED 关闭、锁紧	硬线	PEDC→SIG	SIG 收到 PEDC 发出的 ASD/EED 全部门关闭、锁紧后，信号系统将允许发车	屏蔽门关闭后，所有 DCU 的门关闭锁紧信号发给 PEDC,PEDC 将此信号发给 SIG
	“PSD/EED”互锁解除	硬线	PEDC→SIG	SIG 收到 PEDC 发出的 ASD/EED 互锁解除信号后，信号系统将允许发车	当屏蔽门关闭后，信号系统因收不到关闭锁紧信号不能发车时，司机可操作 PSL 上的互锁解除开关，PSL 向 PEDC 发送互锁解除信号，PEDC 则向 SIG 发出此信号

2）PSC 与 PSL 接口

PSC 对 PSL 接口：PSC 接收“PSL 操作允许”信号；PSL 发出“开门”命令通过 PSC 的 PLC 给门单元控制器（DCU），PSC 接收 DCU 反馈的“开门”状态信号；PSL 发出“关门”命令通过 PSC 的 PLC 给门单元控制器（DCU），PSC 接收 DCU 反馈的“所有滑动门/应急门关闭锁紧”状态信号；PSC 接收 PSL 的“互锁解除”信号。PSC 与 PSL 接口实物与原理如图 4-16、图 4-17 所示。

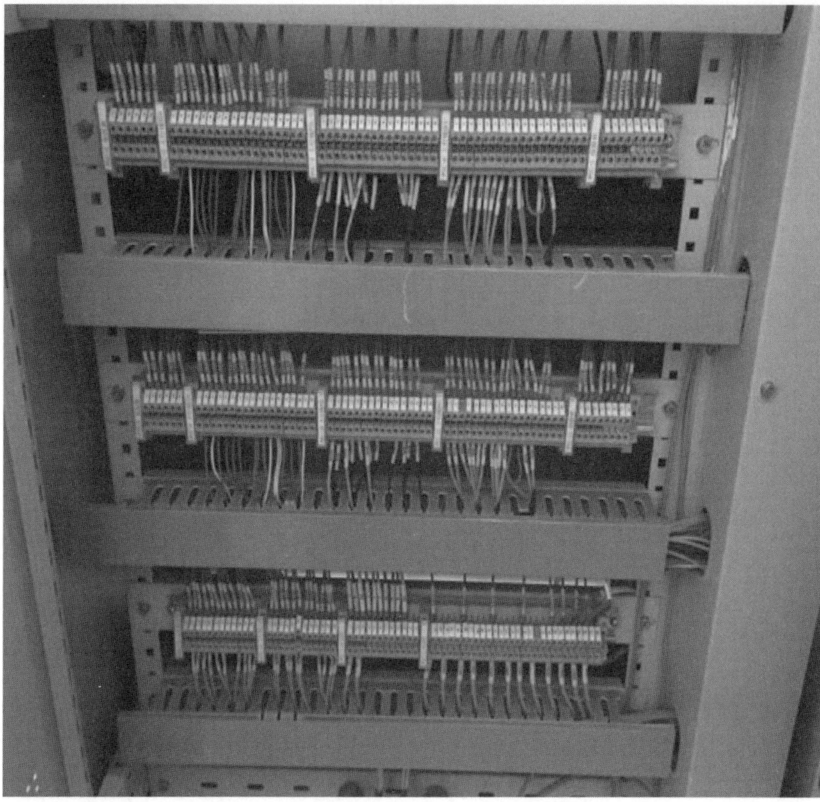

图 4-16　SIG 与 PSC 接口实物

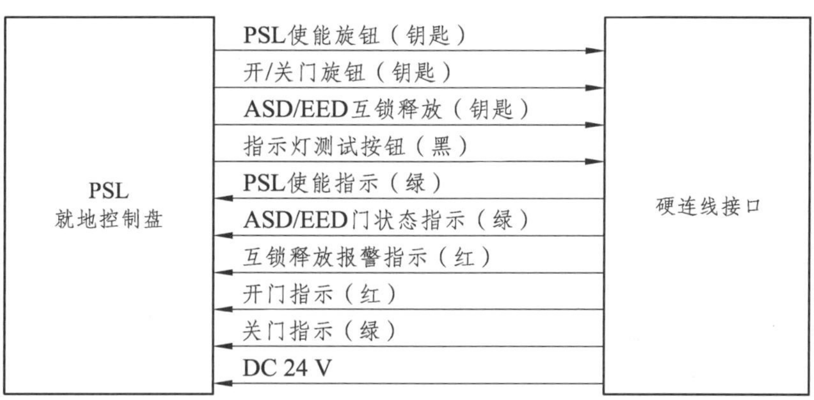

图 4-17　PSC 与 PSL 接口原理

3）PSC 与 IBP 接口

PSC 对 IBP 接口：IBP 在车站控制室内，PSC 对 IBP 的接口和 PSC 对 PSL 接口的类似。PSC 与 IBP 接口功能如图 4-18 所示。

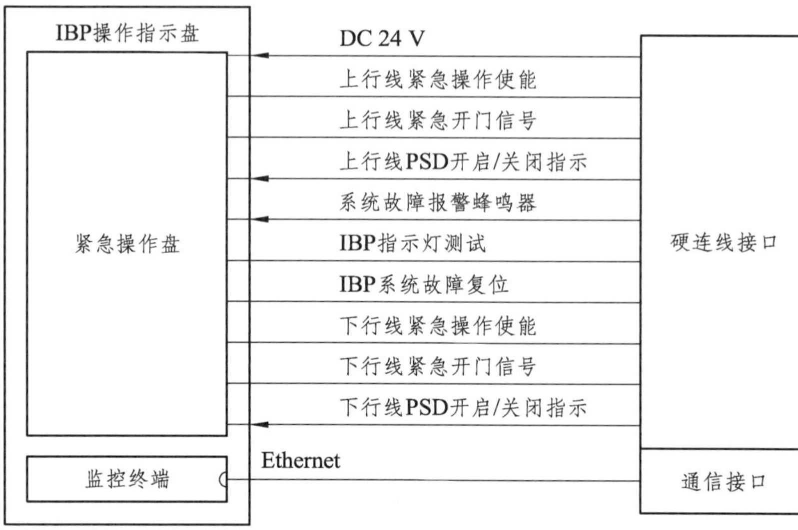

图 4-18　PSC 与 IBP 接口功能

4）PSC 与 DCU 接口

PSC 对各个活动门 DCU 的接口：PSC 发出“开门”命令给门单元控制器（DCU），并接收 DCU 反馈的“开门”状态信号；PSC 发出“关门”命令给门单元控制器（DCU），并接收 DCU 反馈的“所有滑动门/应急门关闭锁紧”状态信号。PSC 与 DCU 也是用硬线连接，应急门的状态通过邻近的 DCU 反馈给 PSC。PSC 的电气系统只接收“所有滑动门/应急门关闭锁紧”的信号，具体门单元的状态、故障在监控通信系统里显示。

5）PSC 与低压配电系统接口

分界点：在车站屏蔽门设备室电源屏内双电源切换箱输入端。屏蔽门系统和低压配电系统物理接口的范围如表 4-4 所示。

表 4-4　屏蔽门与低压配电系统的连接

接口位置	屏蔽门系统	低压配电	接口类型	接口效用
在屏蔽门设备室内	在双电源切换箱的输出端子排上	电力电缆引至屏蔽门设备室内双电源切换箱上	电缆连接	为屏蔽门系统提供两路三相 380 V 交流电源

6）PSC 与其余接口

PSC 对火灾模式开关接口：PSC 接收“火灾模式操作允许”信号；火灾模式开关发出“开门”命令通过 PSC 的 PLC 给门单元控制器（DCU），PSC 接收 DCU 反馈的“开门”状态信号。

PSC 对监控通信系统的接口：PSC 对其他部件的接口收发的信号同时会发给监控通信系统。

PSC 对 PSC 面板指示灯的接口：各级“开门状态”指示；各级“所有滑动门/应急门关闭锁紧”状态指示；“控制系统故障”指示；“PSL 操作允许”指示；“互锁解除”状态指示；“火灾模式允许”指示。这些都是 PSC 与其他部件接口收发的信号。

2. 单元控制器

单元控制器（PEDC）是中央控制盘（PSC）控制子系统的主要设备，属于整个总线网络的主设备，实现系统内部信息的收发、采集、汇总和分析，并实现与综合监控系统、PSA、PSL、DCU 各单位之间的信息交换，同时能够查询逻辑控制单元中各个回路的状态，具有足够存放数据和软件的存储单元，具有运行监视功能和自诊断功能。

PEDC 是中央控制盘（PSC）的核心，每侧站台安全门配置一套逻辑控制单元，每套逻辑控制单元内配置有与信号系统的接口、与站台端头控制盘 PSL 的接口、与车控室 IBP 盘的硬线接口的继电器组，且处理 IBP 回路、PSL 回路及信号 SIG 回路的开关门命令的安全继电器相互独立，互不干扰。在接收到传来的开/关门关键命令后，其能正确地控制相应侧滑动门进行开/关门动作。

1）PEDC 插件箱特点

（1）插件箱结构使用模块化设计，可维护性强，采用完全相同的 A/B 两组进行冗余冷备份提高可靠性，即当一组故障时可切换至另一组保证系统正常工作。

（2）A/B 两组电源并联、均流，以热冗余方式运行，使整个控制系统具有不断电在线维修功能。

（3）双 CAN 总线实现与各 DCU 的冗余通信，极大提高系统的可靠性。

PEDC 柜体如图 4-19 所示。

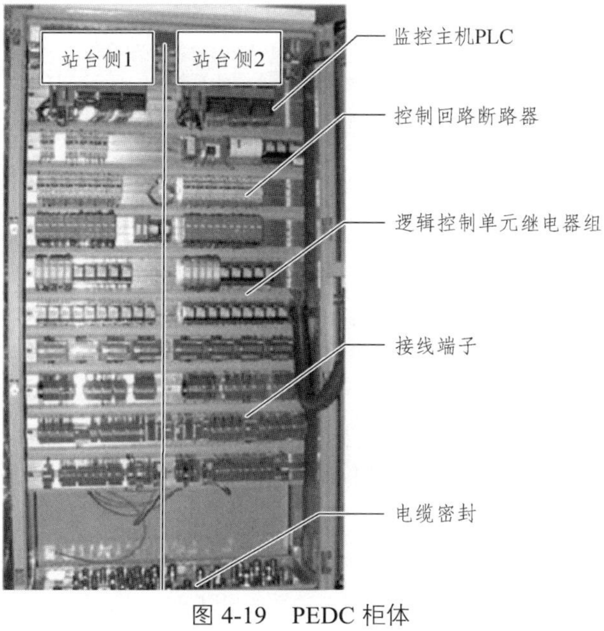

图 4-19　PEDC 柜体

2）PEDC 的主要功能

（1）能够通过 CAN 现场总线在线监视所有 DCU 的工作运行状况。

（2）每个 PEDC 均能够在接收到信号系统的开/关门命令后，快速准确地反应并发出开/关门命令。

（3）执行信号系统指令，控制 DCU 实现相应操作，并向信号系统反馈屏蔽门的状态信息。

（4）能够查询 PSL 上的操作和状态信息。

PEDC 核心部件为可编程控制器 PLC，常见品牌 PLC 如图 4-20、图 4-21 所示。

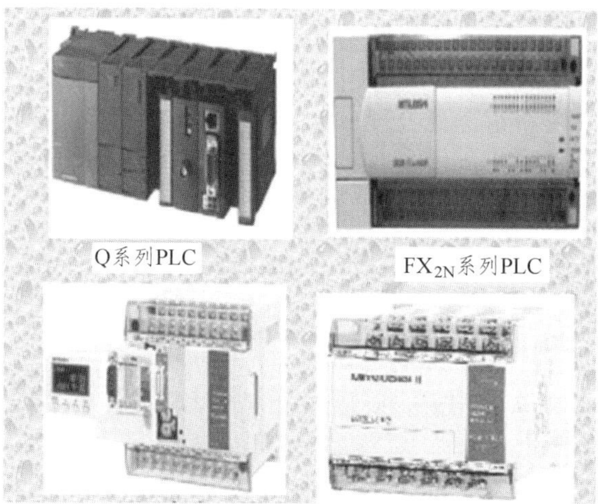

图 4-20　三菱 PLC

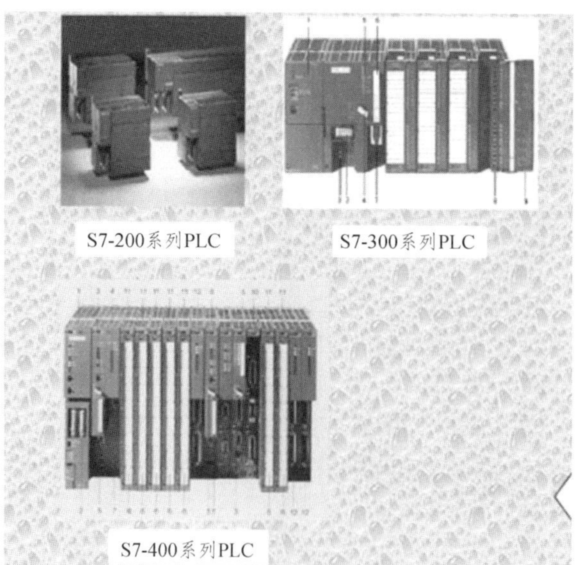

图 4-21　西门子 PLC

3）屏蔽门 PLC I/O 地址表

屏蔽门控制系统核心部件 PLC 的 I/O 地址如表 4-5 所示，屏蔽门系统由 PLC 程序及其相关线路控制发送和接收开关门命令组成。

表 4-5　屏蔽门 PLC I/O 地址

输入地址表			输出地址表		
作用	元件	输入继电器	作用	元件	输入继电器
列车到位置开关	SQ1	X1	快速关门	KM1	Y1
慢速关门按钮	SB2	X2	慢速关门	KM2	Y2
开门位置	SQ3	X3	关闭指示灯	KM3	Y3
关门位置	SQ4	X4	快速开门	KM4	Y4
屏蔽门打开	SB5	X5	开门指示灯	KM5	Y5
输入地址表			输出地址表		
作用	元件	输入继电器	作用	元件	输入继电器
屏蔽门关闭	SB6	X6			
红外线传感	SB7	X7			
手自动转换	SB10	X10			
手动开门	SB8	X11			
手动关门	SB9	X12			

4）PLC 接线

PLC 接线如图 4-22 所示。

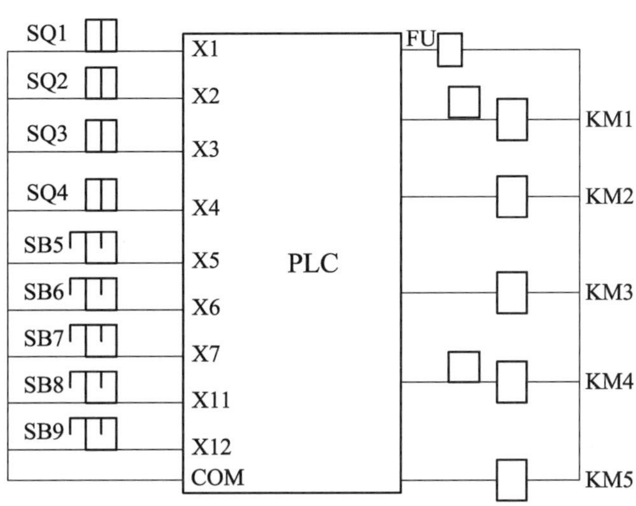

图 4-22　PLC 接线图

姓名____________　班级____________　日期____________

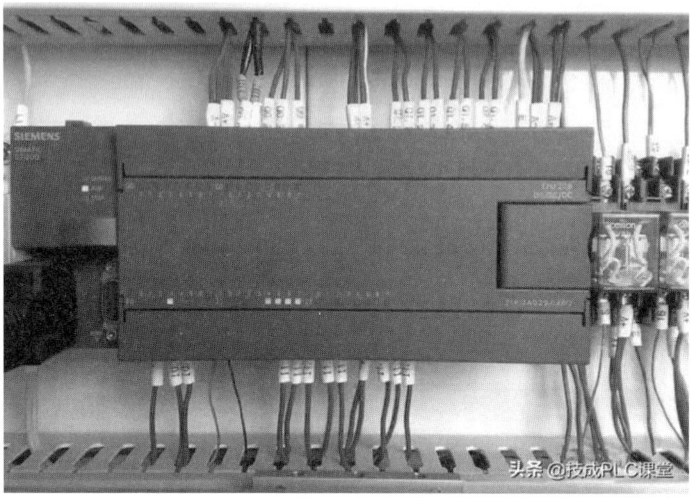

图 4-23　西门子 PLC 接线图

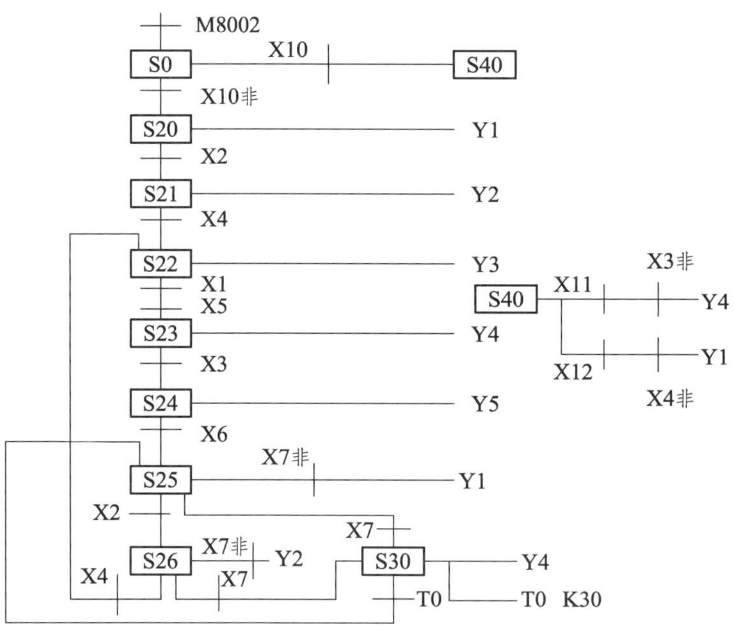

图 4-24　西门子 PLC 状态转移图

5）PLC 程序

常开触头在继电器线包未得电时处于断开状态，当继电器线源包得电时它就闭合导通了。而常闭触头则是线包不得电时触头闭合，线包得电时触头断开。继电器的常开触头常用于自锁，常闭触头常用于互锁。列车从入站到出站 PLC 控制开关门程序如图 4-25 所示。

姓名____________ 班级____________ 日期____________

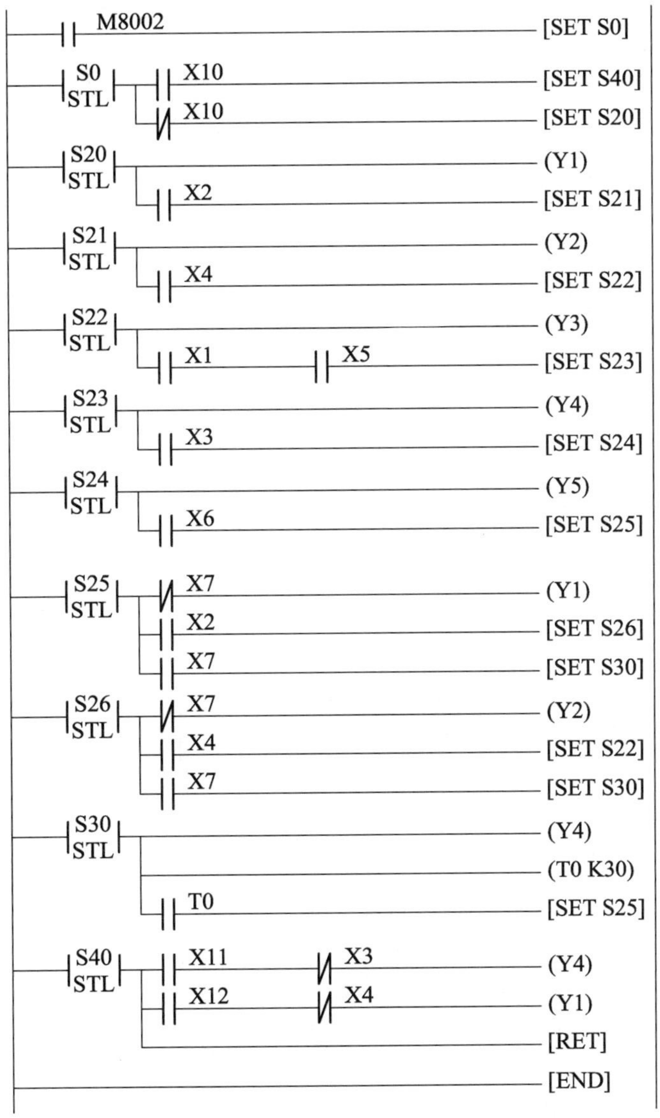

图 4-25　PLC 程序

3. 就地控制盒

每对滑动门配置了一套就地控制盒（LCB），其模式开关有自动、隔离、手动开门、手动关门 4 挡可选择，如图 4-26 所示。LCB 主要功能是当单个滑动门出现故障时，把该门机系统和其他门机系统隔离开，可在现场发出开/关门命令。LCB 的安装位置在滑动门门楣右下方，钥匙开关及按钮的安装位置方便站台侧工作人员通过钥匙进行模式转换。LCB 钥匙开关通过专用电缆与 DCU 接口单元连接，且有铝盒密封，接线端子不外露，安全防尘。每个门单元中无论发生网络通信故障、电源故障、DCU、门机故障以及其他故障，均可通过就地控制盒 LCB 切断此道滑动门 DCU 的电源，从而使此故障单元从整个系统中隔离，不影响整个系统的正常工作。

LCB 是一个包括自动、隔离、开门、关门的四位钥匙开关，工作人员可通过钥匙进行模式转换。

（a） （b）

图 4-26 就地控制盒 LCB 模式

“自动”位：在正常情况下，模式开关置于“自动”状态，屏蔽门可接收信号系统的命令进行自动控制。当模式开关离开自动位时，与整个控制系统隔离，则信号系统、PSC、PSL、IBP 的控制都失效。“自动”位钥匙开关对应设置一个绿灯，当钥匙在该位时灯亮。钥匙只有在“自动”位及“隔离”位时方可取出，因此维修完毕一定要把钥匙返回到“自动”位。只有在“自动”位时，DCU 进入安全回路；在其他位置，DCU 退出安全回路。

“隔离”位：当某对滑动门发生故障需维修或保养时，可将该对滑动门的模式开关置于“隔离”状态，也可将该对滑动门的模式开关置于“手动开门”或“手动关门”状态，以便人工开关屏蔽门进行单道门的调试。当 LCB 处于“隔离”位时，DCU 与系统隔离，且隔离本单元的电源，不影响整个系统的正常工作，便于维修作业。“隔离”位只有机电维修人员能够操作。LCB 隔离模式如图 4-27 所示。

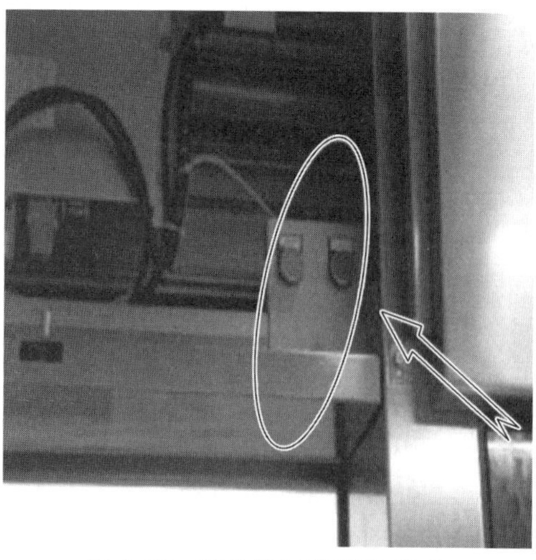

图 4-27 就地控制盒隔离模式

“手动关/开门”位：LCB 插入钥匙后，钥匙从“自动”位顺时针旋转 90°为“手动关门”位；再顺时针旋转 90°为“手动开门”位。从“手动开门”位不能直接旋转到“隔离”位。从“自动”位逆时针旋转 90°为“隔离”位。当 LCB 处于“手动开门”位或“手动关门”位时，不执行来自 PSC 的命令。门扇可通过对应功能直接手动操作。

4. 综合后备盘（IBP）

综合后备盘（Integrated Backup Panel）安装在车站控制室面板上，分上下行控制，对一侧进行开门。在 IBP 上以每侧屏蔽门设置开门钥匙开关、开门状态指示灯、关门状态指示灯，并设置一个测试按钮，以测试 IBP 上屏蔽门指示灯的工作状态。开门、关门指示灯实时反映门状态，如图 4-28 所示。

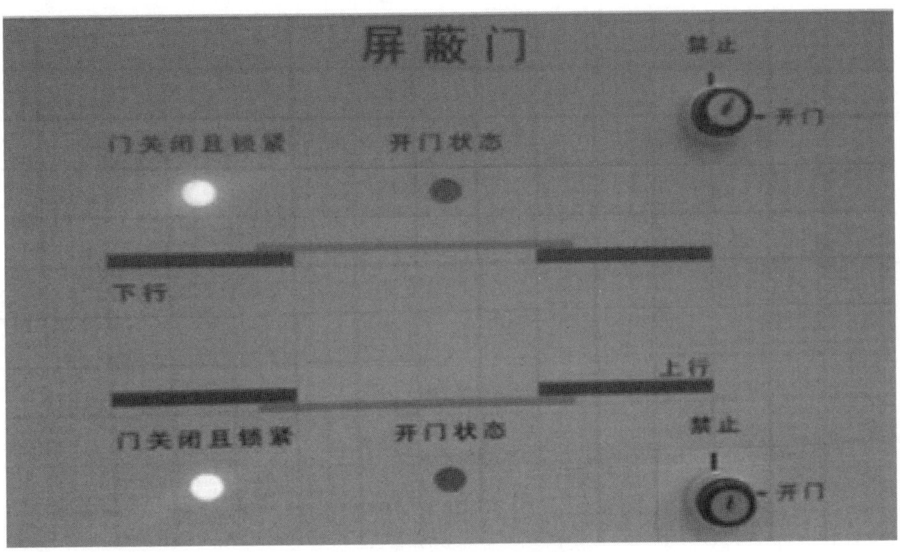

图 4-28　综合后备盘

在确认发生火灾时，IBP 将相应侧滑动门打开，进行排烟。IBP 面板上一般设置有操作按钮（允许钥匙开关、开关门按钮等）及相应的指示灯。当确认火灾发生时，先将操作允许钥匙开关旋转到“允许”位置，然后按下“开门”按钮，则整侧滑动门打开，若按下“关门”按钮，则整侧滑动门关闭。

在 IBP 上操作一侧屏蔽门的开关门命令时，不影响另一侧屏蔽门的正常操作。

5. 声光报警装置

声光报警装置（DOI）也称开门指示灯，在每道滑动门、急应门、端门的顶箱活动盖板上都有设置。在开/关屏蔽门的过程中，声光报警装置应向乘客发出预警信号。DOI 状态一览表如表 4-6 所示。

姓名____________ 班级____________ 日期____________

表 4-6　DOI 状态一览表

滑动门状态	滑动门开门指示灯	警报声
滑动门关闭且锁紧	熄灭	
滑动门开门过程	黄色闪亮	短促
滑动门关门过程	黄色闪亮	短促
滑动门全开状态	黄色常亮	
滑动门发生故障	红色闪亮	急促
滑动门隔离	红色常亮	
滑动门手动开门	黄色常亮	短促
应急门状态	应急门指示灯	警报声
应急门关闭且锁紧	熄灭	
应急门打开状态	黄色常亮	短促
端门状态	端门指示灯	警报声
端门关闭且锁紧	熄灭	
端门打开状态	黄色常亮	
端门打开 30s 后状态	黄色闪亮	短促
边门状态	边门指示灯	警报声
边门关闭且锁紧	熄灭	
边门打开状态（正常)	黄色闪亮/常亮	
边门打开状态(IBP)	加强红色闪亮	加强声急促

评价反馈

学生自评表

班级：	姓名：	学号：	
项目四任务二			
评价项目	评价标准	分值	得分

姓名____________ 班级____________ 日期____________

学生互评表

项目四任务二															
评价项目	分值	等级								评价对象（组别）					
										1	2	3	4	5	6

教师综合评价表

班级：	姓名：	学号：	
项目四任务二			
评价项目	评价标准	分值	得分

拓展思考题

门机控制器包含哪些硬件？

任务三　门控单元故障检修

学习情境描述

屏蔽门动作是通过无刷直流电机（包括步进电机和伺服电机等）驱动的，该电机不同于交流电机或者有刷直流电机，需要一个控制单元发送不同相位的脉冲信号来驱动电机工作，这就是门控单元（DCU），本任务就是来深入学习这一重要部件。

姓名__________ 班级__________ 日期__________

任务导入

DCU输出开关门命令错误故障检修列车在2号线车站下行进站后，下行整侧站台门与车门不联动，操作PSL开关门无效，导致列车延误3 min。

任务目标

知识目标	（1）掌握屏蔽门DCU组成架构； （2）了解屏蔽门DCU故障排查方法； （3）掌握屏蔽门DCU维修方法。
能力目标	（1）提升学生对DCU的认知； （2）提升学生对DCU常见故障排查能力； （3）增强学生动手能力。
素养目标	（1）培养学生认识新事物的能力； （2）培养学生自主学习的能力； （3）培养学生团队协作能力； （4）培养学生独立思考的能力； （5）培养学生查阅资料的能力。

任务分组

班级		组号		指导老师	
组长		学号			
组员					
任务分工					

任务准备

引导问题：DCU输出开关门命令错误故障检修流程是什么？

____

____

____

任务实施

检修人员检修流程如下：

（1）维修人员协助站台人员操作 LCB 开关滑动门，保证乘客上下车。

（2）前往设备房查询故障记录，初步判断出 PEDC 故障。

（3）下行整侧滑动门打开后，操作 PSL 关门无效。进一步判断出下行 PEDC 向 DCU 输出开关门命令的模块存在故障。

（4）检查下行 PEDC 的 J4 插接时发现其中 13 脚（见图 4-29、图 4-30）接线松动，而该接线为 PEDC 向 DCU 输出开关门命令的 DC 24 V 负极线，当该接线松动时，PEDC 无法向 DCU 发出开关门命令，故整侧门无法开关（详见表 4-7）。维修人员紧固该插接后，修复站台门下行整侧不联动故障。

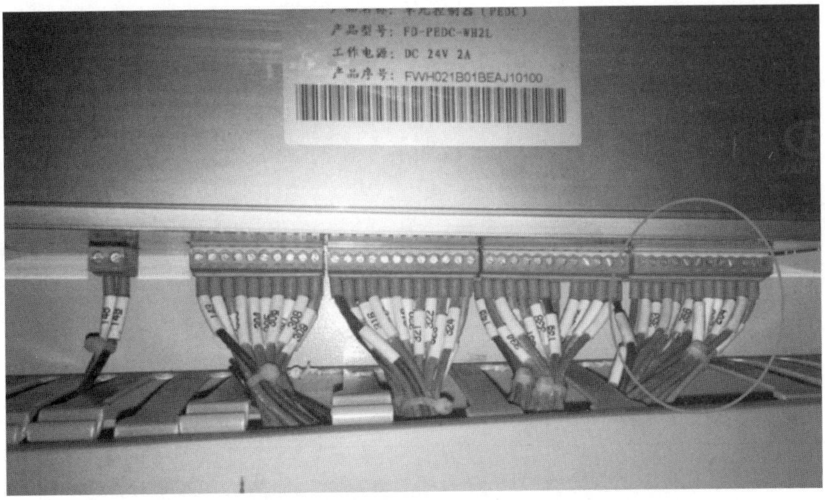

图 4-29　PEDC 上的 J4 插接口

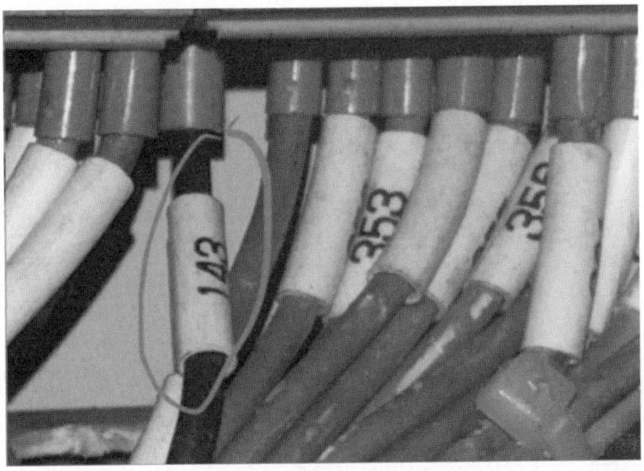

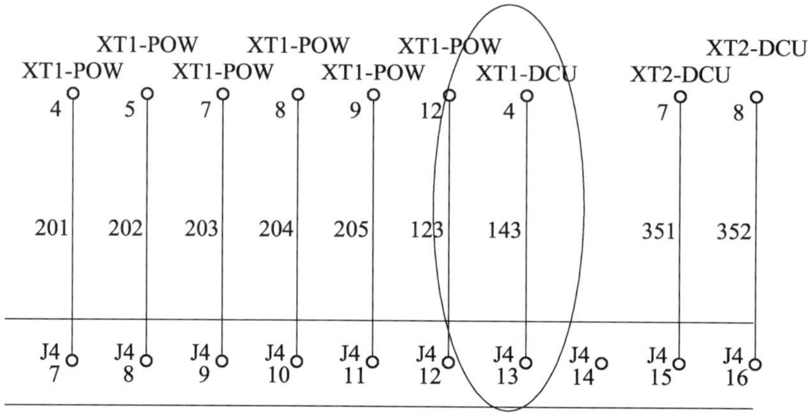

图 4-30　J4 插接中的 13 脚（143 号）

表 4-7　J4 插接中 13 脚说明

端子	端子说明	端子	端子说明	端子	端子说明	端子	端子说明	端子	端子说明
1	—	6	—	11	电源报警 5	16	DCU—关门命令 1	21	DCU—开门命令 2
2	—	7	电源报警 1	12	POW-24 V	17	DCU—柔性关门命令 1	22	DCU—柔性关门命令 2
3	—	8	电源报警 2	13	DCU-24GND	18	DCU—关边门命令 1	23	DCU—关边门命令 2
4	—	9	电源报警 3	14	DCU-24GND	19	DCU—开边门命令 1	24	DCU—开边门命令 2
5	—	10	电源报警 4	15	DCU—关门命令 1	20	DCU—关门命令 2	—	—

项目任务中的相关知识点

4.4　门控单元介绍

门控单元 DCU 是滑动门电机的控制装置，屏蔽门和全高安全门每对滑动门单元都配置了一个门控单元，安装在顶箱内。由 1 个 DCU 控制 1 个电机，带动两扇滑动门进行开关运动。半高安全门每对滑动门单元配置一个门控单元，安装在固定侧盒中。由 1 个 DCU 控制 2 个电机，带动左右两扇滑动门进行开关运动。

1. DCU 外部结构

（1）DCU 在硬件上由逻辑单元、驱动单元、外壳箱、进出线端电缆密封、数据线组成，如图 4-31 所示。DCU 软件分为逻辑软件和驱动软件。

（2）逻辑单元上配置有 LCB 控制输入接口、开关门命令及安全回路的硬线接口、现场 CAN 总线接口，以及与装有 PTE 软件的便携式计算机的通信接口。驱动单元上配置有电机控制接口、指示灯控制接口、门锁单元接口。

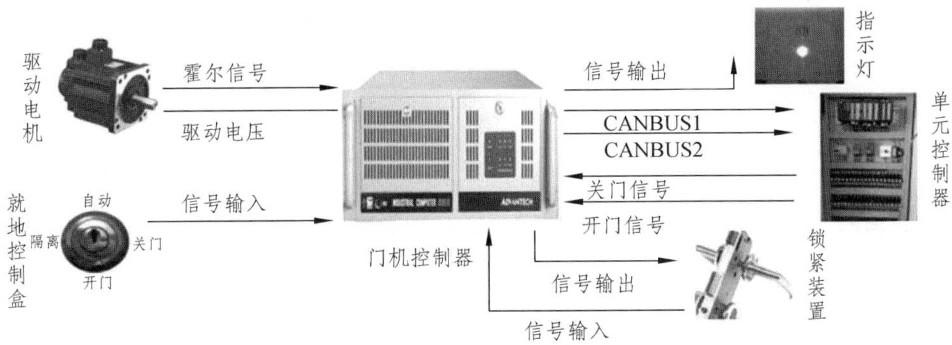

图 4-31　DCU 外部结构

2. DCU 内部结构

DCU 内部是由 CPU 组，存储单元、接口单元、网络模块通过一块主板集成，如图 4-32 所示。其主要包括以下几个方面：

（1）主控制器模块：应用先进的接口保护技术和电路保护技术，工作频率高、抗干扰能力强、超大规模集成，不但集成了单片机的控制功能和数字信号处理的计算能力，而且集成了现有的控制模块和系统管理。常见控制器有实时性强的 DSP。

（2）通信模块：此模块实现与站台传递信息，在列车进站和出站时向 DCU 发送开关门的控制信号，屏蔽门发生故障时发出报警信号。

（3）门状态反馈模块：能将屏蔽门所处状态返回给控制系统，包括门关到底、门完全打开、门正在运动状态。

（4）手动控制模块：与 LCB 相连接，需要通过 LCB 开门时，转动 LCB 钥匙，给模块发出脉冲信号来开关门。

（5）电机驱动模块：包括开或关门的正反转控制，用来进行电机调速的 PWM 口，用来反应电机的过电流信号。

（6）电源模块：整个 DCU 的电源分成多组，它们采用一二次回路隔离的开关电源，从而保证各个不同性质的电路在电气口完全隔离，提高电路的安全性和可靠性。

姓名____________ 班级____________ 日期____________

图 4-32 DCU 内部结构

3. DCU 的运行原理

单元控制器 PEDC 与门机控制器 DCU 之间信号连接如图 4-33 所示。与 DCU 连接的开关门继电器构成了开关门命令电路。PEDC 与继电器组以硬线的方式连接，向滑动门提供开关门命令集采集站台滑动门的锁闭信号。目前以硬线的方式控制而不直接用总线控制，主要是考虑到安全性和稳定性，硬线更加可靠。滑动门 DCU 通过 CAN 总线将每个滑动门、应急门、端门的状态上传给 PEDC，PEDC 处理后上传给监控系统。开门信号：一条非关键的 50 V 交流线路与站台的所有 DCU 串联。允许信号：从 PEDC 主板或者 PSL/PEDC 控制继电器发送给 DCU 的双切关键信号。DCU 接收到开关门信号后运行内部电路及程序，控制滑动门顶箱中的滞留无刷电动机使得门开启或关闭。

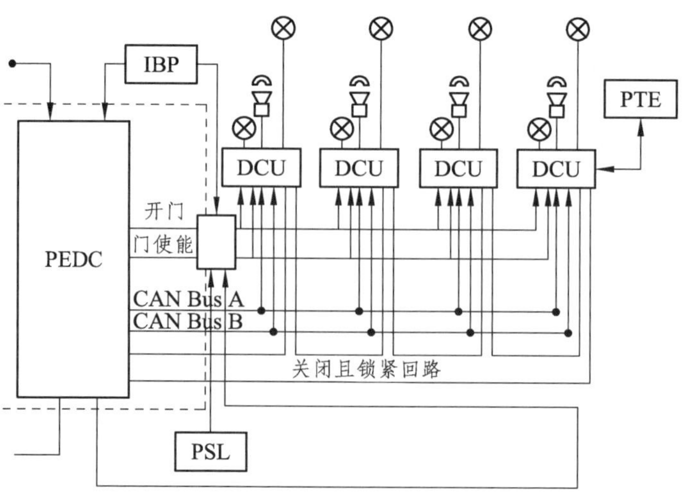

图 4-33 PEDC-DCU 控制电路图

4. DCU 的功能及特点

（1）执行设备房内设备发来的控制命令。

（2）采集并发送门状态信息及各种故障信息。

（3）对门状态指示灯进行正确控制，指示灯的状态包括闪、常亮、常灭。

（4）DCU 启动后进行自诊断，通过 CPU 实现信息的采集、判断并进行智能化的控制；通过 LED 指示灯来显示站台门传感器等的当前状态。

评价反馈

学生自评表

班级：	姓名：		学号：
项目四任务三			
评价项目	评价标准	分值	得分

学生互评表

项目四任务三															
评价项目	分值	等级								评价对象（组别）					
										1	2	3	4	5	6

教师综合评价表

班级：	姓名：		学号：
项目四任务三			
评价项目	评价标准	分值	得分

拓展思考题

为保障后期站台门正常运行，应采用什么方法加强对门控单元等重要部件的检查工作，以适应不同的运行工况，测试设备可靠性和稳定性，降低站台门重要部件故障发生频次。

任务四　屏蔽门系统的多级控制

任务导入

城市轨道交通屏蔽门系统可以由系统级、站台级、车站级和就地级四级控制的网络组成。当高级的操作正在进行时，低级别的控制网络就会被屏蔽掉。本任务验证四级控制网络高、低级别之间的影响。

任务目标

知识目标	（1）掌握屏蔽门系统四级控制网络的电路原理； （2）掌握屏蔽门控制网络的优先级。
能力目标	（1）能够操作屏蔽门系统四级控制网络； （2）能够分析屏蔽门系统四级控制网络电路。
素养目标	（1）培养学生认识新事物的能力； （2）培养学生自主学习的能力； （3）培养学生独立思考的能力； （4）培养学生查阅资料的能力。

姓名____________ 班级____________ 日期____________

任务分组

班级		组号		指导老师	
组长		学号			
组员					

姓名	学号	姓名	学号

任务分工

任务准备

引导问题：高等级控制方式是如何屏蔽低等级控制方式的？

____

____

____

任务实施

将 IBP 上的钥匙开关打到开启状态，此时操作 PSL 进行开关门，发现操作失效，检查 PSL 没有发现故障。

将 IBP 上的钥匙开关打到关闭状态，此时操作 PSL 进行开关门，发现操作正常，由此验证了屏蔽门各级控制的等级之分。

4.5　控制网络功能实现

1. 系统级控制

屏蔽门系统与信号系统 SIG 有四个关联信号，分别是“开门”“关门”“关闭与锁紧”“互锁解除”。其中“关闭与锁紧”“互锁解除”是屏蔽门向信号系统发出的电气信号，列车只有收到“关闭与锁紧”才能进站或出站。当列车无法收到“关闭与锁紧”时，可以操作 PSL 发出“互锁解除”信号，使得列车进站或出站。信号系统、屏蔽门系统之间发送信息接口示意如图 4-34、图 4-35 所示，信号系统开关门命令示意如图 4-36 所示。

姓名____________ 班级____________ 日期____________

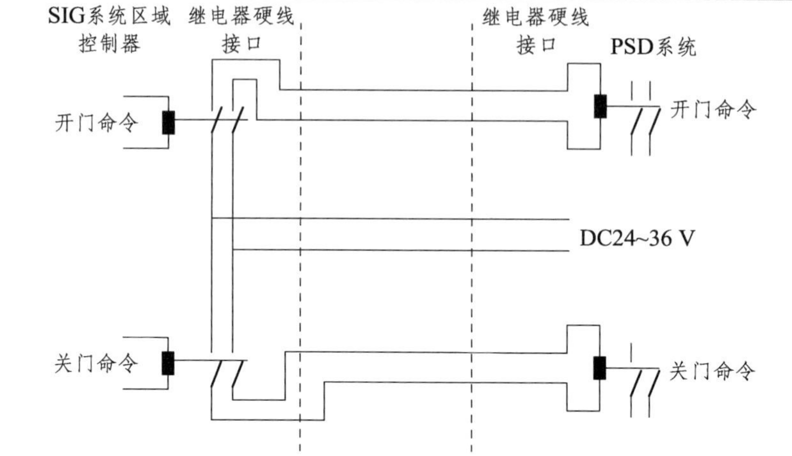

图 4-34　信号系统发往屏蔽门系统信息接口示意图

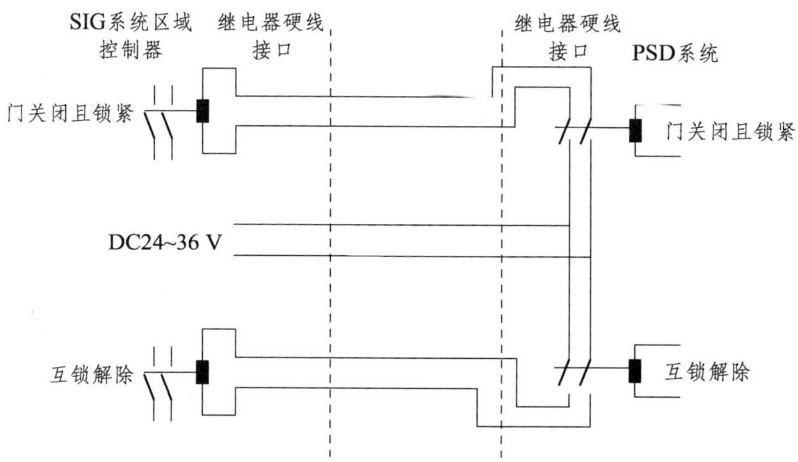

图 4-35　屏蔽门系统发往信号系统信息接口示意图

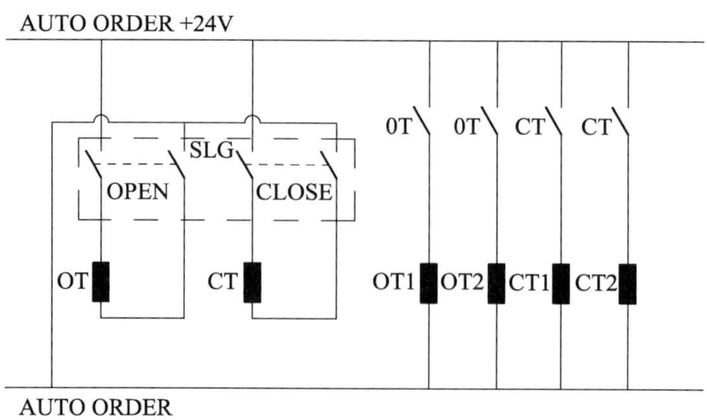

图 4-36　信号系统开关门命令示意图

2. 站台级控制

图 4-37 所示为 PSL 控制回路。其中，LOR1、LOR2 为 PSL 使能继电器，POT1、LOT2 为 PSL 开门继电器。钥匙开关接通后，LOR1、LOR2 继电器线圈通电，按下开门按钮，继电器 LOT1 和 LOT2 得电，开关 LOT1 和 LOT2 闭合，形成自锁，可控制开门，且开门按钮相应指示灯亮起。按下关门按钮，门关闭。

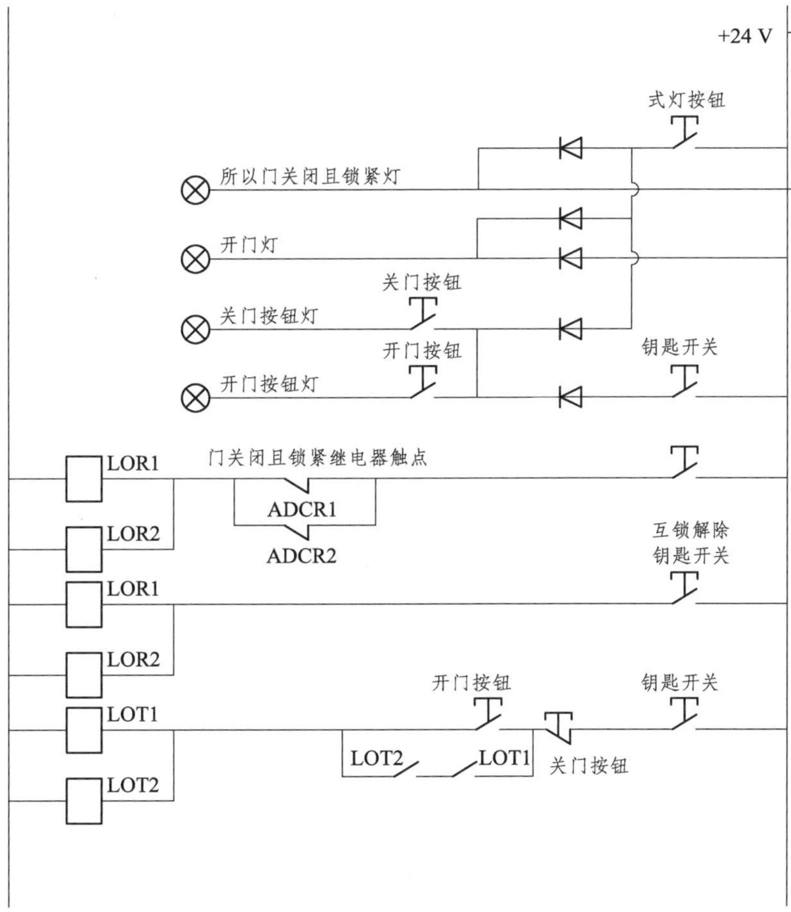

图 4-37　PSL 控制回路

3. 车站级控制

车站级控制如图 4-38 所示，指的是由车站控制室 IBP 控制屏蔽门开或关。

4. 控制优先级

手动打开应急门、滑动门属机械开门方法，优先于其他电动开门方法。而 LCB 是直接控制 EDU 的操作设备，故在电动开门方法中权限最高。其他三种方法见典型的 IBP/PSL 信号系统的开关门控制回路图，如图 4-39 所示。

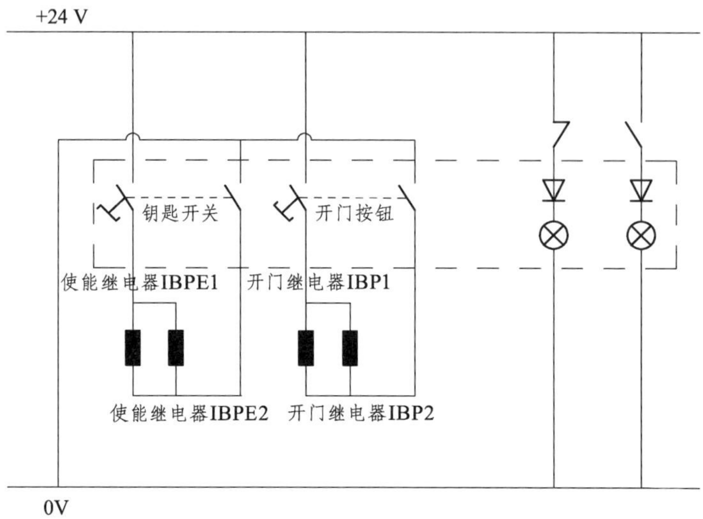

图 4-38　IBP 控制回路

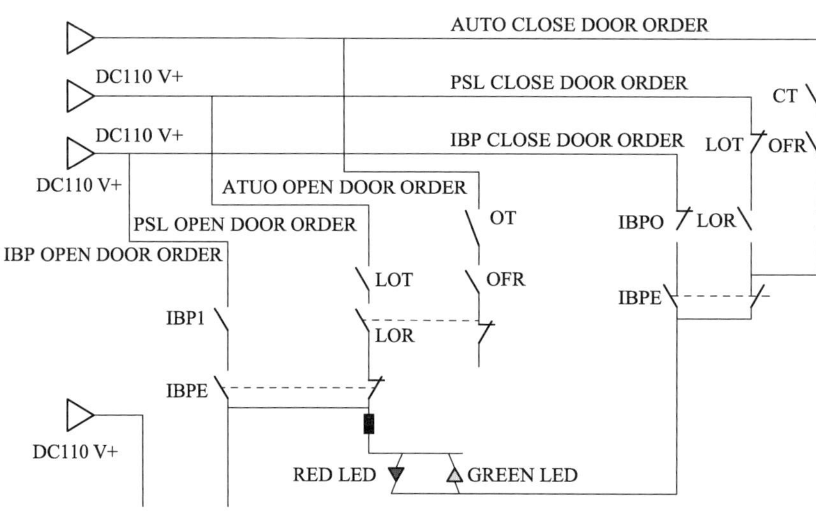

图 4-39　典型 IBP/PSL 信号系统的开关门控制回路

图 4-39 中，以开门控制为例，运行原理如下：

（1）AUTO 系统级控制时，结合图 4-36 中信号开门继电器 OT 闭合，开门故障检测继电器 OFR 闭合，使得 AUTO OPEN DOOR ORDER 线路接通，实现开门功能。

（2）PSL 站台级控制时，结合图 4-37，LOT 开门继电器闭合，LOP 是 PSL 使能继电器，当其通路开关闭合时，联动开关使得另一路信号断开，从而 ATUO OPEN DOOR ORDER 线路断开，使得其控制功能被屏蔽，由此可见 PSL 比信号系统的控制权限高。

（3）IBP 车站级控制时，结合图 4-38，IBPO 开门继电器闭合，IBPE 为 IBP 使能继电器，当其通路开关闭合时，联动开关使得另一路信号断开，从而 PSL OPEN DOOR

ORDER 线路断开，使得其控制功能被屏蔽，由此可以看出 IBP 在该电路中控制权限最高，所以开关门控制权限由低到高为 SIG—PSL—IBP—LCB—手动。

评价反馈

学生自评表

班级：	姓名：	学号：	
项目四任务四			
评价项目	评价标准	分值	得分

学生互评表

项目四任务四															
评价项目	分值	等级								评价对象（组别）					
										1	2	3	4	5	6

教师综合评价表

班级：	姓名：	学号：	
项目四任务四			
评价项目	评价标准	分值	得分

拓展思考题

打开 IBP 的钥匙开关，看看 PSL 开关门是否依旧有效？

姓名____________　班级____________　日期____________

任务五　安全回路故障检修

任务导入

轨道交通 1 号线整侧滑动门可以正常开关，PSL 关闭锁紧灯不亮，列车不能进出站，PSA 显示屏蔽门无异常，可判断为安全回路有故障。

任务目标

知识目标	（1）掌握 ASD 回路故障； （2）掌握 LCB 结构。
能力目标	（1）会对 ASD 回路故障进行检修； （2）会对 LCB 结构进行调试。
素养目标	（1）培养学生认识新事物的能力； （2）培养学生自主学习的能力； （3）培养学生独立思考的能力； （4）培养学生查阅资料的能力。

任务分组

<table>
<tr><td>班级</td><td></td><td>组号</td><td></td><td>指导老师</td><td></td></tr>
<tr><td>组长</td><td></td><td>学号</td><td colspan="3"></td></tr>
<tr><td rowspan="5">组员</td><td>姓名</td><td>学号</td><td>姓名</td><td colspan="2">学号</td></tr>
<tr><td></td><td></td><td></td><td colspan="2"></td></tr>
<tr><td></td><td></td><td></td><td colspan="2"></td></tr>
<tr><td></td><td></td><td></td><td colspan="2"></td></tr>
<tr><td></td><td></td><td></td><td colspan="2"></td></tr>
<tr><td colspan="6">任务分工</td></tr>
</table>

任务准备

引导问题：ASD 运行方式是什么？

姓名____________ 班级____________ 日期____________

____

____

____

任务实施

排查方法：取下该侧距离屏蔽门设备房相对一端的滑动门 DCU 板七芯控制线输出接口堵头（以下简称堵头），将堵头连接于该侧距离 PSL 盘较近的滑动门七芯控制线输出段。如果 PSL 关闭锁紧灯点亮，说明 PSL 无故障，正常。再取下堵头，恢复距离 PSL 较近的滑动门正常状态。

将堵头接入整侧门体中间位置滑动门（12 号滑动门）的七芯线输出端口，如果 PSL 关闭锁紧指示灯点亮，说明 12 号滑动门到距离设备房较近的滑动门之间无异常，继续以此方法使用堵头分段对几个门单元进行排查，直到查出某个单元门七芯线异常。

处理方法：使用推针器进行紧固或拔出七芯线接口针，查看接口针是否有损坏等异常，更换接口针后设备恢复正常状态。

总结：先检查 PSL 是否有问题，再判断回路中哪个门出了问题。

学习情境描述

4.6　安全回路

（1）我们一般说的安全回路是指“ASD/EED 关闭且锁紧回路”，是由 PEDC 串联连接一侧屏蔽门中的所有滑动门、应急门的门关闭且锁紧行程开关而形成的电路，如图 4-40 所示。为了保证安全列车只有在所有的滑动门、应急门关闭且锁紧时，屏蔽门系统级控制才能自动运营，这时列车才能够进站和出站的安全原则，所有的行程开关都是通过串联接入安全回路的，应急门的状态通过邻近的 DCU 反馈给 PSC。

（2）应急门和滑动门加入安全回路，但是固定门和端门不加入，固定门不存在锁紧的问题，而端门作为员工通道加入安全回路的话会影响系统正常运营。

（3）互锁解除：在屏蔽门安全回路不通（此时列车是无法通过的）而又无法立刻查出问题是出现在哪一个门的时候，但能确认车门和屏蔽门无夹人夹物或乘客上下车完毕，具备动车条件，采取“先通后复”的原则（先通车，后处理），需互锁解除。

列车只有收到“关闭与锁紧”才能进站或出站。因此判断门是否关闭且锁紧十分重要，安全回路用来确保这一点。当列车无法收到“关闭与锁紧”时，可以操作 PSL 发出“互锁解除”信号，使得列车进站或出站。

列车无关闭且锁紧信号故障应急处理方式：

（1）列车进站前和出站后，无关闭且锁紧信号（安全回路）。

姓名____________　班级____________　日期____________

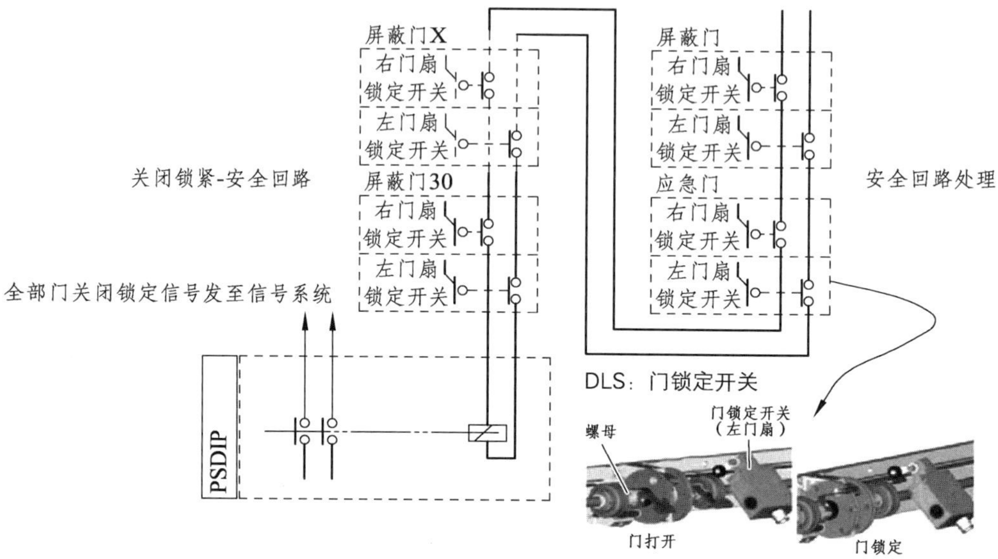

图 4-40　安全回路示意

现象：车控室 IBP 盘、屏蔽门控制室 PSC 柜关闭且锁紧指示灯不亮，站台 PSL 控制盘、车控室综合监控系统故障报警。

处理：站务员操作站台 PSL，将“PSL 互锁解除”钥匙由“OFF”位打到“ON”位，观察“互锁解除指示灯”亮，此时就可以解除屏蔽门系统故障引起的安全回路丢失。

（2）列车出站时，无关闭且锁紧信号（安全回路）。

现象：列车出站时，整侧屏蔽门关闭后，司机发现站台 PSL 盘“关闭且锁紧”指示灯不亮，列车不能正常离站。

处理：司机确认所有屏蔽门关闭后，操作站台 PSL，将“PSL 互锁解除”钥匙由“OFF”位打到“ON”位。观察“互锁解除指示灯”亮，此时列车可以正常离站。

评价反馈

学生自评表

班级：	姓名：		学号：
项目四任务五			
评价项目	评价标准	分值	得分

姓名____________ 班级____________ 日期____________

学生互评表

项目四任务五															
评价项目	分值	等级								评价对象（组别）					
										1	2	3	4	5	6

教师综合评价表

班级：　　　　　　　　　姓名：　　　　　　　　　学号：

项目四任务五			
评价项目	评价标准	分值	得分

拓展思考题

LCB 调试步骤有哪些？

任务六　监控系统故障

学习情境描述

屏蔽门控制与监视系统网络能实现以下功能：① 对屏蔽门系统进行开/关门等控制，信号输入口将控制信号输入 PEDC，通过硬线连接 DCU，并通过“关闭且锁紧回路”确认安全；② 对系统进行监视，ISCS、PSA 与 PEDC 连接，通过 CAN 总线与 DCU 交换信息。监视系统如图 4-41 所示，屏蔽门控制与监视系统网络总体结构如图 4-42 所示。

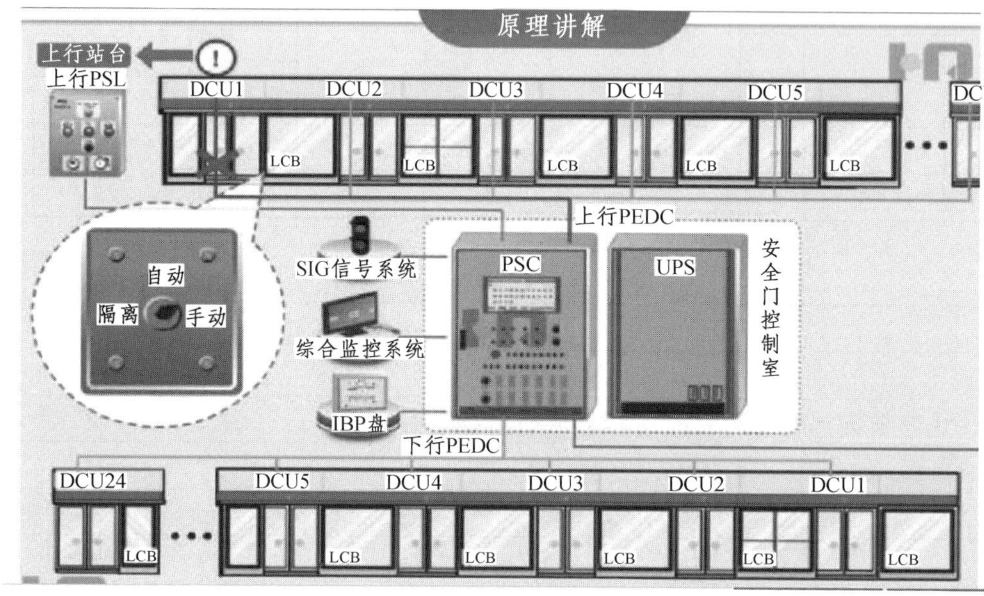

图 4-41　监视系统示意图

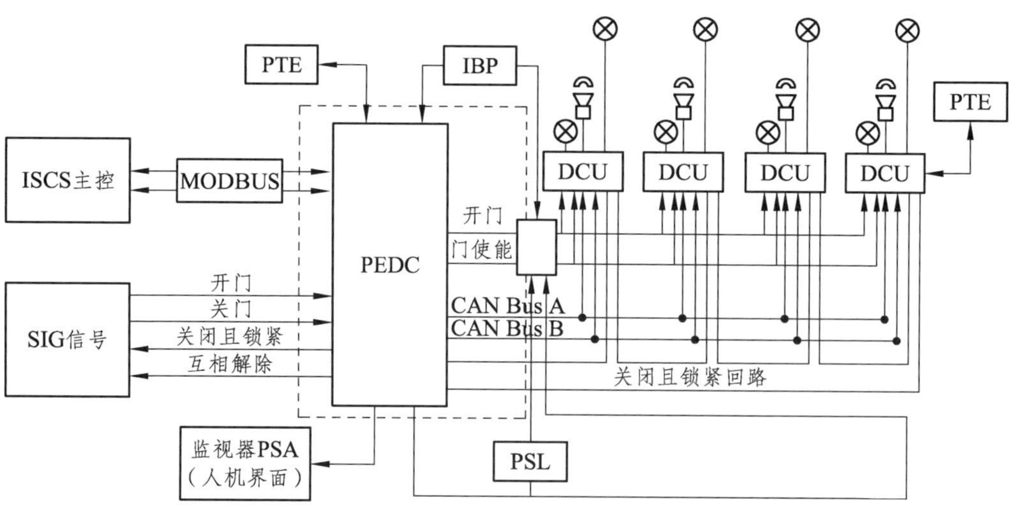

图 4-42　屏蔽门控制与监视系统网络总体

屏蔽门控制与监视系统控制功能简析：

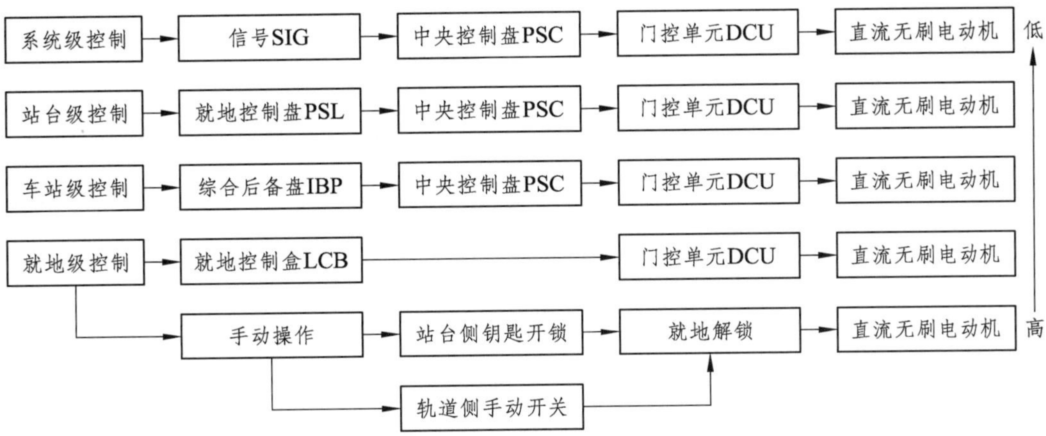

图 4-43　控制与监视系统控制功能

屏蔽门控制与监视系统主要由信号输入口（包括 SIG/PSL/IBP）、中央控制盘 PSC、门控单元 DCU、直流无刷电动机等组成的四点一线的控制结构。其中信号输入口包括信号系统 SIG，就地控制盘 PSL 和综合后备盘 IBP，再加上就地控制级，一共四级控制，因此形成了四点一线的控制结构以及四级控制的网络。在屏蔽门系统自动运行模式下，由信号系统（SIG）通过 PSC 对 EDU 进行控制；当 SIG 或 PSC 有故障时，需要通过站台级控制模式，由站台两端的 PSL 对 EDU 进行控制；当发生紧急状况时，需要通过车站级控制模式，由车站 IBP 对 EDU 进行控制；当屏蔽门系统滑动门无法电动运行时，需要手动打开应急门，在极端情况下，也需要手动打开滑动门。当屏蔽门进行检修时，可通过 LCB 控制滑动门。

任务导入

轨道交通 1 号线监控系统无法监控。

任务目标

知识目标	（1）掌握监视网络功能； （2）掌握工控机功能。
能力目标	（1）会监视网络功能检修； （2）会工控机常见故障检修。
素养目标	（1）培养学生认识新事物的能力； （2）培养学生自主学习的能力； （3）培养学生独立思考的能力； （4）培养学生查阅资料的能力。

姓名____________ 班级____________ 日期____________

任务分组

班级		组号		指导老师	
组长		学号			

组员

姓名	学号	姓名	学号

任务分工

任务准备

引导问题：工控机在监视系统里的功能及作用？

____

____

____

任务实施

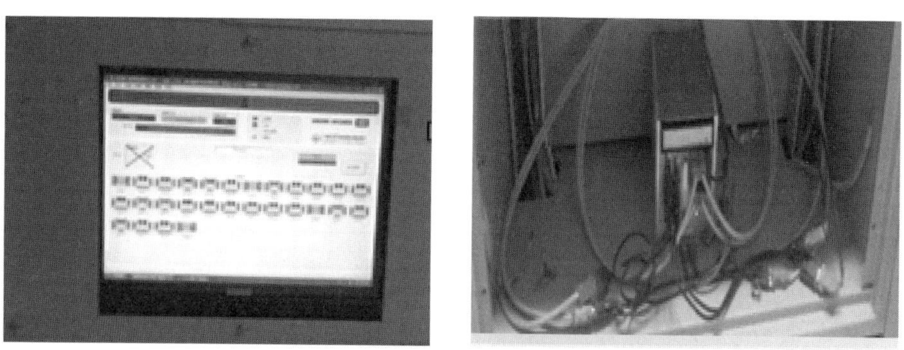

（a）工控机显示屏幕　　（b）工控机机身

图 4-44　工控机及显示屏

对监视网络进行初步排查，发现线路连接没有问题，工控机处于没有工作的状态。经过检测，工控机主板发生损坏，经过维修工控机主板后，重启工控机，监控显示正常。

姓名＿＿＿＿＿＿　班级＿＿＿＿＿＿　日期＿＿＿＿＿＿

学习情境描述

4.7　屏蔽门监视系统

1. 功能介绍

屏蔽门系统中央控制盘监视着每侧屏蔽门单元的相关状态信息，以及包括 PSC、PSL、IBP、屏蔽门电源的信息，屏蔽门故障警报记录，屏蔽门正常系统运行记录等，实现系统内部信息的收发、采集、汇总和分析，并实现与主控系统车站控制室工作站、PSL、DCU 各单元之间的信息交换，同时能够查询逻辑控制单元中各个回路的状态，具有足够存放数据和软件的存储单元，具有运行监视功能及自诊断功能。屏蔽门系统结构如图 4-45 所示。

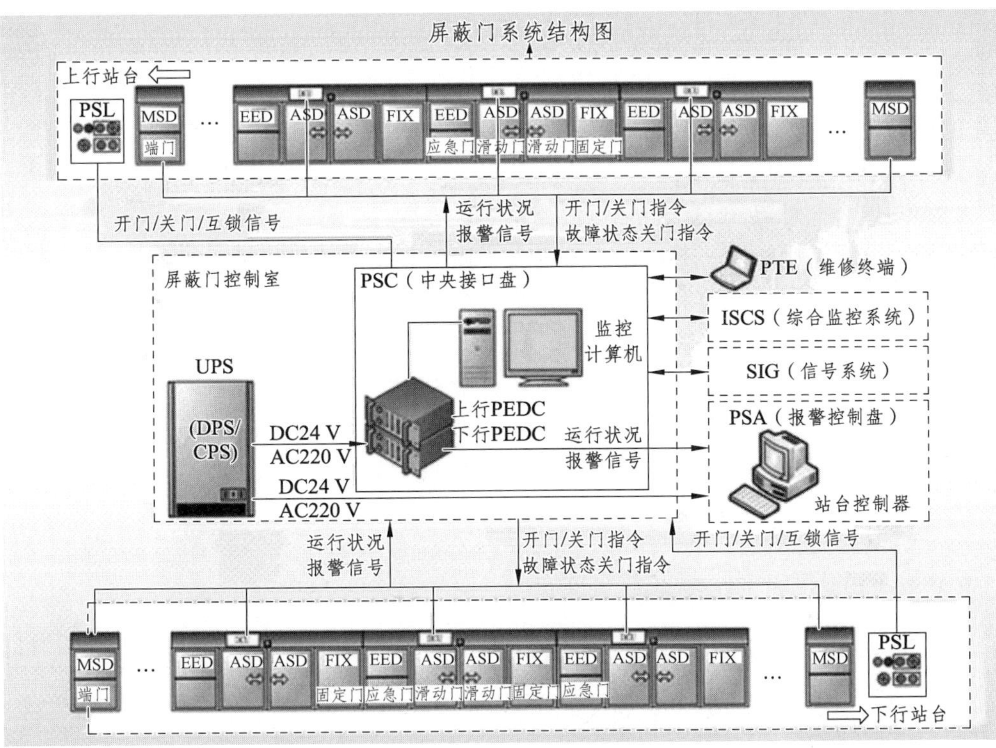

图 4-45　屏蔽门系统结构

PSC 是屏蔽门控制系统的核心，还包括两套监控主机，其通过冗余的现场 CAN 总线与 DCU 连接，PSC 还包括与信号系统的硬线接口，与综合监控系统的 RS485 串行接口或以太网连接，与 PSC 盘面显示终端 PSA 的 RJ45 以太网接口、接线端子排及柜体面板上的相关按钮开关、指示灯和维修插口（连接 PTE）等。

监视系统（见图 4-46）主要包括三部分：

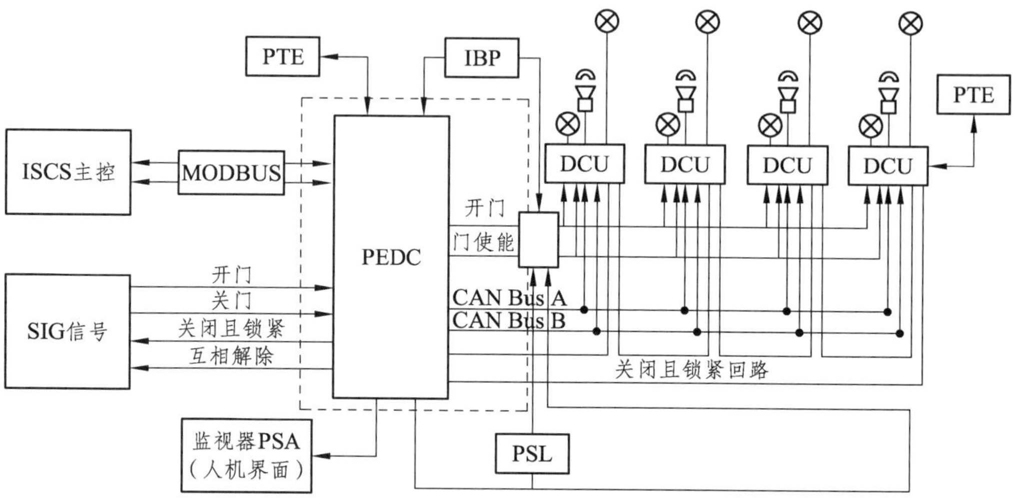

图 4-46　监视系统网络示意

PSC 与 DCU 组成的监视网络；

PSC 与 PSA 的终端显示；

PSC 与综合监控系统 ISCS 的连接。

监控主机是每个控制子系统的主要设备，属于整个总线网络的主设备，实现系统内部信息的收发、采集、汇总和分析，并实现与主控系统车站控制室工作站、PSL、DCU 各单元之间的信息交换，并能够查询逻辑控制单元中各个回路的状态；具有足够存放数据和软件的存贮单元，具有运行监视功能及自诊断功能。监视系统上网功能主要有：处理信号系统命令；处理 DCU 命令和信息；处理综合监控系统（ISCS）信息；数据记录和查询；DCU 门控参数的设置；PEDC、DCU 软件下载等。

2. 监视系统网络功能分析

1）中央控制盘（PSC）的监视功能

（1）收集 PSC、PSL、IBP 以及屏蔽门电源的信息，具有系统运行监视功能和自诊断功能。

（2）通过内部屏蔽门网络收集全部 DCU 信息，能够通过现场总线在线监视所有 DCU 的工作运行状况；允许对 DCU 参数进行修改，能存储 DCU 的故障诊断信息。DCU 的自诊断数据传送到维护管理系统（MMS）。

（3）能够查询 PSL 上的操作和状态信息。

（4）提供维修数据，能够自动检测屏蔽门系统内部的一些重要故障。

（5）存储重要的数据，屏蔽门故障警报信息、屏蔽门系统正常运行记录等。

（6）具有手提计算机接口，以便下载数据或更新参数。

（7）具有与综合监控系统的通信功能，将屏蔽门的运营状态及有关故障信息发送至综合监控系统；从综合监控系统下载 GPS 时钟。

PSC 监视系统界面如图 4-47 所示。

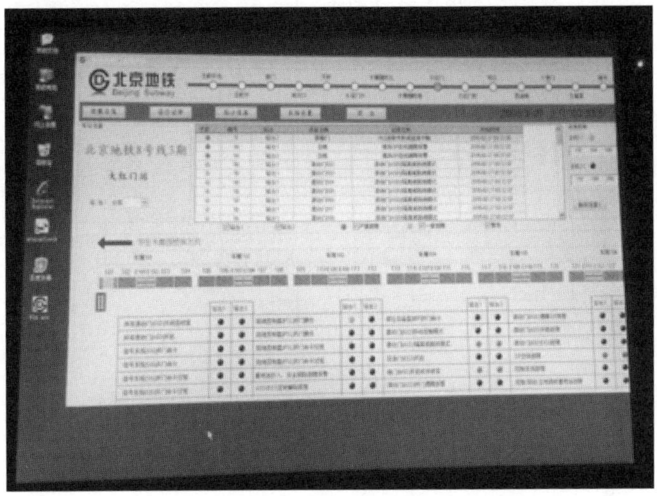

图 4-47　PSC 监视系统

2）DCU 通信

屏蔽门系统内部网络是由 PSC、PSL、PTE、DCU 等通过多种网络总线构成的开放网络系统。如 PEDC 与各 DCU 是通过双冗余的 CAN 总线和硬线进行连接与通信。该内部总线控制网络由双切关键开门信号、门使能信号、门关闭锁紧信号、互锁解除信号和非关键双 CAN 数据总线组成。双冗余 CAN 总线使得当一路通信发生故障时，系统自动切换到另一路，以保障通信正常，并会在监视系统中进行报警。

（1）单元控制器（PEDC-CAN 总线）。

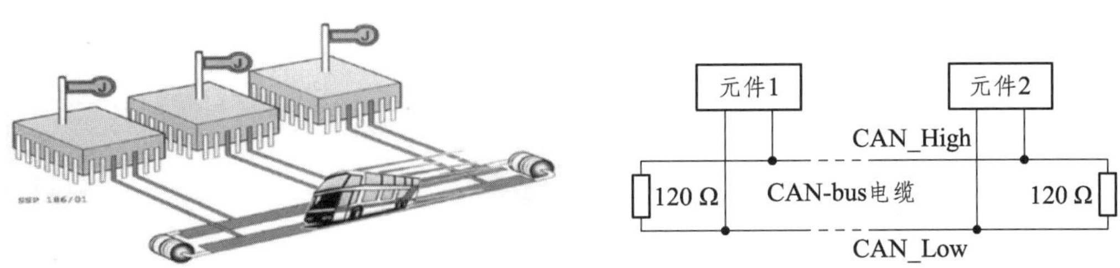

（a）　　　　（b）

图 4-48　PEDC-CAN

在屏蔽门系统中，PSC、DCU 和车站监视器 PSA 通过智能节点挂在 CAN（见图 4-48）总线上，构成开放的全分布式控制网络。CAN 总线上任意一个设备发生故障都不会影响整个网络其他设备正常进行。PSC 与 DCU 之间的通信采用双 CAN 总线冗余连接，如果一路 CAN 发生故障，另一路 CAN 总线自动进入工作状态，整个切换过程勿扰动。

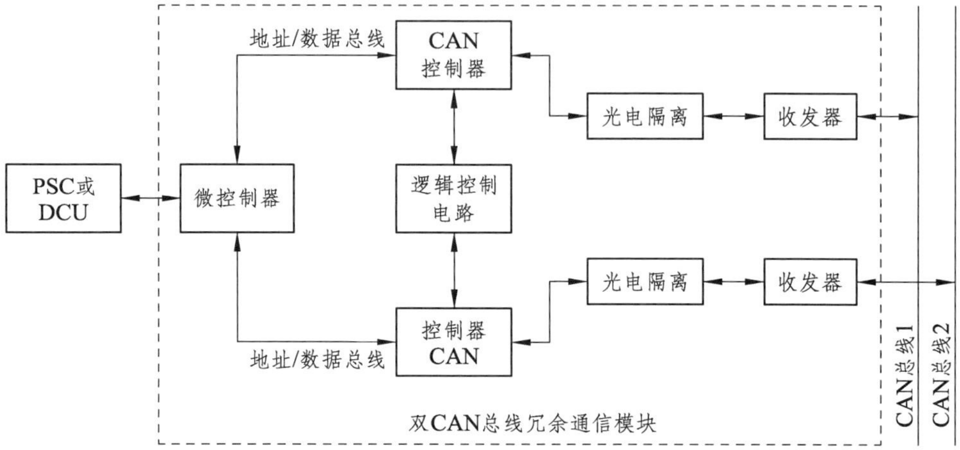

图 4-49　双 CAN 总线冗余智能节点

（2）PEDC-CAN 总线总图。

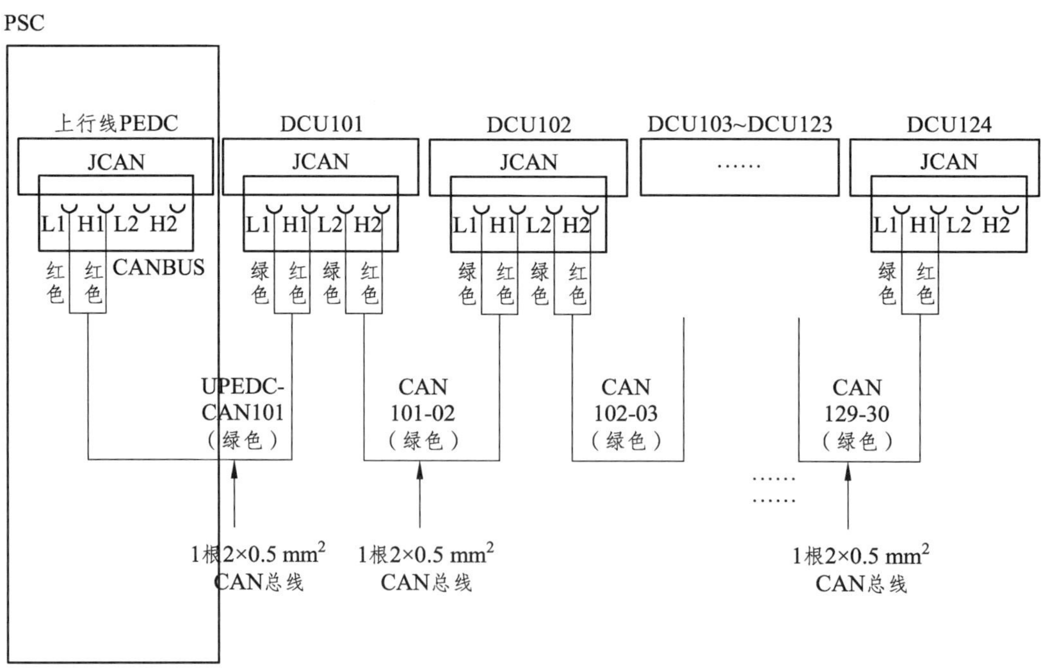

图 4-50　PEDC-CAN 总线总图

（a）没有用 CAN 总线　　　　（b）用了 CAN 总线

图 4-51　CAN 总线对比

3. PSA 通信

PSA 设置在屏蔽门设备控制室内或位于监控亭内，每个屏蔽门控制室内安装一套 PSA，通过总线接口连接至 PSC。屏蔽门操作指示盘如图 4-52 所示。

图 4-52　蔽门操作指示盘

PSA 能监视控制系统各设备的运行状态，能实现系统内部信息的收发、采集汇总和分析，实现与 PSC、PSL、DCU 等设备之间的信息交换，是存放数据和软件的存储单元，具有运行监视功能和自诊断功能。

PSA 具有设备维护、故障查询和故障定位功能。通过现场总线在线监视所有门机控制器的工作运行状况和故障状态信息，能够监视站台端头控制盘的工作状态和故障状态信息。

1）MODBUS 总线

MODBUS 是 MODICON 公司于 1979 年开发的一种通信协议，是一种工业现场总线协议标准。协议包括 RTU、ASCII、TCP 三种类型，协议本身并没有定义物理层，只是定义了控制器能够认识和使用的消息结构，而不管它们是经过何种网络进行通信的。

一般情况下，RTU 和 ASCII 类型用 RS232 或 RS485 接口进行通信，TCP 用以太网接口进行通信。MODBUS TCP 是运行在 TCP/IP 的报文传输协议。通过此协议，控制器相互之间通过网络（例如以太网）和其他设备之间可以通信。

MODBUS 通信协议在屏蔽门监视系统中也有所应用。（1）在 PSC 与 PSA 的终端显示的连接上，有的屏蔽门通过 RS485 接口运用的 MODBUS 通信协议，有的通过 RJ45 以太网接口，运用 MODBUS/TCP；（2）在 PSC 与综合监控系统 ISCS 的连接上，一般采用 RJ45 以太网接口，运用 MODBUS/TCP 通信协议进行通信。RJ45 以太网接口如图 4-53 所示。

图 4-53　RJ45 以太网接口

2）RS485 总线

RS485 接口组成的半双工网络，一般是两线制（以前有四线制接法，只能实现点对点的通信方式，现很少采用），多采用屏蔽双绞线传输。这种接线方式为总线式拓扑结构在同一总线上最多可以挂接 32 个节点。在 RS485 通信网络中一般采用的是主从通信方式，即一个主机带多个从机。很多情况下，连接 RS-485 通信链路时只是简单地用一对双绞线将各个接口的“A”“B”端连接起来。RS485 接口连接器采用 9 芯插头座。

表 4-8　RS485 接口配置

外形	针脚号	信号名称	设计含义
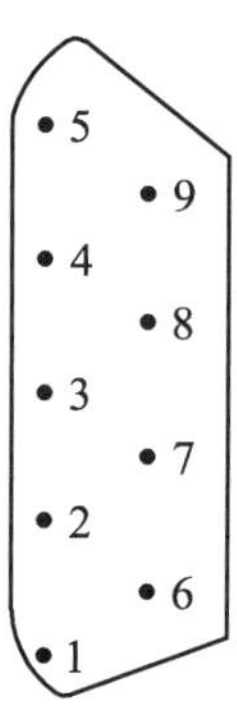	1	SHIELD	屏蔽或功能地
	2	M24	24 V 输出电压的地（辅助电源)
	3	RXD/TXD-P	接收发送数据-正，B 线
	4	CNTR-P	方向控制信号 P
	5	DGND	数据基准电位（地）
	6	VP	供电电压-正
	7	P24	正 24 V 输出电压〈辅助电源）
	8	RXD TXD-N	接收发送数据-负，A 线
	9	CMTR-N	方向控制信号

姓名__________ 班级__________ 日期__________

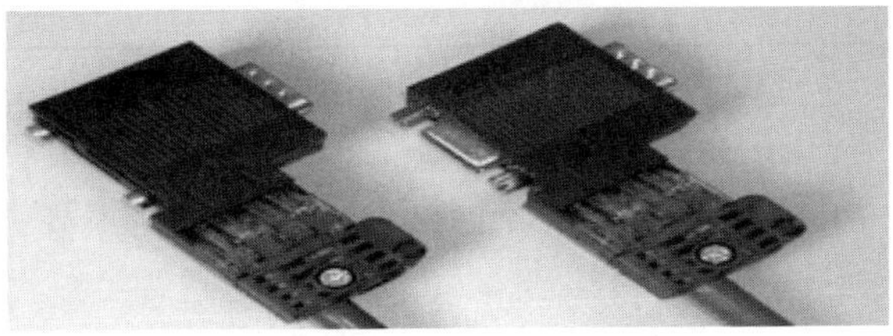

图 4-54　RS485 总线实物

3）ISCS 通信

屏蔽门系统连接的外部网络主要有城市轨道交通信号控制系统（SIG，简称信号系统）和城市轨道交通综合监控系统（ISCS，简称综合监控系统）。

PSC 将与运营相关的屏蔽门状态及故障信息通过网络通道发送至远程监控系统及综合监控系统，进行状态、故障显示。利用维护终端或从中央控制盘上查询到所监视设备的当前状态及报警信息。综合监控系统的车站控制室工作站及屏蔽门中央控制盘均可实现屏蔽门相关状态的查询及故障报警，并进行报表生成、故障记录等。屏蔽门运行的关键状态及故障信息由综合监控系统发送至控制中心。图 4-55 为屏蔽门的电气与通信系统框图。

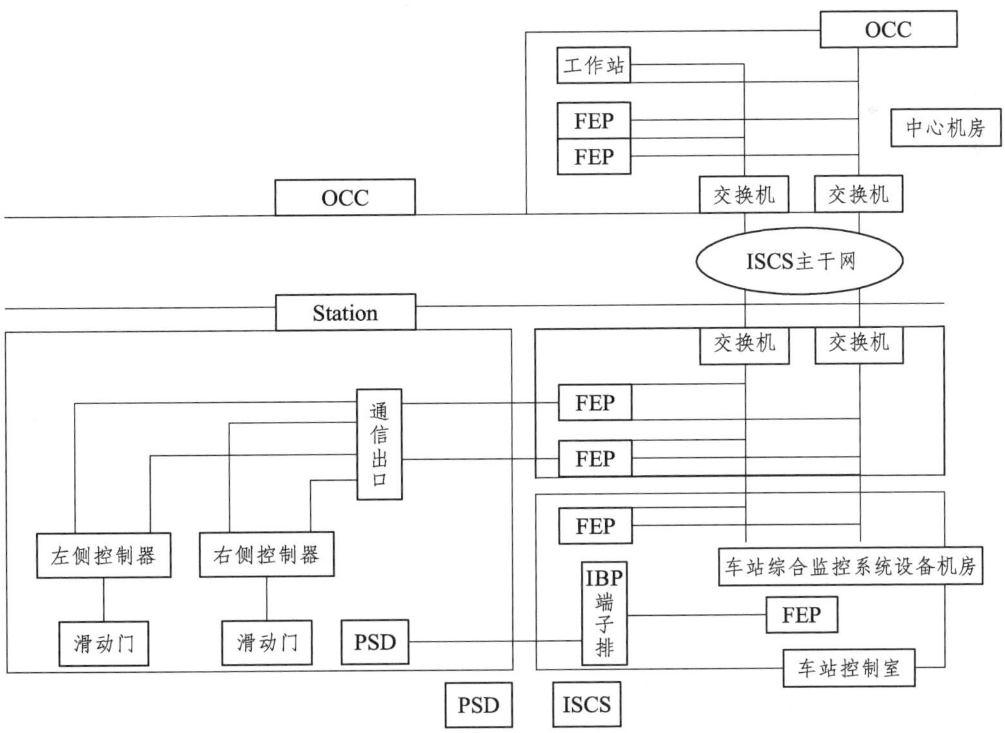

图 4-55　ISCS 运行示意

姓名__________ 班级__________ 日期__________

表 4.9 接口说明

接口位置	PSD 系统	ISCS 系统	接口协议
屏蔽门设备室 PSC 柜通信接口处	提供PSD侧额RJ45形式10 M/100 M以太网接口	提供从 ISCS 系统机柜到PSD机柜RJ45网口带标识的5类屏蔽门网络电缆，并负责该电缆的铺设及连通	基于 TCP/IP 的 MODBUS 标准协议
功能要求	PSD 系统	ISCS 系统	
PSD 和 ISCS 进行信息交流	（1）PSD 负责将每个车站中所有门单元的相关信息进行集成，并按约定好的数据格式，向 ISCS 系统提供车站所有 PSD 设备的运行状态（含门的开、关状态）和故障信息。在集成后的信息中能够识别到具体的门单元，对所有传输的信息均采用冗余通道设计； （2）接收 ISCS 系统提供的 500 ms 校时信息； （3）回应 ISCS，对 PSD 与 ISCS 之间通道进行检测	（1）ISCS 系统需至少每隔一定时间，对 PSD 系统的通道进行检测； （2）ISCS 系统负责 PSD 系统的运营统计、报表工作； （3）ISCS 系统能监视 PSD 系统的运行状态，并在车站综合控制室和全线控制中心的显示终端进行显示； （4）ISCS 系统对 PSD 系统可实现故障查询和历史记录功能； （5）ISCS 系统隔一定时间对 PSD 进行始终校对	
实现车站控制室对 PSD 控制	接收来自 IBP 控制，并驱动屏蔽门开启	统一设计 IBP 提供 IBP 按钮、指示灯、接线端子	

表 4-10 屏蔽门与综合监控系统功能接口

类别		实现的功能	说明	备注
工作状态	1	每个门单元的控制模式状态	每个门单元的自动、手动、隔离状态	每个门单元
	2	MSD 开门状态	显示每个 MSD 开门状态	每扇端门
	3	司机手推门开门状态	显示每个司机手推门的开门状态	每扇司机手推门
	4	ASD/EED 开门状态	显示每侧 ASD/EED 开门状态	每侧站台
	5	ASD/EED 关门状态	显示每侧 ASD/EED 关门状态	每侧站台
	6	PSL 操作允许	PSL 的操作允许开关置“PSL 操作允许”位	每侧站台
	7	每侧站台 PSL 开门命令触发	每侧站台 PSL 的每次开门命令成功触发	每侧站台
	8	每侧站台 PSL 关门命令触发	每侧站台 PSL 的每次关门命令成功触发	每侧站台

姓名____________ 班级____________ 日期____________

续表

类别	实现的功能		说明	备注
工作状态	9	紧急模式下屏蔽门应急开关开门命令触发	IBP 盘发出开门命令	每侧站台
故障信息	1	每个 DCU 故障报警	站台上有 DCU 出现故障，则进行故障报警	每个门单元
	2	每个电机故障报警	站台上有电机出现故障，则进行故障报警	每个门单元
	3	单侧站台 ASD/EED 关门故障	单侧站台上每个 PSD 单元在设定时间内未关闭，则故障报警	每个门单元
	4	单侧站台 ASD/EED 开门故障	单侧站台上每个 PSD 单元在设定时间内未打开，则故障报警	每个门单元
	5	门处于手动/隔离报警	门处于手动隔离状态，此门从自动控制系统中隔离出来，进行报警	每个门单元
	6	单侧站台应急门打开状态报警	每侧站台上有应急门处于打开状态，则进行故障报警	每扇应急门
	7	端门未锁紧报警	在 2 min（1～5 min 可调）内，端门未锁紧则故障报警	每扇端门
	8	可机手推门未锁紧报警	在 2 min（1～5 min 可调）内，司机手推门未锁紧则故障报警	每扇司机手推门
	9	控制系统故障报警	单侧站台的逻辑控制单元出现故障则进行报警	每侧站台
	10	现场总线故障报警	PSC 中的主监控系统出现故障则进行报警	每侧站台
	11	单侧站台 ASD/EED 互锁解除报警	单侧站台 ASD/EED 处于“互锁解除”状态，进行报警	每侧站台
	12	单侧站台门状态指示灯故障报警	每侧站台上有门状态指示灯故障，进行报警	每侧站台
	13	主电源故障报警	电源双切换箱供电出现故障，则进行故障报警	每个车站
	14	驱动电源故障报警	PSD 驱动电源出现故障，则进行故障报警	每个车站
	15	UPS 控制电源故障报警	PSD 控制电源出现故障，则进行故障报警	每个车站
运营报表		可对每个门单元进行运营报表统计	可按月、季度或门的编号对每个门单元进行运营统计和查询（故障时间、次数等）	

姓名____________ 班级____________ 日期____________

评价反馈

学生自评表

班级：	姓名：	学号：	
项目四任务六			
评价项目	评价标准	分值	得分

学生互评表

<table>
<tr><td>项目四任务六</td><td colspan="15"></td></tr>
<tr><td rowspan="2">评价项目</td><td rowspan="2">分值</td><td rowspan="2" colspan="8">等级</td><td colspan="6">评价对象（组别）</td></tr>
<tr><td>1</td><td>2</td><td>3</td><td>4</td><td>5</td><td>6</td></tr>
<tr><td></td><td></td><td></td><td></td><td></td><td></td><td></td><td></td><td></td><td></td><td></td><td></td><td></td><td></td><td></td><td></td></tr>
<tr><td></td><td></td><td></td><td></td><td></td><td></td><td></td><td></td><td></td><td></td><td></td><td></td><td></td><td></td><td></td><td></td></tr>
<tr><td></td><td></td><td></td><td></td><td></td><td></td><td></td><td></td><td></td><td></td><td></td><td></td><td></td><td></td><td></td><td></td></tr>
<tr><td></td><td></td><td></td><td></td><td></td><td></td><td></td><td></td><td></td><td></td><td></td><td></td><td></td><td></td><td></td><td></td></tr>
<tr><td></td><td></td><td></td><td></td><td></td><td></td><td></td><td></td><td></td><td></td><td></td><td></td><td></td><td></td><td></td><td></td></tr>
</table>

教师综合评价表

班级：	姓名：	学号：	
项目四任务六			
评价项目	评价标准	分值	得分

拓展思考题

监视网络应用了哪些通信方式？

姓名____________ 班级____________ 日期____________

项目五　屏蔽门电源系统检修

任务一　滑动门电源间隔性故障检修

学习情境描述

当正常供电系统故障或车辆在区间阻塞或区间发生火灾时，要求屏蔽门系统必须保证在供电受影响的情况下，轨行区或列车上的乘客能顺利通过屏蔽门进入站台，同时车站要保证站台排烟通风能力，因此屏蔽门系统的用电负荷可纳入特别重要负荷（也叫一级负荷），即当线路发生故障停电时，通过双回路+UPS 电池冗余方式仍保证其连续供电。

任务导入

某地铁站滑动门第 3、8、13、18、23 号门无法联动打开，经查询没有门体故障，其余门扇能够正常开启。

任务目标

知识目标	（1）了解屏蔽门电源系统的组成； （2）了解不间断电源的特点。
能力目标	（1）掌握屏蔽门电源系统的工作原理； （2）能够判断屏蔽门电源系统的常见故障。
素养目标	（1）培养学生发现问题、解决问题的能力，增强学生的求知欲； （2）培养学生动手操作的能力； （3）培养学生的团队合作意识。

项目五　屏蔽门电源系统检修

姓名＿＿＿＿＿＿　班级＿＿＿＿＿＿　日期＿＿＿＿＿＿

任务分组

班级		组号		指导老师	
组长		学号			

组员	姓名	学号	姓名	学号

任务分工

任务准备

引导问题：为什么该侧滑动门是每隔 4 扇便无法打开下一扇？其中有什么内在联系？

＿＿＿＿＿＿＿＿＿＿＿＿＿＿＿＿＿＿＿＿＿＿＿＿＿＿＿＿＿＿＿＿＿＿＿＿＿＿

＿＿＿＿＿＿＿＿＿＿＿＿＿＿＿＿＿＿＿＿＿＿＿＿＿＿＿＿＿＿＿＿＿＿＿＿＿＿

＿＿＿＿＿＿＿＿＿＿＿＿＿＿＿＿＿＿＿＿＿＿＿＿＿＿＿＿＿＿＿＿＿＿＿＿＿＿

任务实施

检修人员切断总电源和 UPS 供电并重新启动中央控制盘，故障仍然存在。打开对应编号门顶箱，使用万用表检测 DCU 电源均为 0，但正常应为 DC 24 V。联想到滑动门驱动电源为交错配电，这几个号为同一驱动电源模块供电，经检测，该驱动电源模块输入正常，而输出为 0 V，判断为该电源模块故障。

处理方法：列车停运后，对故障门电源模块进行更换，经通电测试，设备恢复正常。

滑动门驱动电源交错配电：是指城市轨道交通屏蔽门会将对应每节车厢的四道滑动门分四路进行交叉配电，以保证其中一路电源故障时，其余三道滑动门能可靠供电，方便乘客上下车。屏蔽门供电接线图如图 5-1 所示。

项目任务中的相关知识点

5.1　屏蔽门电源系统简介

屏蔽门系统的运营直接影响到乘坐城市轨道交通的乘客安全以及城轨车站的服务

水平。当正常供电系统故障或车辆在区间阻塞或区间发生火灾时，要求屏蔽门系统必须保证在轨道区间的乘客能顺利通过屏蔽门进入站台，同时车站要保证所有在站台和站厅的乘客能够疏散到地面的安全区域，因此屏蔽门系统的用电负荷可纳入特别重要负荷（也叫一级负荷供电），即当线路发生故障停电时，仍保证其连续供电，即双回路供电。屏蔽门电源系统接线总图如图 5-1 所示。

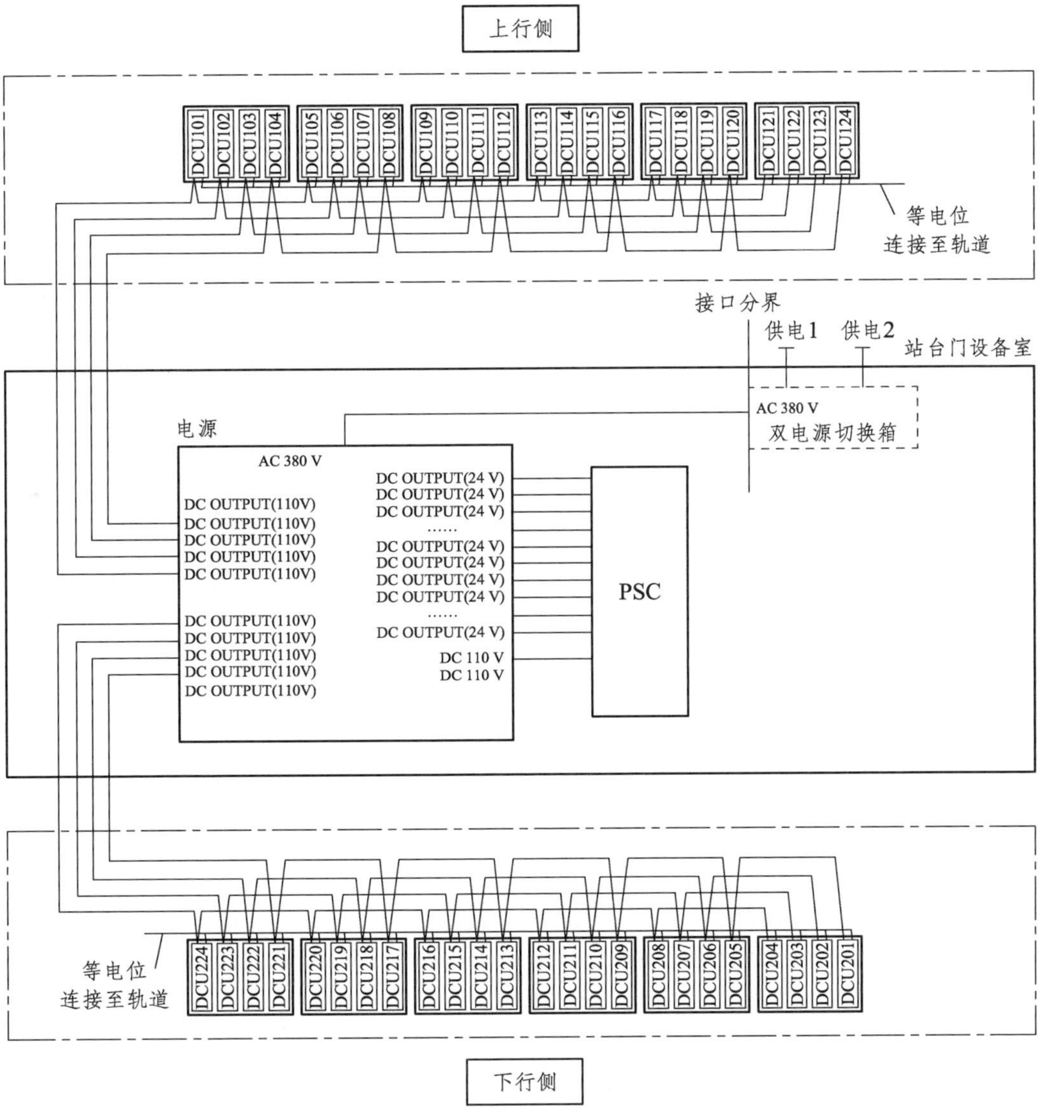

图 5-1　屏蔽门电源系统接线总图

根据《供配电系统设计规范》（GB 50052—2009），一级负荷中特别重要的负荷供电应符合下列要求：

（1）除应由双重电源供电外，尚应增设应急电源，并严禁将其他负荷接入应急供电系统。

（2）设备的供电电源的切换时间，应满足设备允许中断供电的要求。

现在屏蔽门电源系统基本上都采用模块化功能部件，具有良好的扩容性，可实现完善的 N+1 备份、在线式热插拔及在线维修等功能。

5.2　屏蔽门电源系统组成

在轨道交通车站中常常单独建设有屏蔽门设备室。设备室内设置驱动电源柜（DPS）、配电柜（PDP）、电池柜（BAT）和控制电源柜（CPS）组成的屏蔽门电源设备柜，如图 5-2 所示。其中，配电柜设置有隔离变压器、驱动电源交流配电设备；驱动电源柜中设置有驱动电源 UPS 主机、整流模块、监控模块；电池柜放置所有驱动电源电池组；控制电源柜里设置有控制电源 UPS 主机、整流模块、监控模块、电池及配电设备。

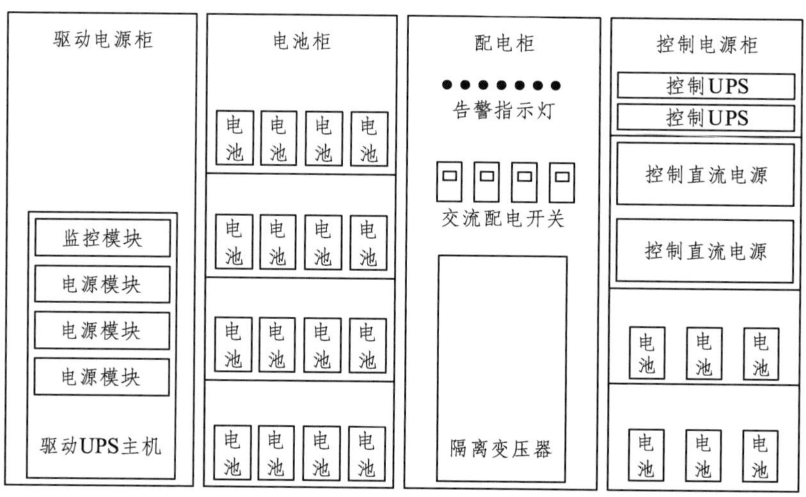

图 5-2　屏蔽门电源设备柜

屏蔽门系统一般按一类负荷向屏蔽门设备室供电，采用由低压配电系统提供的两路独立的三相 380 V、50 Hz 交流电源，接口界面在屏蔽门设备室配电柜电源屏内双电源切换箱输入端。低压配电经电源柜内的双路切换装置后，提供三相交流电给屏蔽门电源整流模块供电。系统还包括驱动电源配电屏、控制电源配电屏、变压器、驱动不间断电源系统和控制不间断电源系统。屏蔽门双电源切换装置如图 5-3 所示。

站台屏蔽门系统电源分为驱动电源和控制电源两部分。

驱动电源位于驱动电源柜中，负责对门机系统（DC 110 V）供电，其中驱动电源 UPS 与驱动电源屏连接，采用直流供电方式，具备充电、馈电、故障保护（过压、并联、过流、过载等）、电源参数和报警信息监测及记录功能。当外电终端供电时，驱动电源 UPS 能为屏蔽门继续提供 30 min 供电，并在此时间内开关门一定的次数，为车站工作人员提供应急处理的时间。

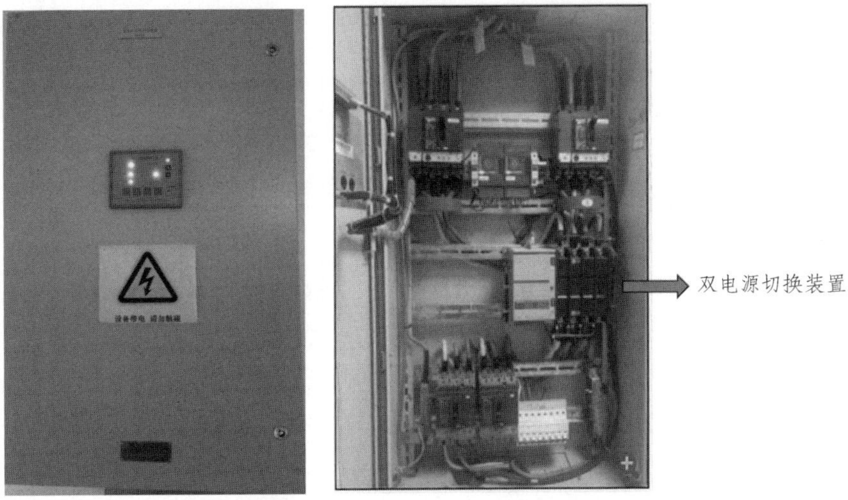

图 5-3　屏蔽门双电源切换装置

控制电源位于控制电源柜中，主要负责对 DCU、PSC、PSL、IBP 和接口等的供电（AC 220 V/DC 24 V）。当外电终端供电时，能为屏蔽门控制回路提供不少于 30 min 的后续能量，为车站人员提供应急处理的时间。控制电源通常接一路单相 220 V（AC）、50 Hz 的电源，再与控制电源变压器连接，然后连接至 DCU、PSC、PSL、IBP 和接口等，提供 AC 220 V/DC 24 V 电源。

驱动电源与控制电源系统主要配置如下：

（1）驱动电源系统容量一般为 30 ~ 60 kV · A，主要为城市轨道交通车站屏蔽门的驱动电机供电。其功率的大小主要取决于城市轨道交通车站滑动门个数。

（2）控制电源系统容量一般比较小，只有几百到几千伏安。屏蔽门控制系统采用直流供电，电压等级有 24 V、48 V、110 V 等。控制电源系统一般采用冗余供电方式来保证其供电可靠性。

屏蔽门系统还需配备有 UPS 作为备用电源。正常情况下，系统由交流配电箱供电；当事故停电时，由 UPS 对屏蔽门系统供电。

系统采用不间断电源技术（即 UPS 技术）。屏蔽门控制电源和驱动电源 UPS 一般为在线式 UPS，即屏蔽门电源系统在交流输入正常的时候为蓄电池供电，交流输入异常或整流器故障时，蓄电池将经 UPS 逆变单元逆变后提供稳定的不间断的交流电给负载供电，从而实现对负载的零间断供电。

同时，绝缘监测单元可在线监测直流母线和各支路的对地绝缘状况。集中监控单元可实现对交流配电单元、充电模块、交直流馈电、绝缘监测单元、直流母线和蓄电池组等运行参数的采集与各单元的控制和管理，并可通过远程接口接收后台操作的监控。

屏蔽门电源系统原理如图 5-4、图 5-5 所示。

姓名____________ 班级____________ 日期____________

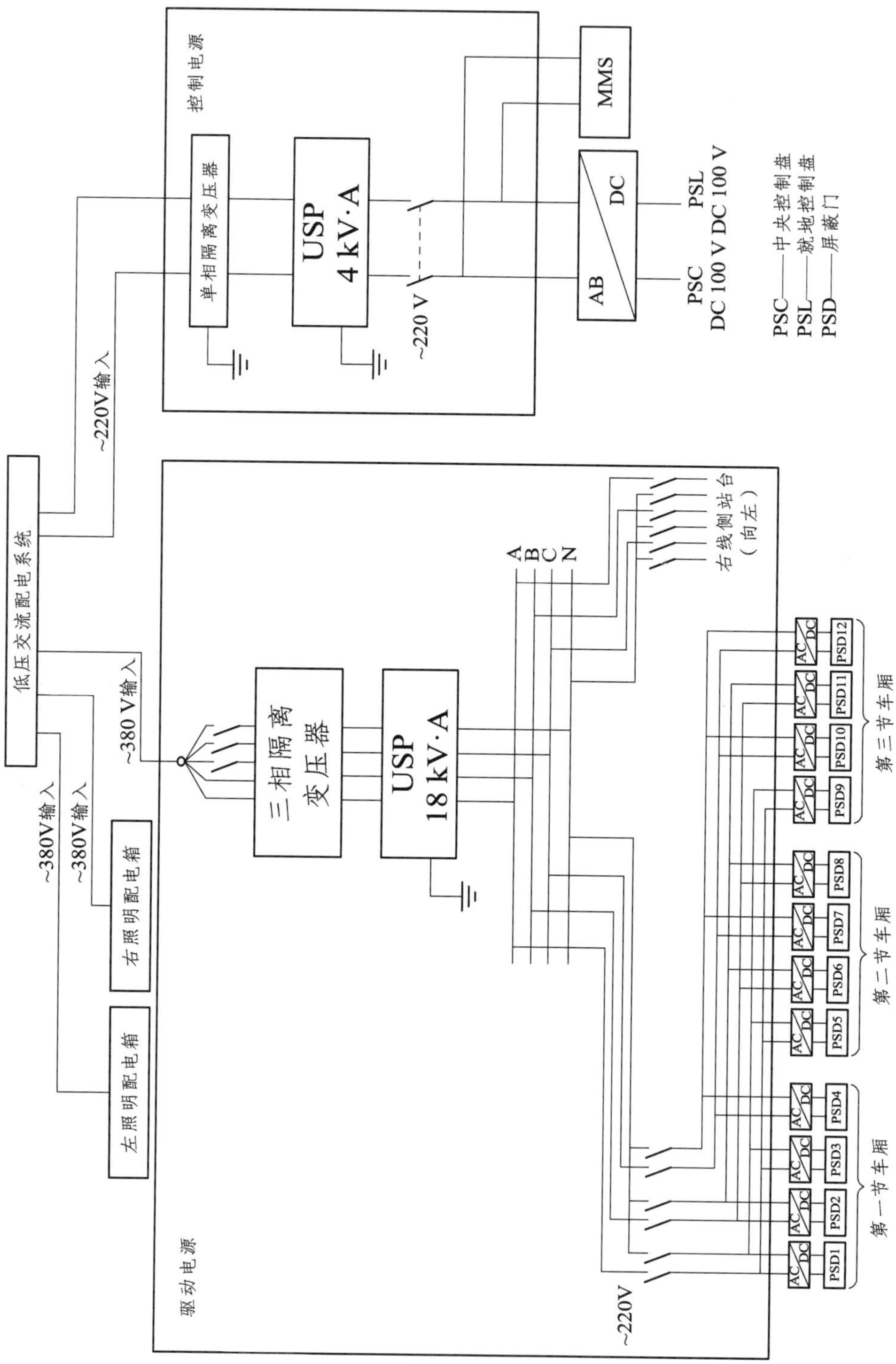

图 5-4　屏蔽门电源系统原理图 1

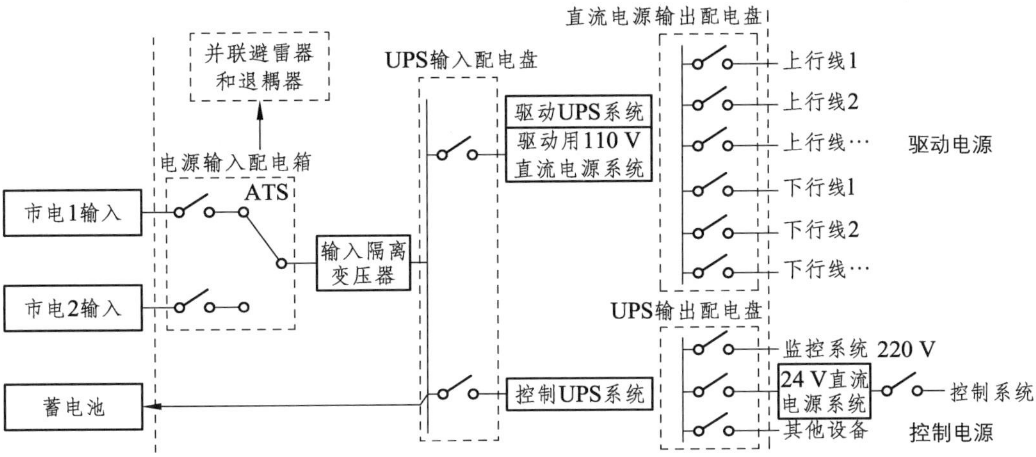

图 5-5 屏蔽门电源系统原理图 2

5.3 电源系统工作过程

车站低压配电系统输出两路三相交流电（一路主供电，一路备用供电）到屏蔽门电源系统。双电源切换装置设置在屏蔽门控制室内，可对主备两路电源自动切换，电源系统通过电源自动切换装置，将两路三相交流电输入切换成一路交流电。切换后的交流电将经隔离变压器电气隔离后分配给屏蔽门电源系统给 AC/DC、UPS 装置。正常状态时由主电源供电，当主电源断电，自动切换到备用电源供电，同时控制器报警提示及时修复。当主电源回复正常后自动返回主电路供电。

输入的 380 V 交流电通过配电单元分配到 UPS、AC/DC 等交流不间断电源。其中驱动电源经过输入隔离变压器电气隔离后经整流模块整流成 110 V 直流电给屏蔽门驱动电机供电。控制电源 UPS 输出分为两部分：一部分直接给 PSC 设备提供 220 V 交流电；另一部分经过 AC/DC 整流模块整流成 24 V 直流电后给屏蔽门控制设备供电。驱动电源 UPS 输出 110 V 给门机系统。

5.4 屏蔽门电源系统技术要求

（1）屏蔽门系统属于一级负荷标准，即供电系统向屏蔽门系统提供两路独立的三相 380 V 交流电源，电源须经隔离变压器隔离后送至各对滑动门。

（2）两侧站台的车站电源容量为 30 kW 以上，功率因素≥0.8。

（3）屏蔽门系统采用 UPS 供电方式供电。

（4）供电电源主要由双电源切换装置、蓄电池、驱动 UPS、控制 UPS、隔离变压器、配电单元等组成。

（5）双电源切换装置设置在屏蔽门控制室内，可对主备两路电源自动切换，正常状态时由主电源供电，当主电源断电、相电压过压、欠压或缺相时，经设定的时延后自动切换到备用电源供电。当主电源恢复正常后，经设定的时延后自动返回主电源供电。

（6）当主备两路电源出现断电、相电压过压、欠压或缺相时，控制器发出报警声，提示及时修复。

（7）屏蔽门系统还需配有 UPS 作为备用电源。正常情况下，系统由交流配电箱供电；当事故停电时，由 UPS 对屏蔽门系统供电。根据中国行业标准《城市轨道交通站台屏蔽门系统技术规范》要求：驱动电源的后备电源容量应符合完成 30 min 内本站全部滑动门开关 3 次的需要，控制电源的后备电源容量应符合系统满负载持续工作 30 min 的需要。

5.5　屏蔽门电源系统附属设置

1. 交叉配电及灯带照明

屏蔽门供电系统还包括配电系统和灯带照明系统。城市轨道交通车站会将对应每节车厢的四道滑动门分四路进行交叉配电，以保证其中一路电源故障时，其他三道滑动门能可靠供电。

2. 地线隔离

在站台屏蔽门系统中通常存在两个地：轨道地（车站站台门门体）和弱电地（车站提供的弱电地）。

1）门体绝缘

屏蔽门与站台土建结构的电气隔离，在正常大气压试验条件下，系统绝缘电阻要求：在额定电压 $U = 500$ V 时，绝缘值大于等于 0.5 MΩ。屏蔽门底部应采用绝缘材料，将下部支撑组件进行绝缘，使门槛的金属部件与土建结构绝缘。屏蔽门顶部采用绝缘套，实现屏蔽门设备与顶部土建结构绝缘。

2）等电位连接

屏蔽门与列车之间存在电位差。为了确保乘客和工作人员的安全，屏蔽门与车辆之间设计和安置等电位装置，采用铜芯电缆与钢轨相互连接消除电位差。整个屏蔽门门体保持等电位连接：通过等电位铜排以及等电位导线将屏蔽门的各金属部件相连，满足电位的要求。在车站站台有限长度范围内，采用一点均布的方式通过铜芯电缆将等电位铜排与钢轨相连，保证门体与车体电位相等，确保人身安全。

3. 电源监控

城市轨道交通屏蔽门的控制与监视系统须将包括电源在内的众多设备的工作状态及告警信息接入进来，因此需要对电源系统的各个子系统进行监控。监控方式一般采用工业常用的 MODBUS 通信协议，通信方式为 RS485 或 RS422。

5.6　屏蔽门电源方案

屏蔽门电源方案有多种选择。屏蔽门系统驱动电机均为直流电机，主要有 DC 48 V、DC 110 V 两种。其驱动电源部分的供电方式主要有两种：直流供电方式（即在屏蔽门电源设备室进行集中整流再分配到各门机的用电）与交流供电方式（即在每个门单元处进行分散整流）。在国内外主要的几家屏蔽门系统供应商中，美国西屋（Westinghouse）公司习惯采用交流供电方式，而法国法维莱（Faiveley）公司、瑞士卡巴（KABA）公司和中国广州新科佳都（PCI）科技有限公司则多采用直流供电方式。

城市轨道交通屏蔽门电源系统后备电源一般可选择交流在线式 UPS 和直流 UPS 两种设计方案。两种方案比较如下：

（1）单点故障。交流方案采用单台 UPS 供电，存在 3 个单点故障点，即电池、电池升压和逆变。直流方案只存在电池 1 个单点故障点。电池单点故障点通过双组电池备用可以消除。交流方案要消除单点故障，需要 UPS1+1 备份。

（2）功率变换。由于驱动供电的特殊性（峰值功率要求高），交流方案在正常情况下需要经过二级功率变换提供驱动供电，即 AC/AC（UPS）和 AC/DC 变换；直流方案只需要 AC/DC 一级功率变换。综合评估，交流方案所需要的变换功率为直流系统的 1.7 倍以上，而变换功率的大小与成本密切相关。因此，直流方案的投资较小。

电池备用的可靠性。交流方案电池后备供电需要经过电池升压、逆变和 AC/DC 模块对外供电，经过的电源变换环节多。直流方案电池直接对 DC 110 V 供电，无变换环节。因此，直流方案电池后备更可靠。

直流方案模块化技术成熟，采用全模块化结构，模块可带电插拔，维护方便，不需要专业技术人员现场服务，维护成本低。备件为标准模块，整条线路备件通用，备件成本低。

目前，屏蔽门系统建设更多设计趋向于 DC 110 V、直流 UPS 方案。

5.7　UPS 技术

1. UPS 电源设备简介

UPS（Uninterrupted Power System/Uninterrupted Power Supply），即不间断电源，是将蓄电池（多为铅酸免维护蓄电池）与主机相连接，通过主机逆变器等模块电路将直流电转换成市电交流电的系统设备，主要用于给电力电子设备提供稳定、不间断的电力供应。当市电输入正常时候，UPS 将市电稳压后供应给负载使用，此时的 UPS 就是一台交流式电稳压器，同时它还向机内电池充电；当市电中断时，UPS 立即将电池的直流电能通过逆变器切换转换的方法向负载继续供应 220 V 交流或特定直流电，使负载维持正常工作并保护负载软硬件不受损坏。UPS 设备对电压过高或过低通常都能提供保护。

姓名＿＿＿＿＿＿　班级＿＿＿＿＿＿　日期＿＿＿＿＿＿

UPS 电源设备组成：逆变器、蓄电池、整流器/充电器和转换开关等，如图 5-6 所示。

逆变器主要由晶体管、变压器和控制回路等组成，其作用是变直流为交流输出，它是 UPS 的核心，UPS 技术性能、质量主要取决于逆变器。

蓄电池是储能装置，UPS 中的蓄电池应具有良好的大电流放电特性，能经得住反复地充放电，寿命要长。

整流器/充电器是把市电变成直流电，为逆变器和蓄电池提供电能的装置。

转换开关的作用是通过瞬间的高速检测回路，当市电有干扰或出现大的浪涌时，把 UPS 迅速转移到旁路输出，以保护 UPS；它的另一作用是提供维修通道。因此对转换开关的要求是时间快、过载能力大。

AC/DC 模块配置：交流电通过 AC/DC 模块提供控制系统用 DC 24 V 和 DC 110 V 电源，模块采用 1+1 备份；交流电通过 AC/DC 模块提供驱动系统用 DC 110 V 电源，模块采用 N+1 备份，驱动系统用 AC/DC 模块要满足开关门时最大冲击功率要求。

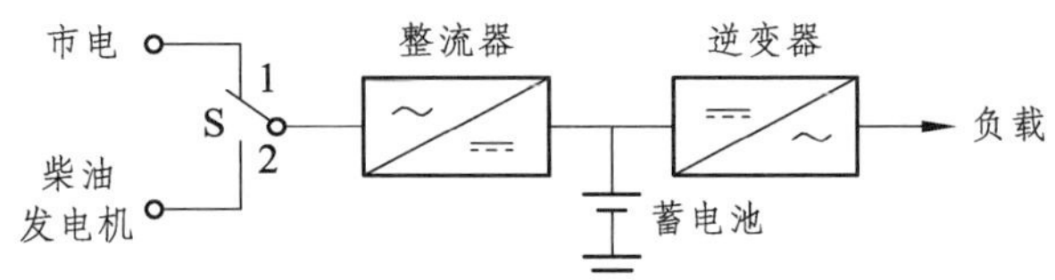

图 5-6　UPS 供电技术设备图

下面简要介绍直流 UPS 和交流在线式 UPS 供电技术。

屏蔽门电源系统根据技术特点分为输出交流和直流两种。交流输出 UPS 可分为离线（后备）UPS 和在线 UPS。

2. 直流 UPS 供电技术

1）直流供电 UPS 电源

直流供电 UPS 电源系统由整流器、蓄电池、直流变换器和直流配电屏等部分组成，如图 5-7 所示。根据设备规模容量及直流负荷大小、性质、种类的不同，直流供电系统可采用分散式供电和集中式供电方式；另根据供电电源种类的不同，直流供电系统又可分为常规式供电和混合式供电。

2）直流供电 UPS 电源的特点

（1）整流器的交流电源由交流配电屏引入，整流器的输出端通过直流配电屏与蓄电池和负载连接。

（2）当负载需要多种不同数值的电压时，采用直流变换器将基础电源的电压变换为所需的电压。

（3）目前广泛应用的直流供电方式为并联浮充供电方式。

姓名____________ 班级____________ 日期____________

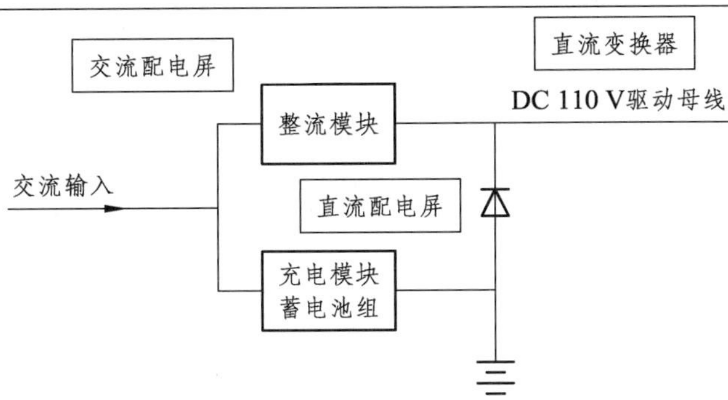

图 5-7　直流 UPS 供电技术

3. 交流在线式 UPS 供电技术

1）在线式 UPS 的工作过程

图 5-8 所示为在线式 UPS 电能流程图。在线式运作模式的市电和负载是隔离的，市电不直接给负载供电。市电供电正常时，市电经过电源变压器、整流器后，一路经逆变器、滤波器输出至负载；另一路经充电回路向蓄电池组充电。

市电供电品质不稳或停电时，蓄电池从充电转为供电，通过逆变器输出交流电至负载，直到市电回复正常时蓄电池转回充电。在用电的整个过程中 UPS 逆变器是全程工作的。当蓄电池端电压低于设定值或逆变器故障时，市电就通过旁路直路经转换开关、滤波器向负载供电，输出的波形和市电一样是正弦波。

在线式的特点：① 实现了对负载的真正不间断供电。比离线式更精密；② 实现了负载的抗干扰供电，因为在线式 UPS 无论是由市电还是由蓄电池对负载供电都要通过逆变器进行，这样消除了市电电网带来的电压波动和电干扰。

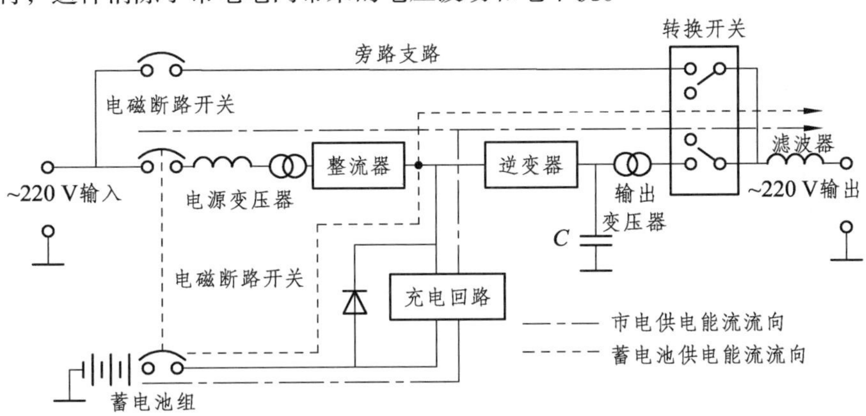

图 5-8　交流在线式 UPS 供电技术

2）在线式 UPS 的特点

（1）在线式 UPS 都为正弦波输出，其最显著的特点是实现了对负载的真正不间断供电。两者相比较，后备式 UPS 常用继电器作为转换开关，转换时间以“毫秒（ms）”计算；而在线式常用晶体管作为转换开关，转换时间以“纳秒（ns）”计算。在线式 UPS 更适合对交流电源要求严格的精密设备，如计算机、微控器等。

（2）在线式 UPS 实现了对负载的抗干扰供电。因为在线式 UPS 无论是由市电还是由蓄电池对负载供电，都要通过逆变器进行，这就从根本上消除了来自市电电网上的所有电压波动和电干扰对负载的影响，UPS 始终向负载提供一个稳压稳频的高质量交流电源，其正弦失真系数更小。

（3）与后备式 UPS 相比，在线式 UPS 具有优良的瞬时特性，它在 100%负载加载或减载时，其输出电压的变化小于 4%，时间为 10～40 ms。

（4）在线式 UPS 具有较高的工作可靠性。

4. UPS 电源技术要求

1）蓄电池要求

蓄电池的折合浮充寿命在温度为 25 °C 时可达 10 年，电池的质保期不少于 3 年。城市轨道交通供电系统对蓄电池的要求非常特殊，一般采用胶体电池或比较耐高温且寿命长的电池，对电池的延时要求一般为 1 h 左右。由于负载为屏蔽门，故其具体延时要求一般为满足 30 min 内屏蔽门能够开关门 3 次或 1 h 内屏蔽门开关门 5 次。

2）UPS 电源电气性能要求

（1）为了保证 UPS 电源的长期稳定和可靠地运行，UPS 采用成熟的数字控制方式。

（1）电源设备的输入电压为 380 V，输入电压可调范围为 ± 15%。

（3）输入频率为 50 Hz ×（1 ± 10%）。

（4）输入功率因数应不小于 0.9，输入谐波电流失真度不大于 7%。

（5）输出为三相（380 V）交流电源，输出电压稳压精度为 ± 1%。

（6）瞬态输出电压变化范围为 ± 2%；当负载从 0 到 100%突变时，20 ms 以内输出电压恢复到 ± 1%。

（7）输出频率为（50 ± 0.25）Hz（电池逆变工作）。

（8）配置输出隔离变压器。

（9）输出波形失真度≤3%。

（10）电源设备的效率≥90%。

（11）输出功率因数≥0.8；电流峰值系数≥3；过载能力：105%长期，125%维持 10 min 以上，150%维持 1 min 以上；允许三相负载 100%不平衡；采用 IGBT 功率器件；UPS 配置手动维修旁路，可实现现场不断电维修；电源输出满足输出分路的需要，供电电源中断后，电源设备能为车站屏蔽门系统提供能源。

（12）开关整列屏蔽门 5 次的电源供应；UPS 电源设备具有对电池组在线检测功能，能够实时检测电池容量及电池的相关技术指标。

（13）UPS 电源设备应具有抗雷击浪涌能力，能承受模拟雷击电压波形 10/700 s、幅值为 5 kV 的冲击 5 次，模拟雷击电压波形 8/20 s、幅值为 20 kV 的冲击 5 次，每次冲击间隔为 1 min，设备仍能正常工作。

3）UPS 电源保护功能

（1）UPS 电源设备具有输出短路保护功能，在输出负载短路时，立即自动关闭输出，同时发出声光报警信号。

（2）UPS 电源设备应具有输出过载保护功能，在输出负载超过额定负载时，发出声光报警；超出过载能力时，转为旁路供电。

（3）UPS 电源设备在处于逆变工作方式且电池电压降至保护点时发出声光告警，停止供电。

4）UPS 电源监控

屏蔽门 UPS 在车站与综合监控系统直接互联（不经过屏蔽门控制系统），屏蔽门 UPS 监控信息传送给综合监控系统，并经综合监控系统传送至综合维修中心。屏蔽门 UPS 向综合监控系统提供所有状态、故障等信息。

评价反馈

学生自评表

班级：	姓名：	学号：	
项目五任务一			
评价项目	评价标准	分值	得分

学生互评表

项目五任务一															
评价项目	分值	等级								评价对象（组别）					
										1	2	3	4	5	6

教师综合评价表			
班级：	姓名：	学号：	
项目五任务一			
评价项目	评价标准	分值	得分

拓展思考题

屏蔽门电源系统是如何保障不间断供电的？

任务二　驱动电源系统电路连接故障检修

任务导入

4 号线车站司机按压车上开门按钮后发现屏蔽门未与车门联动，8 s 后第 5 道滑动门有乘客按了手动解锁。32 s 后司机将就地控制盘（PSL）打到操作允许，按压 PSL 开门按钮发现屏蔽门仍未打开，司机反复按压车上开关门按钮屏蔽门无动作，3 min 后，车站将屏蔽门 IBP 盘打到操作允许，尝试利用 IBP 盘开门未果。站务人员用 LCB 钥匙将第一道滑动门打开，随后赶到的联合站务人员手动将五道滑动门打开乘降。

第二趟列车到达上行站台，司机按压车上开门按钮，车门打开屏蔽门未打开，6 s 后司机尝试用 PSL 打开屏蔽门未果，站务人员用 LCB 钥匙将第 14 道滑动门打开，候车乘客纷纷从该道滑动门上车，25 s 后司机操作 PSL 打开整侧滑动门成功，78 s 后司机操作 PSL 关闭屏蔽门并拔出钥匙。

姓名____________ 班级____________ 日期____________

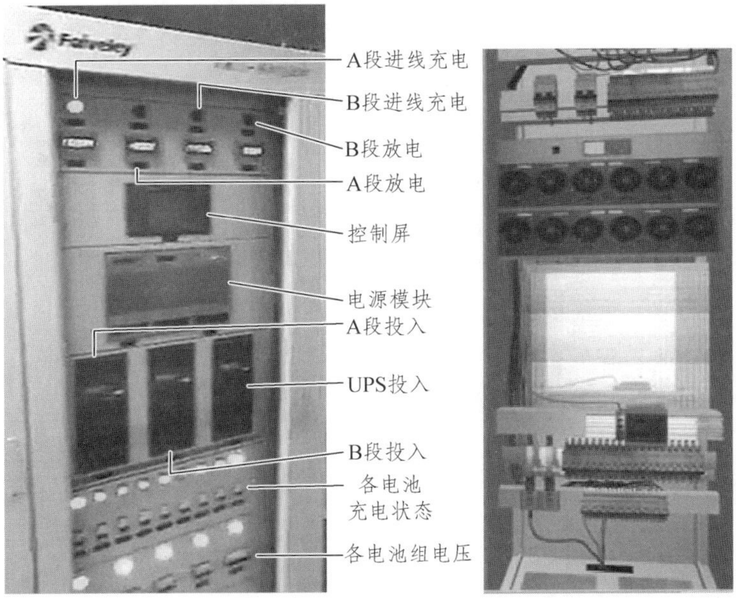

（a）正面　　　　（b）反面

图 5-9　驱动电源柜

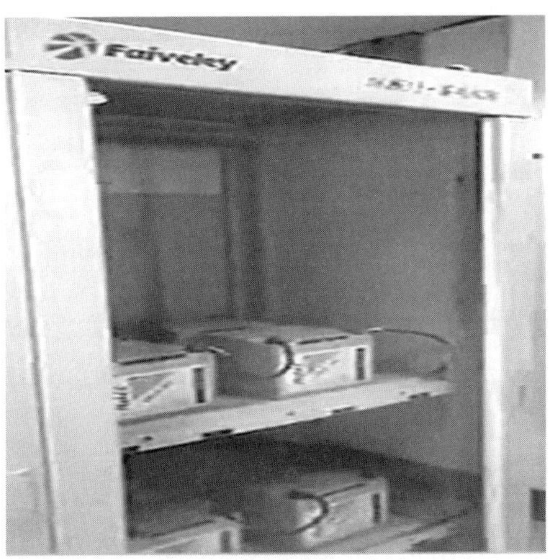

图 5-10　电池柜

项目五　屏蔽门电源系统检修

姓名＿＿＿＿＿＿　班级＿＿＿＿＿＿　日期＿＿＿＿＿＿

任务目标

知识目标	（1）掌握屏蔽门电源系统组成架构； （2）了解屏蔽门电源系统故障排查方法； （3）掌握屏蔽门电源系统维修方法。
能力目标	（1）提升学生对屏蔽门电源系统的认知； （2）提升学生对常见故障排查能力； （3）增强学生动手能力。
素养目标	（1）培养学生认识新事物的能力； （2）培养学生自主学习的能力； （3）培养学生团队协作能力； （4）培养学生独立思考的能力； （5）培养学生查阅资料的能力。

任务分组

班级		组号		指导老师	
组长		学号			
组员					
任务分工					

任务准备

引导问题：驱动电源柜和主电源柜各有哪些部分组成？

____

____

任务实施

维修人员赶到对屏蔽门控制柜进行线路检修，检查各端子排接线（见图 5-11）及继电器紧固情况，发现驱动电源屏回路线松脱，紧固后逐一将开启的滑动门关闭并恢复自动状态，重启系统后故障修复。

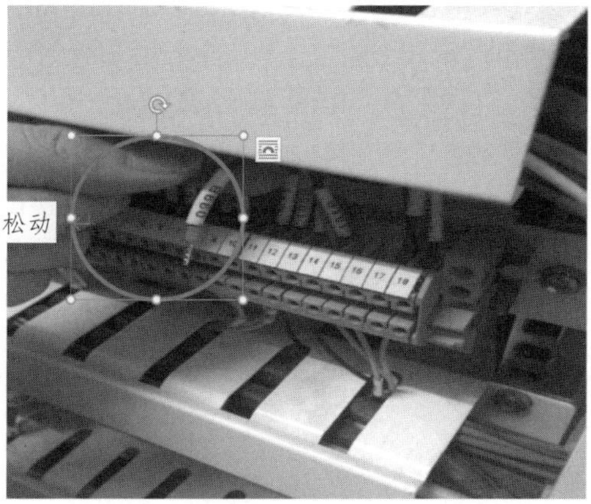

图 5-11　接线端子排

屏蔽门值班人员接到维调电话报修“4 号线双侧屏蔽门无法开启”，屏蔽门维修人检查发现屏蔽门控制柜上端双电源箱内控制电源接线的空开跳闸，维修人员将双电源切换箱内控制电源空开合闸故障修复，屏蔽门恢复正常运行。

检修人员与车控室沟通询问屏蔽门情况时，车站值班员反馈屏蔽门系统设备正常。

5:30 分，屏蔽门值班人员接到车站电话报修“车站 IBP 盘界面与屏蔽门实际状态不一致”；6:05 分，屏蔽门维修人员赶到现场，检查站台 PSL 指示灯情况，初步判断为双电源切换箱内控制电源空开跳闸，立即到屏蔽门设备室将双电源箱内控制电源的空开闸合上，屏蔽门恢复正常运行；6:08 分，故障修复。

故障分析及处理：故障发生次日晚运营结束后，机电中心综合技术室及检修车间专业技术人员在车站重现屏蔽门设备故障，发现屏蔽门设备故障原因为 DCU 端子排使能线接线松动，将其紧固后恢复正常。因 SIG、PSL、IBP 发出的开门命令均需通过 PEDC 传给 DCU 一个开门和一个使能的信号，两者任何一个缺失均会引起开门故障。上行 DCU 端子排使能线松动是导致该站上行屏蔽门故障的主要原因。

项目任务中的相关知识点

5.8　控制电源系统

控制电源系统为屏蔽门系统的控制与监视系统主机、接口继电器等提供电源，故对其稳定性要求较高。同时，控制电源系统在供电系统失去交流供电时，利用蓄电池组为屏蔽门系统操作提供临时电源。

由于 UPS 的特点是无论市电输入是否存在波动，输出总为稳定的 AC 220 V 电源，从而可保证与信号接口回路的 DC 60 V/DC 24 V 电源的稳定性，因此在屏蔽门系统控制电源供电回路中一般都采用了 UPS。

姓名____________ 班级____________ 日期____________

控制电源系统包括隔离变压器、UPS、蓄电池组、高频开关电源装置、输出馈电单元、监控模块，原理图如图 5-12 所示。馈线部分由两部分组成：AC 220 V 馈出和 DC 24 V 馈出。控制电源系统方案主要为：UPS 输出 220 V、50 Hz 的纯净正弦交流电，经 24 V 整流模块整流后输出 DC 24 V 控制电源为 PSC 柜内的继电器、信号专业接口等使用；UPS 输出另一路 AC 220 V 电源给 PSC 和监控主机。其中 UPS 的特点是无论市电输入是否存在波动，输出总是稳定在 AC 220 V，保证了供电的稳定性。

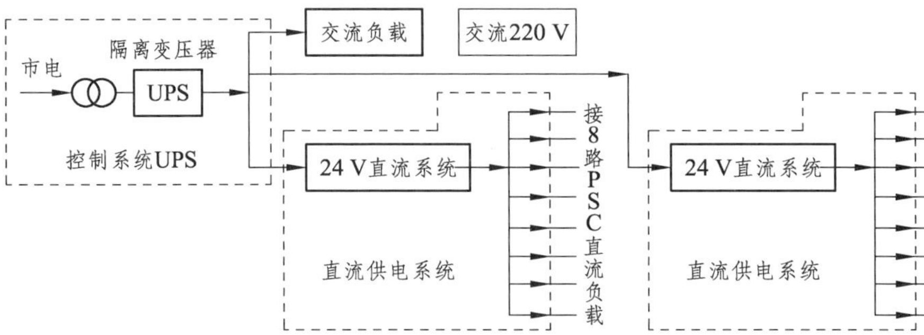

图 5-12　控制电源系统原理图

1. 控制电源系统结构

控制电源柜如图 5-13 所示，其中隔离变压器为 PSC 柜内 PEDC、使能继电器提供 DC 24 V 控制电源，逆变模块为其提供 DC 110 V 的输入电源。逆变模块的作用是将直流电转换为交流电，它为控制系统提供交流 220 V 电源，位于控制 UPS 内，驱动 UPS 内的整流模块将向逆变模块提供 DC 110 V 的输入电源。

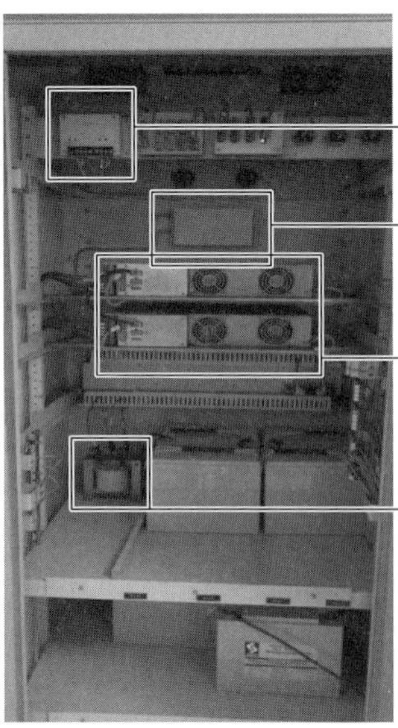

图 5-13　控制电源柜结构图

控制电源监控模块还能对充电模块、电池检测仪、绝缘检测仪等智能设备进行数据采集并加以显示，能根据系统的各种设置参数进行告警处理、历史数据管理等作业，同时能对这些处理的结果加以判断，根据不同的情况实行电源管理、输出控制和故障回叫等操作，检测模块还可通过通信接口与 PSC 进行通信。

绝缘监测模块用于实现直流母线及各支路正负极对地绝缘状况的检测，应能直接监视正负极对地电压，当电压过高、过低或绝缘电阻过低时发出报警信号，且报警值可整定。

2. 控制电源系统工作原理

控制电源是将双路电源切换后的输出交流电源经过隔离变压器做电气隔离，再经 UPS 把 AC 转 DC 再转成高质量的 AC 后输出。控制电源输出分为两部分：一部分直接给 PSC 设备提供 220 V 交流电源，另一部分经过 AC/DC 整流模块整流成 24 V 直流电后给屏蔽门控制设备供电。正常工作时，UPS 为在线式状态。蓄电池组直接连接于 UPS 直流母线上，控制 UPS 电源在交流输入异常或整流器故障时，蓄电池提供经 UPS 逆变单元逆变后稳定的不间断的交流电给负载供电，从而实现对负载的零间断供电。其路径为：

（1）AC380 V 交流电源输入→隔离变压器电气隔离及 C/D 级防雷装置保护→UPS。

（2）UPS→AC/DC 高频开关电源整流→24 V 直流馈线输出。

（3）UPS→220 V 交流馈线输出。

如图 5-14 所示，监控模块能监视控制电源装置的输出电压、电流，并能监视电源系统正常运行状态和故障状态，对 UPS 的重要状态进行远程监视，能将故障、状态信息传输到屏蔽门控制系统的主控机上。

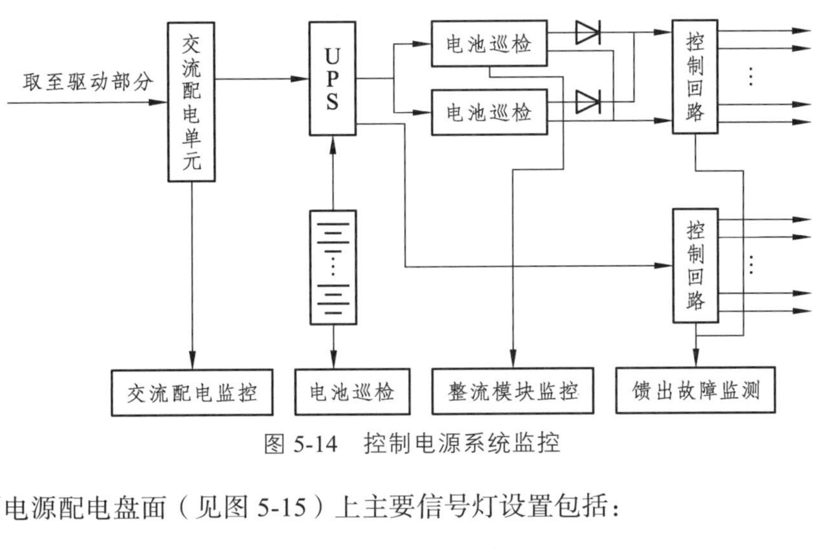

图 5-14　控制电源系统监控

控制电源配电盘面（见图 5-15）上主要信号灯设置包括：

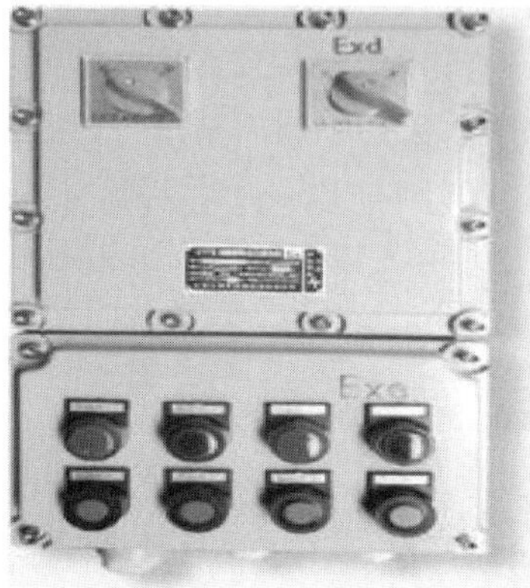

图 5-15　控制电源系统配电盘

隔离变压器输出母线电压过高指示；
电源故障指示；
隔离变压器母线电压过低指示；
馈电回路装置故障指示；
各馈电开关位置显示；
控制电源 UPS 故障指示；
蓄电池组故障指示；
受、馈电回路短路故障指示。

5.9　驱动电源系统

1. 门机驱动特点

屏蔽门电机要求启动快、动作迅速，所有屏蔽门均采用直流电机，门机驱动波形如图 5-16 所示。驱动电源需要满足直流电机启动的冲击特性，UPS 功率要满足开关门时最大冲击功率需求。在屏蔽门正常动作时，驱动电源系统功率为 3 ~ 5 kW，启动瞬间达到 8 ~ 40 kW；单台标称电机功率为 80 ~ 150 W。

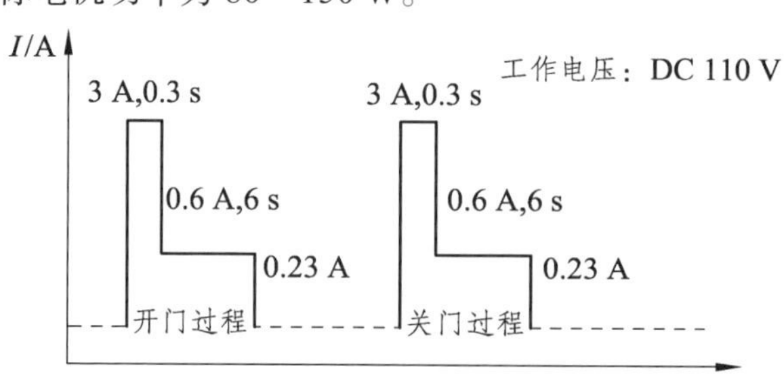

图 5-16　屏蔽门驱动波形

2. 驱动电源系统结构

驱动电源柜如图 5-17 所示，主要由供电模块、充电模块、微型断路器、直流监控单元、交流监控单元、开关量监控单元、电流电压表、馈线回路等构成。

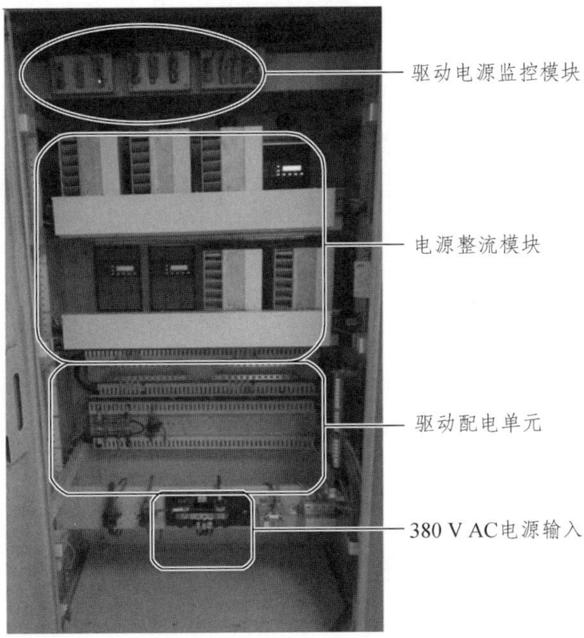

图 5-17　控制电源柜结构图

其中，380 V AC 电源输入从低压交流配电系统流入，然后接驱动配电单元，驱动配电单元包含 D 型直流型微型断路器、测量仪表、指示灯及接通/断开每个门单元的 C 型直流微型断路器（MCB）。

线路接入整流模块，整流模块分为两组（充电模块、供电模块），一组用于为屏蔽门/屏蔽门系统提供驱动电源，另一组完成对蓄电池的充放电管理，同时为控制 UPS 的 DC/AC 模块提供直流电能。驱动电源采用直流供电（DC 110 V），而控制电源系统采用交流供电（AC 220 V）。整流模块具有稳压和限流功能，保证对蓄电池组的均充和浮充控制。

驱动电源监控模块可对系统母线电压、负载总电流、输入电网电压及直流各输出支路通断状态、电池组熔断器通断状态等进行检测，对充电模块开启、关停及充电模块均/浮充转换进行控制，对充电模块输出电流实行限流控制，对充电模块输出电压进行调节控制。

3. 驱动电源系统工作原理

整套驱动电源直流系统由隔离变压器、高频开关电源充电装置、蓄电池单元、输出馈电单元、监控模块等组成。其主要原理如图 5-18 所示。

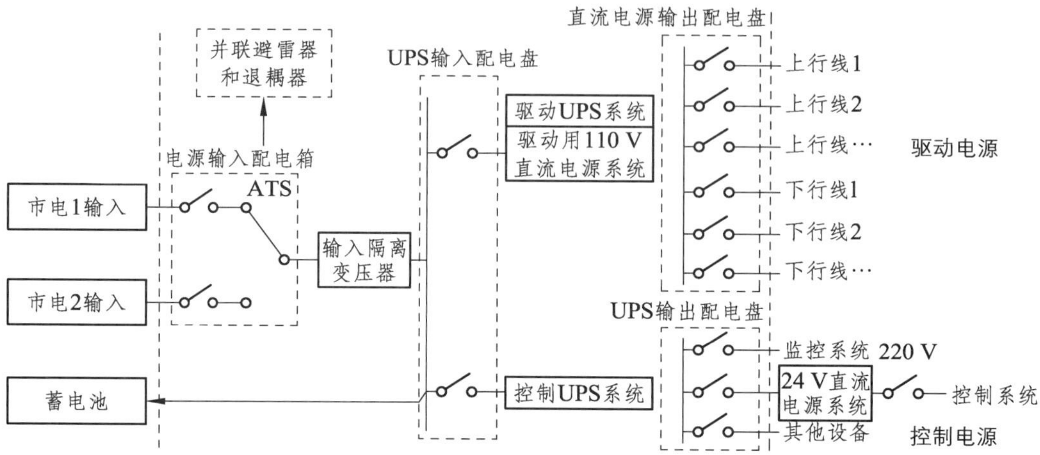

图 5-18　屏蔽门电源系统

低压配电系统提供两路独立的 380 V/40 kV·A 三相电源，两路电源通过双电源切换装置自动切换后经隔离变压器做电气隔离，提供驱动及控制部分所需要的电源。驱动部分通过 AC/DC 装置整流后，提供 DC 110 V 馈出回路给屏蔽门驱动供电，蓄电池组直接连接于直流母线上，并联浮充供电（直流 UPS 技术）。在交流输入失电、超限、故障、整流模块故障等情况下，蓄电池组将通过直流母线直接给负载供电，从而实现对负载的不间断供电。

其路径为：AC 380 V 交流电源输入→隔离变压器电气及防雷装置→AC/DC 高频开关电源整流→充电机及蓄电池母线→降压→控制直流母线→控制馈线输出。

驱动电环的输出回路存在着交错配电情况。由于轨道交通车辆的车型不同，每节车厢的车门数量也不同，分别设计有 3、4、5 道。以每节车厢 5 道门为例，驱动电源的输出回路数至少为 5 路，即每节车厢 5 道车门的 5 道滑动门需要设计以分别对应不同的输出回路，以保证在其中一个回路驱动电源故障时，每节车厢的其余 4 个车门对应的滑动门能够正常工作，最大限度地避免乘客出现拥挤现象。

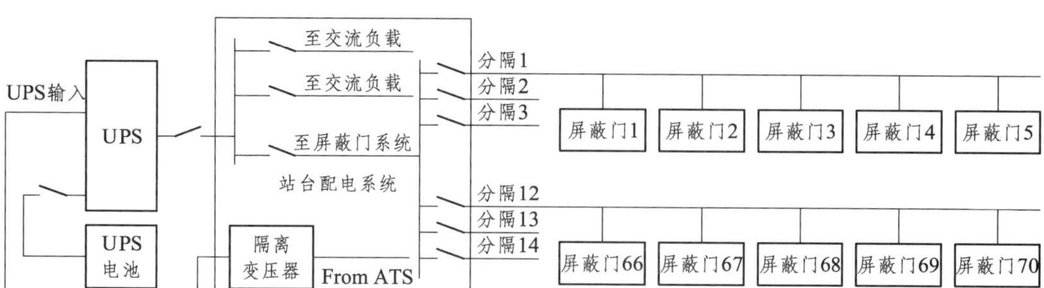

图 5-19　驱动电源系统原理图

姓名____________ 班级____________ 日期____________

4. 驱动电源系统配电盘

驱动电源配电柜盘面上主要信号灯设置包括：

电源故障指示；

各馈电开关位置状态显示；

蓄电池组故障指示；

受、馈电回路短路故障指示。

电源装置故障信号应送至 PSC，可通过维修终端实现故障显示。

评价反馈

学生自评表

班级：	姓名：	学号：	
项目五任务二			
评价项目	评价标准	分值	得分

学生互评表

项目五任务二															
评价项目	分值	等级								评价对象（组别）					
										1	2	3	4	5	6

姓名____________ 班级____________ 日期____________

<table>
<tr><td colspan="4">教师综合评价表</td></tr>
<tr><td colspan="4">班级：　　　　　　　　　　姓名：　　　　　　　　　学号：</td></tr>
<tr><td>项目五任务二</td><td colspan="3"></td></tr>
<tr><td>评价项目</td><td>评价标准</td><td>分值</td><td>得分</td></tr>
<tr><td></td><td></td><td></td><td></td></tr>
<tr><td></td><td></td><td></td><td></td></tr>
<tr><td></td><td></td><td></td><td></td></tr>
</table>

拓展思考题

驱动电源和控制电源分别是给哪些负载供电的？

实训篇

姓名＿＿＿＿＿＿　班级＿＿＿＿＿＿　日期＿＿＿＿＿＿

项目六　屏蔽门系统操作

项目任务中的相关知识点

6.1　屏蔽门系统操作规定及说明

1. 常见概念定义

屏蔽门（PSD）：沿站台边缘布置，将车站站台与行车轨道区域隔离开，可以消除乘客误落入轨道的危险因素，可以降低能耗的机电一体化设备。屏蔽门系统主要由玻璃门体、监控系统及电源系统组成。屏蔽门是乘客上下列车的主要通道，由车站计算机系统控制，与列车门对应开门或关门。

中央控制盘（PSC）：屏蔽门控制系统的核心，位于屏蔽门设备房的控制柜内。

站台单元控制器（PEDC）：每个控制子系统的主要设备，属于整个总线网络的主设备，实现系统内部信息的收发、采集、汇总和分析，并实现与综合监控系统、PSL、DCU各单位之间的信息交换，并能够查询逻辑控制单元中各个回路的状态；具有足够存放数据和软件的存贮单元，具有运行监视功能及自诊断功能。

就地控制盘（PSL）：当因信号系统（SIG）故障失效或屏蔽门控制系统对屏蔽门门机控制器（DCU）控制故障时，由司机或被授权操作人员操作此开关控制屏蔽门的开关。每侧站台头端端门外设置一套PSL，位置应与列车正常停车时驾驶门相对应，以便于列车驾驶员控制屏蔽门的开关。

综合后备盘（IBP）：设置在车控室内，实现紧急情况下各重要设备的后备控制功能。

门控单元（DCU）：控制门的运动并把门状态信息发给站台单元控制器的设备，它安装在门上方顶箱里。

联动：屏蔽门控制系统接收信号系统（SIG）的控制命令，与列车门对应开门或关门。

不能开门故障：信号系统（SIG）、就地控制盘（PSL）或综合后备控制盘（IBP）发出开门命令后，屏蔽门不执行开门动作响应的故障。某一门单元不执行开门动作响应的故障视为“××门单元不能开门故障”。

不能关门故障：信号系统（SIG）、就地控制盘（PSL）或综合后备控制盘（IBP）发出关门命令后，屏蔽门或安全门不执行关门动作响应的故障。某一门单元不执行关门动作响应的故障视为“××门单元不能关门故障”。

关闭且锁紧信号：屏蔽门关闭后，由屏蔽门控制系统形成的确认滑动门及应急门处于关闭且锁紧的信号。

自动：屏蔽门门单元的一种工作模式，此时允许门控单元（DCU）接收信号系统（SIG）、就地控制盘（PSL）或综合后备控制盘（IBP）控制指令。

隔离：屏蔽门门单元的一种工作模式，此时单个滑动门门控单元（DCU）与系统隔离，并切断该单元的电源，不影响整个系统的正常工作，便于维修（此档门的安全回路不被旁路）。

手动：屏蔽门门单元的一种工作模式，此时不执行来自信号系统（SIG）、站台端头控制盘（PSL）或综合后备控制盘（IBP）的命令。滑动门可通过就地控制盒（LCB）上的“手动开门”和“手动关门”进行开关门操作，用于维修情况下测试使用（此档门的安全回路被旁路）。

2. 安全操作规定

（1）所有操作都必须严格遵守一般通用生产安全规定，轨道侧的作业应遵守轨行区作业规定。

（2）屏蔽门操作人员必须经过培训，取得供货商颁发的屏蔽门培训结业证书或获得相关部门授权操作权限后，才能操作屏蔽门。

（3）屏蔽门故障或破损时，应及时安放好防护栏及警告标识，并尽快通知相关部门。

（4）操作开关屏蔽门时，应注意观察站台边人群拥挤情况，严禁没有警告及防护措施。

（5）当开关屏蔽门时，应防止乘客跌入轨道造成伤害。

（6）故障排除后，必须手动操作屏蔽门测试开关一次，关闭屏蔽门，才能把模式开关转到自动控制位置。

（7）列车进出车站的过程中及屏蔽门正常的状态下，严禁打开应急门。应急门使用后，必须确认关闭并锁紧，严禁使用异物阻挡应急门的关闭。

（8）严禁放置任何物品在滑动门槛上，严禁靠放任何物品在门体上。

（9）严禁乘客倚靠在滑动门体上。

（10）清洁门体、地板、隧道时，不得使底座绝缘套受湿。

（11）严禁在距屏蔽门门体边沿 2.1 m 范围内的绝缘地板上钻孔安装任何设备设施。

（12）设备运行中清理地槛异物，不得使用金属工具，以免短路造成安全事故。

（13）设备检修时，应先停电，并验电，确认后挂“有人工作，请勿合闸”警示牌，才可以对屏蔽门故障的设备进行维修。

（14）在进行屏蔽门作业时，抢修组所有成员必须穿戴好劳保用品，高空作业必须系安全带。

（15）屏蔽门操作的专用钥匙，应由车站统一管理，每把钥匙应有明确的标识。

3. 操作步骤及说明

1）屏蔽门操作前准备

（1）操作人员必须向相关人员发出操作请求，取得允许后方能操作。

（2）检查设备房设备有无异常，屏蔽门门体有无破损，站台侧屏蔽门有无渗水现象。

（3）注意观察站台人群拥挤情况，没有警告及防护措施不当时严禁开启屏蔽门。

2）屏蔽门系统开/关操作步骤

（1）开机步骤：

① 开启设备电源；

② 开启屏蔽门驱动供电单元；

③ 开启屏蔽门控制供电单元；

④ 开启监视计算机；

⑤ 开启所有屏蔽门单元的空气开关。

（2）关机步骤：

① 确认所有屏蔽门单元的空气开关已关闭；

② 确认监视计算机已关闭；

③ 关闭屏蔽门控制供电单元；

④ 关闭屏蔽门驱动供电单元；

⑤ 关闭电源设备的空气开关。

实训一　屏蔽门多级控制操作实训

实训目标

掌握屏蔽门系统开关门的多级控制操作方式，掌握站台级、车站级和就地控制中PSL、IBP、LCB及手动开关等操作。

实训内容

将学生分组进行屏蔽门多级控制的开关门操作，练习PSL、IBP、LCB及手动开关的使用方法。

实训工具

就地控制盘PSL及钥匙；综合后备盘IBP及钥匙；就地控制盒LCB及钥匙。

项目六　屏蔽门系统操作

姓名____________ 班级____________ 日期____________

实训分组

班级		组号		指导老师	
组长		学号			

组员

姓名	学号	姓名	学号

实训分工

实训实施

1. 屏蔽门操作前的准备工作

1）安全操作制度

（1）所有操作都必须严格遵守一般通用生产安全规定。轨道侧的作业应遵守轨道作业指引，相关的文件可从运营分公司有关安全文件获得。

（2）屏蔽门操作人员必须经过培训，取得供货商颁发的屏蔽门培训结业证书或获得相关部门授权操作权限后，才能操作屏蔽门。

（3）屏蔽门故障或破损时，应及时安放好防护栏及警告标识，并尽快通知相关部门。

（4）操作开关屏蔽门时，应注意观察站台边人群拥挤情况，严禁没有警告及防护措施不当时开关屏蔽门，防止乘客跌入轨道造成伤害。

（5）故障排除后，必须手动操作屏蔽门测试开关一次，并确保屏蔽门关闭，才能把模式开关转到自动控制位置。

（6）在列车进出车站的过程中及屏蔽门在正常的状态下，严禁打开应急门。应急门使用后，必须确认关闭并锁紧，严禁使用异物阻挡应急门的关闭。

2）屏蔽门操作前准备

（1）操作人员必须向相关人员（OCC 行调或车控室值班员）发出操作请求，取得允许后方能操作。

（2）检查端门、应急门是否正常锁闭，屏蔽门门体有无损坏，站台侧屏蔽门有无渗水现象。

（3）注意观察站台人群拥挤情况，严禁没有警告及防护措施不当时开启屏蔽门。

3）屏蔽门上电操作步骤

（1）操作人员（经过培训的机电工班员及车站站务人员）将滑动门打开。

（2）上电后，在接近最小速度和力矩极限的状态下，滑动门关闭且锁紧。

（3）每天运营开始前使用 PSL 开关进行开关门操作，观察屏蔽门是否正常运行，确认 PSL 上门关闭指示灯点亮。

2. 系统级控制操作

1）屏蔽门的自动操作

（1）开门操作。

在正常模式下，列车到站并停在允许的误差范围内，信号系统 SIG 发出允许开门的命令，屏蔽门接收信号系统指令自动或经列车司机确认后控制活动门的开/关。

信号系统发出“列车占用轨道”持续的信息，各种安全因素经过列车司机的人工确认后，按压开门按钮，屏蔽门自动打开信号系统发出开门命令，该命令通过屏蔽门主控机传给门控器，门控器接收到开门命令后，按顺序执行解锁、开门等操作，此时安全回路打开，主控机停止发送“关闭锁”状态信息给信号系统，门机顶盒上的指示灯及门顶盒内的蜂鸣器做相应的动作。在开门过程中，顶盒上的指示灯闪烁，操作报警盘，主控机上“所有屏蔽门全开”状态指示灯亮，当门开到位后，顶盒上指示灯常亮。

自动开门流程如图 6-1 所示。

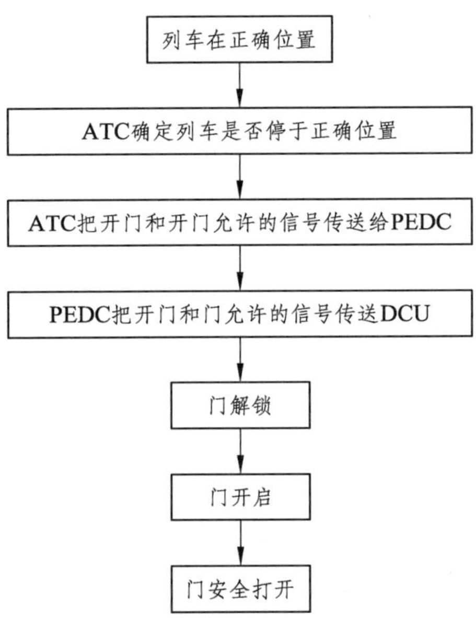

图 6-1　自动开门流程

（2）关门操作。

当列车停站时间到时，列车需要离开站台，信号系统 SIG 发出关门命令。

经过列车司机人工确认各种安全因素后，按压关门按钮，信号系统通过主控机向门控器发出关门命令。门控器接收到关门命令后，按顺序执行关门、闭锁等操作。在所有屏蔽门关闭且锁定后，面板上的指示灯熄灭，并且主控机向信号系统发出所有屏蔽门关闭并锁闭的状态信息，允许列车离站。在关门过程中，顶盒上的指示灯闪烁，在所有屏蔽门关闭且锁闭后，顶盒上指示灯和操作报警盘及主控机上“所有屏蔽门全开”状态指示灯灭，屏蔽门自动关闭。

自动关门流程如图 6-2 所示。

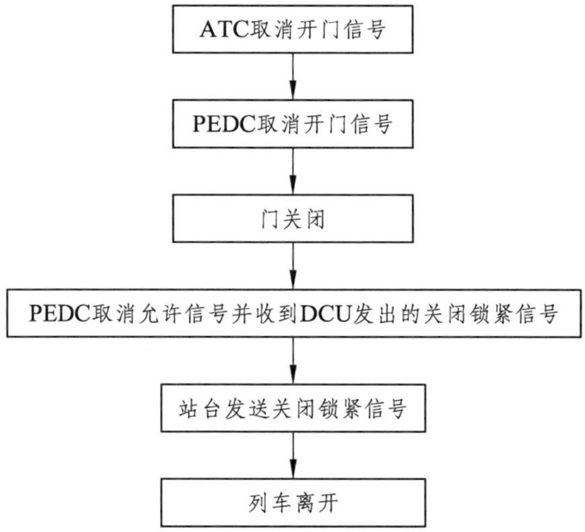

图 6-2 自动关门流程

2）关门障碍时的操作

门关闭时，如遇障碍物，门后退一段距离，障碍物清除后，门关闭且锁紧。

如果障碍物依然存在，重新打开，然后重新关闭，循环 3 次（次数可以调整）后，门完全打开，门顶箱发出声光报警。

授权人员操作 LCB 隔离该门道，并向相关人员报告。

排除故障后，用测试开关进行至少一次开关门操作。

将该门道的模式钥匙开关切换到自动位置，将门恢复到自动控制。

钥匙从开关上取出带走，操作完毕。

3. 站台级控制操作

站台级操作即就地控制盘 PSL 操作，一般放置在屏蔽门两端，端门附近，部分车站每一侧安放两个就地控制盘 PSL，另一部分车站每一侧只安放一个。允许操作人员：经过培训的司机、机电工班员及车站站务人员。

当因信号系统（SIG）故障失效或者屏蔽门系统柜（PSC）对屏蔽门控制单元（DCU）控制发生故障时，由司机或被授权操作人员操作就地控制盘（PSL）控制屏蔽门的开关。操作时，信号系统被完全屏蔽掉，不起作用，因此站台级控制操作优先级高于系统级操作。就地控制盘面板如图 6-3 所示。

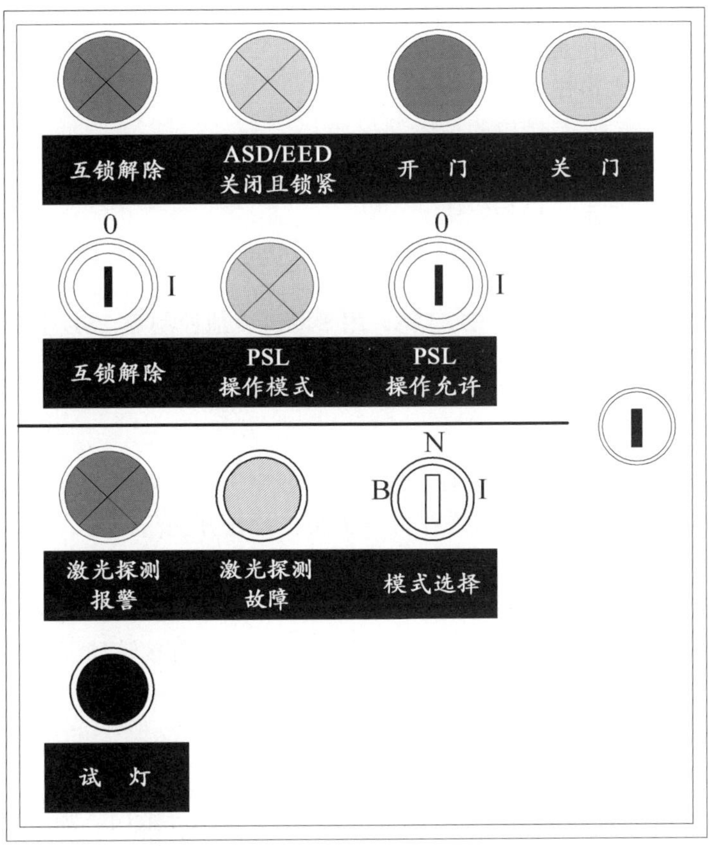

图 6-3　就地控制盘 PSL

1）就地控制盘开关门的操作

开门操作：司机或车站工作人员用钥匙打开 PSL 上的操作允许开关，此时 PSC 及 PSL 面板上的“PSL 操作允许”指示灯应亮；停顿 1S，再将钥匙打到开门位置，保持 5S，整侧屏蔽门打开，PSL、PEDC 上的开门（红灯）状态指示灯点亮。

关门操作：司机或车站工作人员在 PSL 上打开操作允许开关，停顿 1 s，将钥匙打到关门挡位，发出关门命令，保持 5 s，此时 PSC 及“PSL 操作允许”灯点亮，屏蔽门开始关闭，当屏蔽门全部锁闭后，PSL 上的关门（绿灯）状态指示灯点亮，PEDC 上状态指示灯熄灭。

取出钥匙并带走，操作完毕。

2）就地控制盘互锁解除开关的操作

屏蔽门全部关闭后，当信号系统因无法确认而不能发车时，此时由司机或车站工作人员用互锁解除专用钥匙转动互锁开关至“OVERRIDE”（互锁解除）位置，PEDC 收到“互锁解除”信号后，PEDC 上的“PSL 操作允许”指示灯点亮。SIG 获得互锁解除信号后允许列车发车，但钥匙必须保持在 PSL 操作盘上。

互锁解除开关的操作是强行给出互锁解除的信号，让列车继续前行或进入车站，这过程一般由车站工作人员操作：

（1）插入钥匙转动至互锁解除位置并保持。

（2）确认列车车尾驶出 S 棒线或停车到位，松开钥匙开关。

（3）去除钥匙并带走，操作完毕。

3）测试按钮操作

当该按钮被按下时，所有 LED 灯亮，用于测试就地控制盘 PSL 上所有指示灯是否正常。

4. 车站级控制操作

车站级控制操作即综合后备盘 IBP 操作，一般用于紧急操作、火灾操作，允许操作人员（经过培训的机电工班员工及车站站务人员）操作开关门按钮。

当车站站台发生火灾时，由经过授权的人员对 IBP 进行操作：

（1）插入专用钥匙至对应站台侧的允许钥匙开关，转到允许位置并保持。

（2）按下开门按钮，开启整侧滑动门（也有允许钥匙直接转动至开门位置，没有开门按钮的设计），配合站台排烟。

（3）紧急模式结束后，允许钥匙开关转到禁止位置

（4）去除钥匙并带走，操作完毕。

操作 PSL，关闭整侧屏蔽门，或逐个操作 LCB 关闭屏蔽门。需要注意的是，IBP 只能开启整侧屏蔽门，不能关闭整侧屏蔽门，而此状况下需现场手动关闭。列车在隧道发生火灾时，司机应尽可能驶向前方车站并停车疏散乘客，在列车进站前与车站值班人员联系，打开所有滑动门配合乘客到站后迅速疏散。列车在区间隧道内发生火灾或故障并无法继续行驶到前方车站时，站务人员打开站台端门配合隧道内乘客迅速疏散到车站站台。

5. 就地级控制操作

就地级控制操作包括LCB模式开关操作与手动级别操作。

LCB的安装位置在滑动门门楣右下方，钥匙开关及按钮的安装位置方便站台侧工作人员通过钥匙进行模式转换。LCB钥匙开关通过专用电缆与DCU接口单元连接，且有铝盒密封，接线端子不外露，安全防尘。每个门单元中无论发生网络通信故障、电源故障、DCU、门机故障以及其他故障，均可通过就地控制盒LCB切断此道滑动门DCU的电源，从而使此故障单元从整个系统中隔离，不影响整个系统的正常工作。

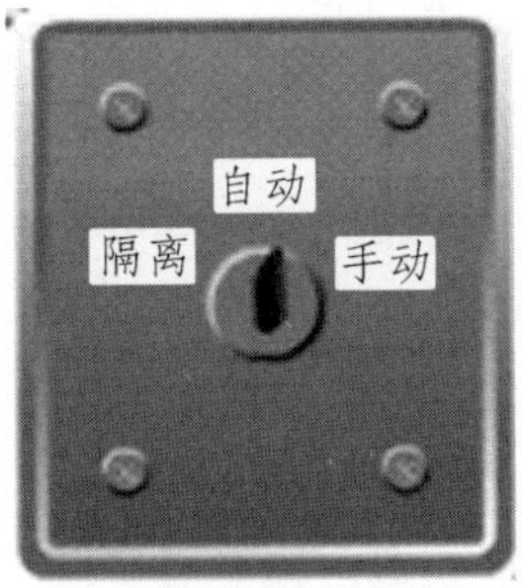

图 6-4　就地控制盒 LCB

1）LCB 自动位置操作

（1）当屏蔽门自动运行时，LCB开关挡位应该设置于此，LCB指示灯（绿灯）常亮。当出现单道门单元故障时，使用模式钥匙隔离或测试维修，当故障排除后，必须手动操作开门和关门各一次，关闭屏蔽门，才能把模式开关换到自动控制位置。

（2）将该道门的模式钥匙卡关切换到自动位置（中间位置），将门恢复到自动控制状态。

（3）钥匙从开关上取出带走，操作完毕。

2）门道故障隔离开关

（1）当某一门单元控制出现故障，导致无法打开或关闭时，为了使它不影响整列屏蔽门的控制，将该门从屏蔽门系统整侧安全回路（锁闭回路）中旁路出来，插入模式钥匙切换到隔离位置（逆时针转动），隔离该道门，绿灯灭。

（2）在故障门前设置安全围栏，站台共总人员加强监护，以保证正常运营。

（3）出故障后，用手动开关进行至少一次开关门操作。

（4）将该门道的模式钥匙开关切换到自动位置（中间位置，顺时针转动），将门恢复到自动控制。

（5）钥匙从开关上取出带走，操作完毕。

3）测试位置操作

（1）将模式开关钥匙插入，切换到手动开关门位置（顺时针转动），此时可进行测试开关的操作。

（2）开关把手打到“开”位置时，此道屏蔽门打开。

（3）开关把手打到“关”位置时，此道屏蔽门关闭。

（4）排除故障后，用手动开关进行至少一次开关门操作。

（5）将该道门的模式钥匙开关切换到自动位置（中间位置，逆时针转动），将门恢复到自动控制状态。

（6）从开关上取出钥匙带走，操作完毕。

4）手动操作

所有滑动门、应急门、端门、顶箱，全线屏蔽门的锁与钥匙采用通用设计，钥匙都是一致的，车站有关工作人员使用一把钥匙可以打开。另外滑动门、应急门、端门、顶箱的钥匙孔有防止无关人员损坏的措施。

（1）滑动门手动操作

滑动门上部顶箱内设置有锁紧装置。锁紧装置与手动开门把手和钥匙孔联动。正常运行时可以自动解锁，故障时可手动解锁。当滑动门关闭时锁紧装置锁闭，能防止站台侧的外力开门；滑动门自动开启时，锁紧装置自动释放；轨道侧手动和站台侧钥匙开启时都能释放锁紧装置开门。

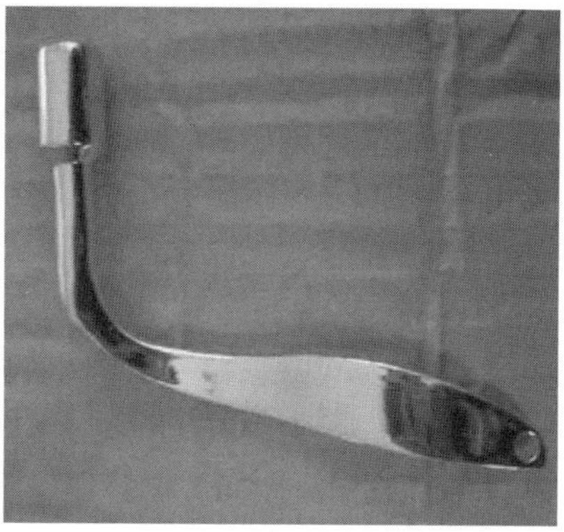

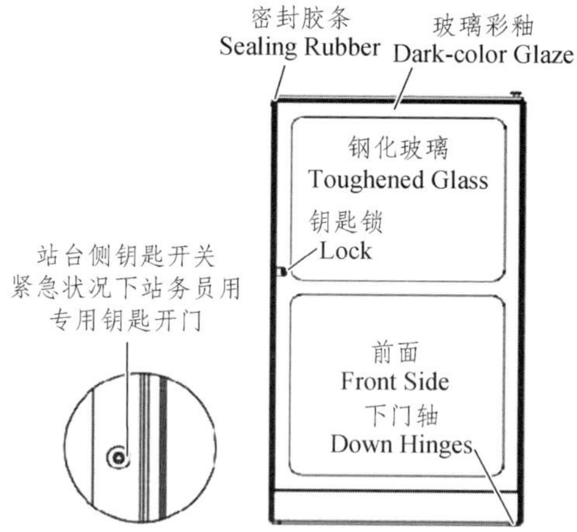

图 6-5　滑动门站台侧手动钥匙及锁孔

① 站台侧用手动钥匙开关门。

开门操作：将屏蔽门手动钥匙圆形端插入门体钥匙孔，逆时针转动手动钥匙直到将门解锁，用手将两端门扇向两侧推即可打开。

姓名____________ 班级____________ 日期____________

关门操作：用手拉动两扇门扇向中间推动，直到滑动门关闭。

② 轨道侧用开门把手开关门。

滑动门在轨道侧门框中间设置了开门把手（见图 6-6），当系统级和站台级开门失效时或遇到紧急情况下，乘客可以从轨道侧用开门把手将门打开。

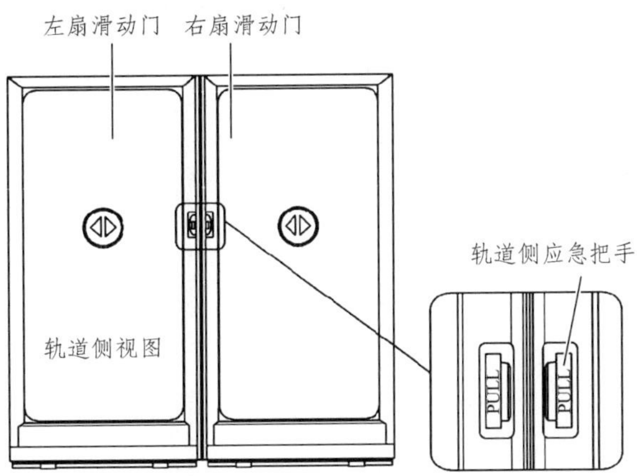

图 6-6　滑动门轨道侧门把手

开门操作：轨道侧乘客可提起把手，顺时针旋转 90°后向两侧推动滑动门两门扇即可以拉开滑动门。

关门操作：用手拉动滑动门向中间推动，直到滑动门关闭即可。

站台工作人员在站台侧用钥匙或乘客在轨道侧用把手打开滑动门操作时，PEDC 上的“ASD/EED 手动操作”状态指示灯应点亮，手动操作打开滑动门后，如 DCU 能正常工作，则在 15 s 后自动关闭滑动门。

（2）应急门手动操作。

应急门设置在固定门旁边，正常运行时，应急门保持着关闭锁紧状态，在站台公共区与隧道区域之间起隔离作用，当列车进站出现停车故障，车辆门无法对准滑动门，且不能进行位置调整时，乘客需要从应急门上下列车。应急门有两种操作：

① 站台侧开关门操作。

开门操作：站台人员在站台侧用插入门体钥匙孔，逆时针转动手动钥匙，打开应急门的门闭锁，直到门锁完全解锁，用手拉动应急门，向站台侧旋转 90°推开应急门。

关门操作：用手拉住应急门向轨道区方向关闭，关闭后，应急门上方状态指示灯熄灭，每道应急门有两门扇，门框上装有闭门器，站台工作人员应确保应急门闭门器关闭，防止乘客跌入轨道。

② 轨道侧开关门操作。

开门操作：按压应急门紧急解锁推杆，推杆带动门框内的解锁机构松开应急门的上下门闭锁，门解锁后，向站台侧推动 90°即可保持打开状态。

关门操作：用手拉住应急门向轨道区方向关闭，关闭后，应急门上方状态指示灯熄灭，每道应急门有两门扇，门框上装有闭门器，在确保应急门闭门器关闭后即可。

当应急门向站台侧旋转 90°时不自动复位，如果没有达到 90°则会自动复位。

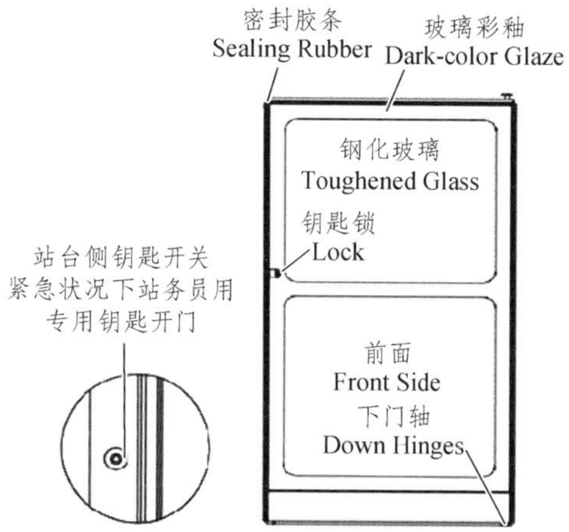

图 6-7　应急门站台侧钥匙孔

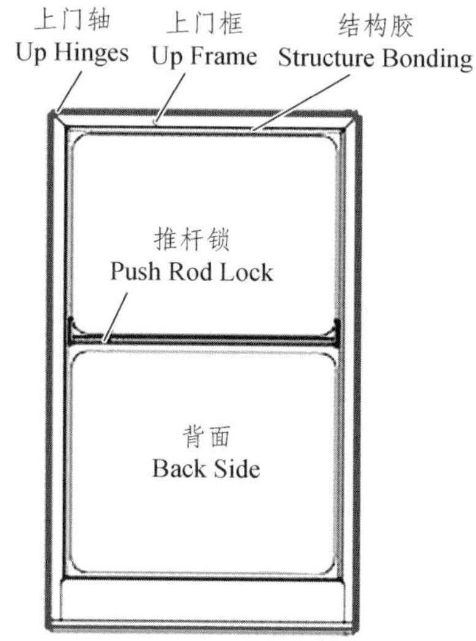

图 6-8　应急门轨道侧推杆

（3）端门手动操作。

当列车在隧道中出现特殊紧急事件或停车故障且无法短时修复，司机指挥乘客从隧道边的应急通道步行至车站时，或当车站工作人员进出隧道区时，乘客或车站工作人员需要操作端门，端门有两种操作：

① 乘客在轨道侧推压推杆，推杆带动门框内的解锁机构松开端门的上下门闭锁，向站台侧旋转推开端门。

② 站台人员在站台侧用钥匙打开端门的门闭锁，向站台侧旋转推开端门。每道端门有两门扇，门框上装有闭门器。当端门旋转达到 90°以上，端门将定位 90°，当端门旋转没有达到 90°，端门将自动关闭，所有车站工作人员使用断门通道后必须确保关闭，防止乘客误入轨道侧。

6. 其余操作

1）UPS 操作

启动步骤：

（1）合闸驱动 UPS 供电，控制 UPS 供电。

（2）按驱动 UPS 电源开机指引启动驱动 UPS 工作、启动控制 UPS 工作。

（3）在系统配电柜按顺序合上门单元供电、系统控制器供电，进入待机状态。

（4）确认在列车未进站时，所有门单元关闭且锁紧。

姓名____________ 班级____________ 日期____________

停机步骤：

（1）确认所有门单元关闭且锁紧。

（2）在系统配电柜按顺序断开系统控制器供电、门单元供电。

（3）按 UPS 电源停机指引停止控制 UPS、驱动 UPS 工作。

（4）断开驱动 UPS、控制 UPS 供电。

评价反馈

学生自评表

班级：	姓名：	学号：	
项目六实训一			
评价项目	评价标准	分值	得分

学生互评表

项目六实训一															
评价项目	分值	等级								评价对象（组别）					
										1	2	3	4	5	6

教师综合评价表

班级：	姓名：	学号：	
项目六实训一			
评价项目	评价标准	分值	得分

姓名__________ 班级__________ 日期__________

实训二　屏蔽门应急模式操作

实训目标

掌握屏蔽门系统不能正常开关门、车站火灾、门体玻璃破碎等应急模式下的操作。

实训内容

将学生分组并进行应急模式下的操作。

实训工具

城市轨道交通车站屏蔽门实训系统。

实训分组

班级		组号		指导老师	
组长		学号			

组员

姓名	学号	姓名	学号

实训分工

实训实施

当屏蔽门系统设备突发故障时，各站务人员的应急处理是为了能及时组织抢险，最大限度地减少对运营的影响，减少公司的经济损失，确保人员安全。对屏蔽门故障进行应急处理后，应立即按事故信息流程通知维修人员进行故障排除。

1. 应急安全故障及处理原则

1）屏蔽门系统主要安全故障

（1）屏蔽门突然开关，导致乘客跌落站台。

（2）屏蔽门玻璃脱落，玻璃碎渣砸伤乘客或者掉入轨道影响行车安全。

（3）屏蔽门倒塌，导致乘客跌落站台。

（4）屏蔽门漏电，导致乘客触电。

（5）屏蔽门门槛突起，导致乘客上下车时被绊倒。

（6）应急门无法打开，紧急情况下导致疏散受阻。

（7）滑动门无法打开，影响乘客上下车，导致列车晚点。

（8）端门被列车进入站台时产生的气压推倒，使得乘客和站务人员掉下路轨，造成伤亡。

（9）屏蔽门振荡，导致列车与屏蔽门碰撞，造成乘客及员工受伤或死亡。

（10）屏蔽门燃烧冒烟导致站台失火，引起人员伤亡。

（11）乘客被屏蔽门和车门夹住或撞击，正常情况下影响乘客上下车，延误列车运行，紧急情况下延误疏散。

（12）屏蔽门在无列车进入站台时开启，导致乘客或员工跌入轨道。

2）应急处理原则

（1）发生屏蔽门故障时，要按照“先通后复”的原则进行处理，在保证安全的前提下，站务人员要尽快处理，及时向司机显示“好了”信号，司机在确保安全的情况下按时刻表的要求行车，确保列车准点运行。

（2）故障屏蔽门断电不能代替隔离和旁路。

（3）因屏蔽门故障影响列车接发时，首列车接发不需要使用互锁解除，后续列车使用互锁解除接发车。

（4）操作尾端 PSL 一般是头端 PSL 的钥匙断在钥匙孔里才使用。

（5）对不能关闭的单个或者多个滑动门，必须设置安全防护挡或安排专人看护，专人看护时，原则上每个人可监护五挡相邻的屏蔽门。

（6）当运营中屏蔽门发生异常情况时，司机、站务人员要及时进行处理，做好行车组织，同时做好乘客广播、引导等客运组织工作。

（7）整侧屏蔽门不能开关时，车站安排不少于 3 人到现场支援。

（8）当一节车厢对应屏蔽门全部不能正常开启时，需要一挡滑动门，并将其隔离和断电，引导乘客上下车。

（9）故障屏蔽门修复后，由行车调度员负责组织，司机配合，进行开关门测试。

（10）车站屏蔽门备用钥匙要求统一放在监控室，由站台岗站务保安负责保管。

（11）对已经开启的屏蔽门进行断电前，须征得行车调度员同意，并按压紧急停车按钮防护。

（12）应急处理过程中的行车组织必须严格按照行车组织规则的有关规定执行。

2. 屏蔽门开关异常操作

1）列车进站后，系统级控制（即信号系统）对屏蔽门开启和关闭操作失效

（1）司机可通过使用 PSL 对屏蔽门进行开关门操作（仅在一端操作 PSL）。

（2）若 PSL 专用钥匙断在锁孔中，司机将连接 PSL 的 LITTON 接头从 PSL 上卸除，车站工作人员通过同一列车另一端的 PSL 对屏蔽门进行开关门操作。

（3）关闭整侧屏蔽门后，须确认 PSL 上门关闭指示绿灯亮。

2）用 PSL 开关屏蔽门，整侧屏蔽门不能开启时，要至少有 3 名工作人员到场进行应急处理

（1）将部分屏蔽门单元门隔离，并将隔离的单元门断电。

（2）用专用三角钥匙将已隔离的滑动门强行打开，使其保持开门状态，一般情况下每节车厢至少要保证有一对滑动门打开。

（3）司机同时通过车内广播通知乘客使用轨道侧滑动门上的手动解锁把手自行打开屏蔽门。

（4）若打开了较多的滑动门且未能及时进行隔离，则需操作 PSL 上的互锁解除开关，模拟关闭缩进信号让列车进站或发车。

（5）车站加强对开启滑动门的监控及安全防护，车站广播要求站台乘客勿靠近开启的滑动门。

（6）如故障仍未解决，后续列车司机及车站人员通知乘客从已开启的滑动门上下列车。

3）用户用 PSL 开关屏蔽门，整侧屏蔽门不能关闭

（1）保持整侧屏蔽门的开启状态。

（2）操作 PSL 上的互锁解除开关，模拟关闭锁紧信号让列车进站或发车。

（3）车站加强对整侧屏蔽门的监控及安全防护，车站广播要求站台乘客勿靠近开启的滑动门。

4）当列车无法在规定时间范围内停车，且偏离量较大，无法从滑动门进出

（1）站台工作人员在站台侧用钥匙打开应急门。

（2）列车司机通过广播指导乘客压推杆锁打开应急门。

5）司机通过 PSL 手动关闭屏蔽门，屏蔽门关闭后又将 PSL 钥匙恢复到 OFF（禁止）位，屏蔽门又自动打开

（1）通过 PSL 关闭屏蔽门，并将 101 钥匙保持在 DOOR CLOSE （门关闭）位。

（2）待列车起动往前移动 2 m 后，站务员将钥匙恢复到 OFF（禁止）位，拔出钥匙。

6）用 PSL 操作屏蔽门系统开关门时，PSL 的专用钥匙断在锁孔中

（1）将连接 PSL 的 LITTON 接头从 PSL 上卸除。

（2）通过同一列车另一端的 PSL 对屏蔽门进行开关门操作。

7）当一个或数对滑动门不能正常打开

引导乘客从正常的门单元上下列车。

8）当一个或数对滑动门、应急门不能正常关闭

（1）对关不上的门道进行隔离处理。

（2）手动将滑动门关上，对关不上的应急门进行监护。

（3）加设安全护栏和警示牌。

（4）若查不出具体门道号或有较多滑动门、应急门不能关上时，则需用钥匙操作 PSL 上的互锁解除开关，模拟关闭锁紧信号让列车进站或发车。

3. 屏蔽门玻璃破碎操作

1）屏蔽门滑动门玻璃破碎

（1）用封箱胶纸将破碎的玻璃粘住。

（2）将其左右两道滑动门打开。

（3）将打开的屏蔽门及玻璃破碎的屏蔽门隔离并断电。

（4）车站加强监控及安全防护。

（5）通知维修人员赶赴现场，做进一步的安全应急处理。

2）屏蔽门固定门/应急门玻璃破碎

（1）用封箱胶纸将破碎的玻璃粘住。

（2）将玻璃破碎固定门/应急门对应挡的滑动门打开并隔离断电。

（3）将玻璃破碎的屏蔽门隔离。

（4）车站加强监控及安全防护。

3）屏蔽门端门玻璃破碎时

（1）用封箱胶纸将破碎的玻璃粘住。

（2）将该端门向邻近的屏蔽门打开。

（3）将打开的屏蔽门隔离并断电。

（4）车站加强监控及安全防护。

4. 屏蔽门火灾模式操作

1）当隧道内发生火灾、列车出轨等情况，需要在隧道内停车

（1）乘客从车厢进入到隧道。

（2）乘客到达车站端门时，按压轨道侧推杆锁打开端门，或由站台工作人员在站台侧用专用钥匙打开端门，工作人员引导乘客。

（3）乘客通过端门进入站台。

（4）列车驾驶员通过行调通知车站站务人员提前打开火灾侧屏蔽门端门。

2）列车在站台发生火灾

（1）驾驶员通过站台就地控制盘（PSL）或者通知车站值班员在车控室 IBP 上打开所有滑动门。

（2）屏蔽门边门打开时，被打开的边门顶箱上的状态指示灯报警。

（3）通过广播引导列车上乘客疏散，防止站台人员掉入轨行区，站台候车乘客出车站。

3）站台候车厅发生火灾

（1）工作人员通过广播通知并阻止乘客涌向站台候车。

（2）工作人员维持乘客只上不下。

（3）工作人员疏散候车乘客离开火灾事故点。

5. 其余紧急情况操作

1）单道或多道屏蔽门上方渗漏水

（1）打开受渗漏水影响的屏蔽门的顶箱盖板。

（2）落下断路器开关，切断电源并隔离。

（3）车站上加强对受渗漏水影响的屏蔽门的监控及安全防护。

评价反馈

学生自评表

班级：	姓名：	学号：	
项目六实训二			
评价项目	评价标准	分值	得分

姓名____________ 班级____________ 日期____________

学生互评表

项目六实训二															
评价项目	分值	等级								评价对象（组别）					
										1	2	3	4	5	6

教师综合评价表

班级：　　　　　　　　姓名：　　　　　　　　学号：

项目六实训二			
评价项目	评价标准	分值	得分

项目七　屏蔽门系统维护

学习情境描述

屏蔽门系统运行管理人员包括设备维修人员、站务操作使用人员、生产调度、技术支持及管理人员。设备维修设有专业维修工班。维修工班负责日常巡视、执行各种计划作业、故障抢修、应急处理、临时任务，并及时向生产调度、技术支持及管理人员反馈各种作业情况。站务操作使用人员负责日常使用操作、运营巡视、应急处理。技术支持及管理人员负责制订各种作业计划，为维修工班提供维修技术支持，为站务操作使用人员提供咨询服务，根据运营实际情况制定运行规章制度。

屏蔽门检修工岗位所从事的设备维修管理包括计划检修、故障检修、运行历史存档及备品备件管理、设备档案记录、技术资料和工具管理。

1. 计划检修作业

计划检修作业是一种主动的预防性维修，根据屏蔽门的构成、运行和使用特点等因素，周期性地纠正系统各设备（部件）运行后可能累积的误差、磨损或零部件损坏后的更换，调整设备达到良好的运行状态。结合地铁运营实际情况，检修周期有日检、月检、季检、半年检和年检，随着周期变长，所检修的设备增多，而且检修的内容也都不一样。由于屏蔽门系统适用场合的特殊性，维修作业的内容存在时间、空间等因素的限制，作业必须统一安排，遵章办理作业手续，确保行车、乘客、工作人员和设备安全，需要在轨行区内进行检修作业和可能侵入轨道的检修作业，必须在申请对应区域准入后进行。

2. 日常故障维修作业

日常故障维修作业指设备日常运行期间发生故障时，专业维修人员在接报故障后进行的抢修工作。

3. 日常运行数据收集

定期下载、储存屏蔽门系统运行数据，用于必要的运行历史追溯、故障分析。

4. 备品备件采购管理

根据设备运行使用的损耗需求，结合备品备件仓储数量、零部件的使用寿命，计划定期补充采购。

5. 设备档案记录

（1）设备台账。

（2）备品备件台账。

（3）设备履历。

（4）日常巡视记录存档。

（5）日常故障处理记录存档。

6. 维修班组主要技术资料

（1）电气原理图、机械安装图。

（2）系统描述与操作手册。

（3）计划检修手册及部件更换指引手册。

（4）用户手册、各技术规格书。

（5）常用工具、器具。

实训一　屏蔽门日常巡检

实训目标

掌握屏蔽门日常巡检的工作内容，能够完成日检任务。

实训内容

将学生分组进行屏蔽门日常巡检，了解巡检的设备及工作内容。

实训工具

城市轨道交通车站屏蔽门实训系统。

实训分组

<table>
<tr><td>班级</td><td></td><td>组号</td><td></td><td>指导老师</td><td></td></tr>
<tr><td>组长</td><td></td><td>学号</td><td colspan="3"></td></tr>
<tr><td rowspan="5">组员</td><td>姓名</td><td>学号</td><td>姓名</td><td colspan="2">学号</td></tr>
<tr><td></td><td></td><td></td><td colspan="2"></td></tr>
<tr><td></td><td></td><td></td><td colspan="2"></td></tr>
<tr><td></td><td></td><td></td><td colspan="2"></td></tr>
<tr><td></td><td></td><td></td><td colspan="2"></td></tr>
<tr><td colspan="6">实训分工</td></tr>
<tr><td colspan="6"></td></tr>
</table>

姓名____________ 班级____________ 日期____________

实训实施

1. 检修安全措施

（1）检查时应注意是否影响行车安全，在列车停止运营后进行作业。

（2）轨道作业时应停电挂牌并设有专人监护。

（3）作业完成后应检查设备是否恢复正常状态，并出清现场。

（4）作业结束后严禁在设备的保护房间进行休息。

（5）认真学习并严格遵守机电安全交底单上的相关内容。

2. 巡检作业要求

（1）向站务人员详细了解屏蔽门系统设备的工作状态、是否有故障等情况。

（2）按内容和要求进行巡检作业，并对异常状态详细记录。

（3）如需即时对故障进行维修，应办理车站登记手续，经 OCC 同意后，进行维修。

（4）若巡检人员现场不能及时解决故障，应上报车间调度，安排人员进行维修。

（5）应做好《屏蔽门系统设备日常巡检表》的存档管理。

3. 日常巡检内容

项目	屏蔽门系统设备日常巡检表		
车站名称：		检查日期：	
检修工作内容及工艺和标准		检查结果	周期
设备房	检查设备房门、锁是否完好		每日
	检查设备房通风是否良好		
	检查设备房内温度、湿度是否在允许范围内		
	检查设备房内有无漏水		
	检查设备房安全标志标识是否齐全、清晰、完备		
电源	检查电源柜体是否清洁、无异味、无杂音、无异常温		
	检查电源柜体电池温升、通风散热是否良好		
	检查电源柜（驱动、控制）有无报警声、历史故障记录		
	检查电源柜（驱动、控制）电压、电流是否正常		
	检查整流、逆变模块运行是否正常		
	检查蓄电池外观是否完好、正常，无变形、漏液、鼓胀，温升是否正常		
	检查驱动电源的外观、进线电压、输出电压、运行状态、电池组串联电压是否正常		
	检查控制电源的指示灯测试、环境温度、电源/电池/主机负载状态是否正常		

续表

项目	屏蔽门系统设备日常巡检表		
车站名称：		检查日期：	
检修工作内容及工艺和标准		检查结果	周期
控制系统	检查 PSC 柜体是否清洁、无异味、无杂音、无异常温升		每日
	检查 PSC 柜体机柜内温度是否正常，通风散热是否良好		
	检查 PEDC 工作状态是否正常		
	检查 PSL 外观、安装是否完好、紧固		
	检查中央控制盘 PSC 工作指示灯状态是否正常		
	查看监控系统是否有报警信息		
门体	门扇玻璃、顶箱、门槛无明显灰尘及污垢		
	检查屏蔽门开、关门运行是否正常		
	检查门体玻璃、门槛、盖板、装饰板、胶条和毛刷的外观是否有划伤、破裂现象，是否完好无缺		
	检查滑动门门槛导靴是否清洁干净、无杂物		
	检查顶箱或固定侧盒指示灯状态是否正常		
	检查滑动门、应急门、端门开关状态是否良好		
	检查灯带照明状态是否正常		

评价反馈

学生自评表

班级：	姓名：	学号：	
项目七实训一			
评价项目	评价标准	分值	得分

姓名____________ 班级____________ 日期____________

学生互评表

项目七实训一															
评价项目	分值	等级								评价对象（组别）					
										1	2	3	4	5	6

教师综合评价表

班级：　　　　　　　　　　姓名：　　　　　　　　　　学号：

项目七实训一			
评价项目	评价标准	分值	得分

实训二　屏蔽门月检

实训目标

掌握屏蔽门月度巡检的工作内容，能够完成月检任务。

实训内容

将学生分组进行屏蔽门月度巡检，了解巡检的设备及工作内容。

实训工具

城市轨道交通车站屏蔽门实训系统。

姓名____________ 班级____________ 日期____________

实训分组

<table>
<tr><td>班级</td><td></td><td>组号</td><td></td><td>指导老师</td><td></td></tr>
<tr><td>组长</td><td></td><td>学号</td><td colspan="3"></td></tr>
<tr><td>组员</td><td colspan="5">
<table>
<tr><td>姓名</td><td>学号</td><td>姓名</td><td>学号</td></tr>
<tr><td></td><td></td><td></td><td></td></tr>
<tr><td></td><td></td><td></td><td></td></tr>
<tr><td></td><td></td><td></td><td></td></tr>
<tr><td></td><td></td><td></td><td></td></tr>
<tr><td></td><td></td><td></td><td></td></tr>
</table>
</td></tr>
<tr><td colspan="6">实训分工</td></tr>
</table>

实训实施

1. 检修安全措施

（1）检查时应注意是否影响行车安全，应在列车停止运营后进行作业。

（2）轨道作业时应停电挂牌并设有专人监护。

（3）作业完成后应检查设备是否恢复正常状态，并出清现场。

（4）作业结束后严禁在气体的保护房间进行休息。

（5）认真学习并严格遵守机电安全交底单上的相关内容。

2. 巡检作业要求

（1）向站务人员详细了解屏蔽门系统设备的工作状态、是否有故障等情况。

（2）按内容和要求进行巡检作业，并对异常状态详细记录。

（3）如需即时对故障进行维修，应办理车站登记手续，经 OCC 同意后，进行维修。

（4）巡检人员若现场不能及时解决故障，应上报车间调度，安排人员进行维修。

（5）应做好《屏蔽门系统设备半月、月度巡检表》的存档管理。

项目七 屏蔽门系统维护

姓名__________ 班级__________ 日期__________

3. 月度巡检内容

1）半月检应包含的主要内容

项目	屏蔽门系统设备半月巡检表		
车站名称：		检查日期：	
检修工作内容及工艺和标准		检查结果	周期
同日常巡检全部项目			每半月
电源	电源柜是否清洁、无尘		
	电源柜元器件外观、温升是否完好、正常		
控制系统	PSC、PSL 是否清洁、无尘		
	电缆桥架是否安装紧固、表面清洁		
	PSC、PSL 元器件外观、温升是否完好、正常		
门体	滑动门门槛、导槽是否清洁、无异物		
	前盖板、盖板锁、支撑杆是否完好、间隙紧密		
门机	门头有无漏水、水迹		
	门机导轨是否清洁、无异物		

2）月检应包含的主要内容

项目	屏蔽门系统设备月度巡检表		
车站名称：		检查日期：	
检修工作内容及工艺和标准		检查结果	周期
同日常巡检全部项目			每月
设备房电源	设备房是否清洁、无尘		
	与低压配电箱、等电位箱接线是否紧固、无松脱、无老化、无异常发热		
	电源柜元器件连接及固定是否正常，接线无松脱、无老化、无异常发热		
	电源柜状态灯是否显示正常		

姓名___________ 班级___________ 日期___________

续表

项目	屏蔽门系统设备月度巡检表		
车站名称：		检查日期：	
检修工作内容及工艺和标准		检查结果	周期
控制系统	PSC、PSL、IBP 元器件及其连接与固定情况是否功能正常、安装紧固、接线无松脱、无老化、异常发热并清洁		每月
	PSC、PSL、IBP 状态灯是否显示正常		
	监控系统记录数据是否进行保存、分析并重启监控		
	PSC、PSL 接口连线、联动功能是否紧固、正常		
	PSC、IBP 接口连线、联动功能是否紧固、正常		
	PSL、IBP 各钥匙开关、按钮的状态是否正常		
	PSL、IBP 内外的清洁状态是否满足要求		
门体	滑动门、应急门、端门运行及固定是否正常、紧固		
	滑动门、应急门、端门手动解锁及钥匙开门功能是否灵活、操作可靠		
	应急门、端门自闭功能是否正常		
	门体毛刷是否紧固、完好		
门机	电机及联轴器是否有噪声、漏油、连接紧固		
	丝杆是否紧固、润滑		
	滑动门、应急门、端门锁紧检测开关功能是否正常		
	电机及齿轮箱、传动装置、门锁机构安装是否紧固		
	门机电源模块、顶箱或固定侧盒控制变压器等供电部件是否安装紧固及输入输出值正常		
	门机支撑装置是否紧固		
	顶箱或固定侧盒的指示灯是否紧固		
	门机线缆是否整齐、稳固、无老化、清洁		
	门机元器件外观、温升是否完好、正常并清洁		
	DCU 工作状态是否正常		
	滑动门障碍物检测功能是否符合设计要求		

姓名__________　班级__________　日期__________

续表

项目	屏蔽门系统设备季度巡检表		
车站名称：		检查日期：	
检修工作内容及工艺和标准		检查结果	周期
同月巡检全部项目			每季
设备房	设备房到门机电缆、电缆桥架外观、温升、连接、固定是否完好、正常，并对其清洁、紧固、防锈		
控制系统	PSC SIG 接口连线、联动功能是否紧固、正常		
	PSC 与 ISCS 接口连线、状态响应、信息记录是否紧固、正常、一致		
门体	橡胶减震垫是否功能正常、无脱落		
	门体橡胶条是否紧固、无变形、破损		
	滑动门、应急门、端门门锁是否安装紧固、锁孔无异物		
门机	滑动门滚轮外观、转动是否完好、灵活		
	门机元器件连接及固定情况是否功能正常、安装紧固，接线无松脱、老化、异常发热		
	手动解锁装置是否正常		

评价反馈

学生自评表

班级：	姓名：	学号：	
项目七实训二			
评价项目	评价标准	分值	得分

姓名__________ 班级__________ 日期__________

学生互评表

项目七实训二															
评价项目	分值	等级								评价对象（组别）					
										1	2	3	4	5	6

教师综合评价表

班级： 姓名： 学号：

项目七实训二			
评价项目	评价标准	分值	得分

实训三 屏蔽门年检

实训目标

掌握屏蔽门年度巡检的工作内容，能够完成年检任务。

实训内容

将学生分组进行屏蔽门年度巡检，了解巡检的设备及工作内容。

实训工具

城市轨道交通车站屏蔽门实训系统。

姓名____________　班级____________　日期____________

实训分组

班级		组号		指导老师	
组长		学号			
组员					

姓名	学号	姓名	学号

实训分工

实训实施

1. 检修安全措施

（1）检查时应注意是否影响行车安全，在列车停止运营后进行作业。

（2）轨道作业时应停电挂牌并设有专人监护。

（3）作业完成后应检查设备是否恢复正常状态，并出清现场。

（4）作业结束后严禁在设备的保护房间进行休息。

（5）认真学习并严格遵守机电安全交底单上的相关内容。

2. 巡检作业要求

（1）向站务人员详细了解屏蔽门系统设备的工作状态、是否有故障等情况。

（2）按内容和要求进行巡检作业，并对异常状态详细记录。

（3）如需即时对故障进行维修，应办理车站登记手续，经 OCC 同意后，进行维修。

（4）若巡检人员现场不能及时解决故障，应上报车间调度，安排人员进行维修。

（5）应做好《屏蔽门系统设备年度巡检表》的存档管理。

姓名____________ 班级____________ 日期____________

3. 年度巡检内容

项目	屏蔽门系统设备年度巡检表		
车站名称：		检查日期：	
检修工作内容及工艺和标准		检查结果	周期
同季检全部项目			每半年
电源	对电源柜蓄电池进行充、放电并记录放电前后电压		
	电源柜接线端口是否正常、紧固、无变形及破损		
门体	滑动门运行力是否符合设计要求		
	接轨地线连接是否紧固、接线无松脱、无老化、无异常发热		
门机	丝杆润滑油是否需要添加		
	门锁性能是否灵活、无变形、无破损		
	碳刷组件是否磨损、变形，固定是否完好		
	滑动门导片是否完整、无变形、无裂痕		
	门机接线是否完好、紧固、接触良好		
	按规范程序进行绝缘测试是否符合设计要求		
同半年检全部项目			每年
门体	门槛、门体、门体玻璃、门胶、门头及上、下支撑机构是否紧固、无弯曲、无变形		
	门槛基座绝缘是否符合设计要求并清洁		
门机	电机、联轴器、丝杆是否紧固、无松动，丝杆磨损是否在正常范围		
	DCU 功能是否正常		

评价反馈

学生自评表

班级：	姓名：	学号：	
项目七实训三			
评价项目	评价标准	分值	得分

学生互评表

项目七实训三															
评价项目	分值	等级								评价对象（组别）					
										1	2	3	4	5	6

教师综合评价表

班级：	姓名：	学号：	
项目七实训三			
评价项目	评价标准	分值	得分

实训四 屏蔽门系统部分器件保养

实训目标

掌握屏蔽门电机驱动、顶箱等部分器件的保养方法，能够完成器件保养的工作任务。

实训内容

将学生分组进行屏蔽门电机驱动、顶箱等部分器件的保养。

实训工具

城市轨道交通车站屏蔽门实训系统。

姓名____________ 班级____________ 日期____________

实训分组

班级		组号		指导老师	
组长		学号			

组员

姓名	学号	姓名	学号

实训分工

实训实施

项目	屏蔽门系统部分器件保养	
车站名称:	检查日期:	
检修工作内容及工艺和标准		检查结果
1. 接线端子	检测所有接线端子，以确保它们没有松动，如果有轻微的松动，将它推进去	
2. 电机驱动单元	检查电机驱动单元的所有部件，查看是否有机械损坏和超负荷工作	
	检查电机支架固定螺栓是否松动	
	检查皮带防滑块与皮带之间的间隙是否影响皮带运行	
	检查电机表面温度是否在正常温升范围内	
	检查皮带是否有磨损	
3. 从动轮单元	检查从动轮单元的所有部件，查看是否有机械损坏和超负荷工作	
	检查从动轮与皮带之间的啮合是否正常	
	检查皮带防滑块与皮带之间的间隙是否影响皮带运行	
	通过螺栓来调节皮带的张紧度	
	检查皮带，防止齿牙不对称、超负荷工作和损坏（如切口、裂痕）	
4. 滑动门吊挂件	检查滑动门吊挂件的所有部件，查看是否有机械损坏和超负荷工作	
	检查皮带夹是否有松动	
	检查行程开关感应板是否能正常触碰行程开关	
	检查滚轮是否有磨损及松动或间隙增大	
	检查调节螺杆是否有松动	

续表

<table>
<tr><td>项目</td><td colspan="2">屏蔽门系统部分器件保养</td></tr>
<tr><td colspan="2">车站名称：</td><td>检查日期：</td></tr>
<tr><td colspan="2">检修工作内容及工艺和标准</td><td>检查结果</td></tr>
<tr><td rowspan="5">5. 闸锁机构</td><td>检查闸锁支架是否松动</td><td></td></tr>
<tr><td>检查电磁铁能否正常动作，表面温升是否正常</td><td></td></tr>
<tr><td>检查左右锁舌是否连接运行顺畅</td><td></td></tr>
<tr><td>检查锁紧检测机构是否运行顺畅</td><td></td></tr>
<tr><td>检测所有接线端子以及电缆线束，以确保其正常连接</td><td></td></tr>
<tr><td rowspan="3">6. 接地连接</td><td>检查所有等电位连接是否牢固可靠</td><td></td></tr>
<tr><td>检查是否有磨损或灰尘</td><td></td></tr>
<tr><td>检查可视的等电位电缆，查看是否有破损、损坏的情况</td><td></td></tr>
<tr><td rowspan="2">7. 顶箱保养</td><td>此项任务需要 PSD 系统带电；
操作时要确保所操作单元已从系统电源中隔离</td><td></td></tr>
<tr><td>此项任务需要在 ASD 部分开启时实施；
需要打顶箱盖板；
顶箱检测在非运营时间进行</td><td></td></tr>
<tr><td>8. 障碍物检测系统的功能测试</td><td>（1）安全操作要求：
只能在非运营的情况下做此功能测试；
在展开维修工作之前请通知车站相关工作人员；
在整个过程中 ASD 会使用自动模式进行开关门测试；
注意防止人员坠落在轨道上。
（2）障碍物检测系统功能检测步骤：
ASD 的 LCB 处于自动模式，使用 PSL、IBP 或者 SIG 打开 ASD；把 5 mm 测试板放在两对滑动门的 1 m 高处。
ASD 的 LCB 处于自动模式，使用 PSL、IBP 或者 SIG 关闭 ASD；障碍物检测系统会采取行动，一旦 ASD 达到了检测直径的话，障碍物检测系统会阻止 ASD 关闭，ASD 后退一段距离，待 ASD 尝试几次（障碍物检测次数可以在上位机上设置，1～5 次为有效参数）关闭无法成功时，ASD 会全开到位，并且发出声光报警。
ASD 再次正常开关门或者 LCB 转到隔离模式时，报警会消失</td><td></td></tr>
</table>

续表

<table>
<tr><td>项目</td><td colspan="2">屏蔽门系统部分器件保养</td></tr>
<tr><td colspan="2">车站名称：</td><td>检查日期：</td></tr>
<tr><td colspan="2">检修工作内容及工艺和标准</td><td>检查结果</td></tr>
<tr><td rowspan="2">9. 安全回路检测</td><td>（1）安全操作要求：
此项功能测试需要在非运营时进行；
在执行维修工作之前通知车站</td><td></td></tr>
<tr><td>（2）对信号回路的功能性检测步骤：
此项检测需要进入 PSD 设备房，并且需要打开 PSC 控制柜；
在信号系统给出“开门”信号并发给 PSC 时，在 PSC 柜中的相关安全继电器会动作；
在信号系统给出“关门”信号并发给 PSC 时，在 PSC 柜中的相关安全继电器会动作；
检测所有门关闭并锁上时是否给 PSC 发送信号，在 PSC 柜中的检测相关接线端子之间是否有 DC 22～27 V 电压</td><td></td></tr>
<tr><td rowspan="2">10. 手动解锁功能检查</td><td>（1）安全操作要求：
此项检查需要在轨道侧操作；
在操作时 ASD 系统会部分打开；
此项功能测试需要在车辆非运营时进行；
在执行维修工作之前请通知车站相关工作人员</td><td></td></tr>
<tr><td>（2）手动解锁功能检查步骤：
使用 T 形钥匙通过站台侧的手动解锁装置解锁 ASD；
把滑动门手动推开，此时 ASD 会进行声光报警；
等待系统设定的时间后（该时间可以在上位机上进行设置，1～60 s 为有效参数），滑动门会自动关闭，并停止声光报警；
从轨道侧操作应急手动解锁装置解锁 ASD；
务必确保 ASD 系统在整个测试过程中都能顺利关闭并锁紧</td><td></td></tr>
</table>

评价反馈

学生自评表

<table>
<tr><td colspan="2">班级：</td><td colspan="2">姓名：　　　　学号：</td></tr>
<tr><td>项目七实训四</td><td colspan="3"></td></tr>
<tr><td>评价项目</td><td>评价标准</td><td>分值</td><td>得分</td></tr>
<tr><td></td><td></td><td></td><td></td></tr>
<tr><td></td><td></td><td></td><td></td></tr>
<tr><td></td><td></td><td></td><td></td></tr>
</table>

姓名____________ 班级____________ 日期____________

学生互评表

项目七实训四															
评价项目	分值	等级								评价对象（组别）					
										1	2	3	4	5	6

教师综合评价表

班级：　　　　　　　　　　　姓名：　　　　　　　　　　学号：

项目七实训四			
评价项目	评价标准	分值	得分

实训五　屏蔽门机械器件更换

实训目标

掌握屏蔽门导靴、闭门器等机械器件的保养与更换方法，能够完成器件保养与更换的工作任务。

实训内容

将学生分组进行屏蔽门导靴、闭门器等机械器件的保养与更换。

实训工具

城市轨道交通车站屏蔽门实训系统。

项目七　屏蔽门系统维护

姓名____________ 班级____________ 日期____________

实训分组

班级		组号		指导老师	
组长		学号			

组员

姓名	学号	姓名	学号

实训分工

实训实施

1. 更换防夹手胶条

防夹手胶条如图 7-1 所示。

图 7-1　防夹手胶条

1）注意事项

（1）执行任务时，确保各个 ASD 部分的电源被切断。

（2）执行任务时，ASD 必须部分开放。

（3）门开到必要的宽度即可，以防止乘客跌落轨道。

（4）使用障碍栏阻止任何未经授权的人进入工作区。

（5）通过 LCB 把滑动门单元从关闭锁紧回路中隔离。

（6）在进行维修工作之前请向车站相关工作人员报告。

2）工　具

（1）胶木锤。

（2）尖嘴钳。

3）拆除步骤

（1）拆卸前请将滑动门水平放置于一个稳定的平台上。

（2）可采用尖嘴钳夹住手胶条上部的空隙，将防夹手胶条从胶条支架中抽出。

4）安装步骤

（1）防夹手胶条安装前，应在防夹手胶条表面涂抹一层有利于润滑的液体，如肥皂液等。

（2）防夹手胶条应从滑动门顶部开始安装。

（3）可采用胶木锤轻轻敲打防夹手胶条，使得防夹手胶条得到一个向下的力缓慢向下移动。

（4）防夹手胶条安装到位后，尽量不要压缩或拉扯防夹手胶条，应使其保持在自然状态，采用美工刀切除防夹手胶条多余部分，保证其与门框顶部平齐。

2. 更换导靴

导靴如图 7-2 所示。

1）注意事项

（1）关闭滑动门电源。

（2）把防爬板从门上拆除。

2）工　具

维修工具。

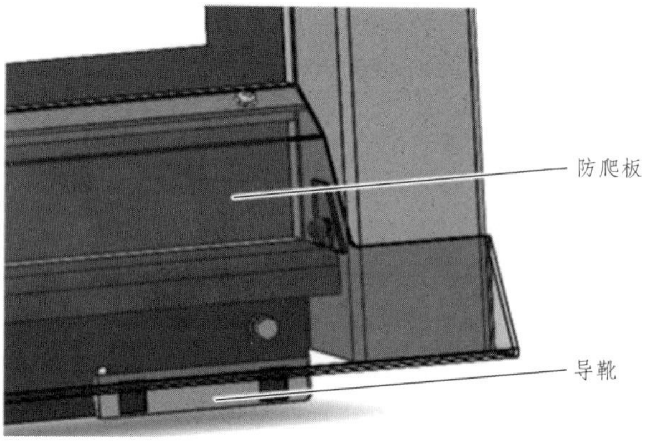

图 7-2　导靴

3）拆　除

采用美工刀或一字螺丝刀，将尖锐的部分插入导靴空隙内，利用外力将导靴撬开。

4）安　装

（1）安装新的导靴，导靴与导靴支架之间采用卡扣式安装。

（2）装回防爬板装置。

3. 更换毛刷

毛刷如图 7-3 所示。

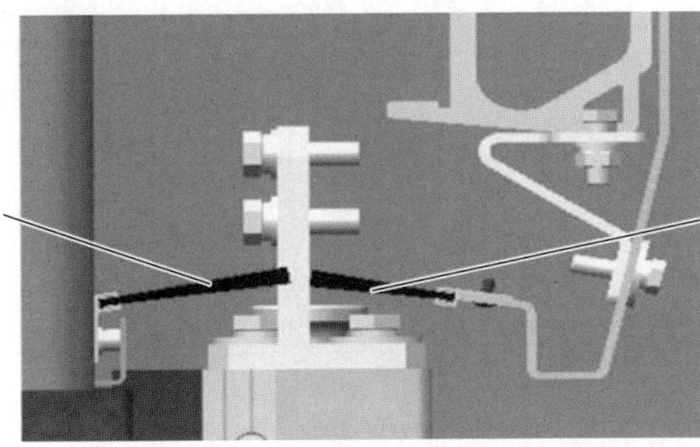

图 7-3　毛刷

1）注意事项

（1）执行任务时，确保各个 ASD 部分的电源被切断。

（2）执行任务时，ASD 必须部分开放。

（3）门开到必要的宽度即可，以防止乘客跌落轨道。

（4）使用障碍栏阻止任何未经授权的人进入工作区。

（5）通过 LCB 把滑动门单元从关闭锁紧回路中隔离。

（6）在进行维修工作之前请向车站相关工作人员报告。

2）工　具

维修工具。

3）拆除步骤

（1）拆除站台侧门楣上毛刷支架的紧固螺钉，拆卸毛刷。

（2）拆除轨道侧后盖板上的毛刷支架的紧固螺钉，拆卸毛刷。

（3）取下毛刷支架内的毛刷。

4）安装步骤

安装站台侧门楣毛刷：

（1）将毛刷滑入毛刷支架卡槽。

（2）调整毛刷位置并拧紧紧固螺钉。

安装轨道侧后盖板毛刷：

（1）将毛刷滑入毛刷支架卡槽。

（2）调整毛刷位置并拧紧紧固螺钉。

4. 更换紧急推杆

紧急推杆如图 7-4 所示。

图 7-4　紧急推杆

1）注意事项

（1）门开到必要的宽度即可，以防止乘客跌落轨道。

（2）使用障碍栏阻止任何未经授权的人进入工作区。

（3）通过应急门旁路开关将该应急门设置为隔离状态。

（4）执行该任务时若无必要可以不用拆卸门体。

（5）在进行维修工作之前请向车站相关工作人员报告。

2）工　具

维修工具。

3）拆除步骤

（1）拧松紧急推杆两侧推杆臂的紧固螺钉，不必拆卸下来。

（2）拆除紧急推杆两侧的推杆销。

（3）紧急推杆可从下方取出。

（4）拆除推杆臂与推杆的连接螺丝。

（5）换下推杆。

4）安装步骤

（1）用新的紧急推杆替换原有推杆。

（2）用连接螺丝将推杆臂与推杆连接。

（3）将推杆安装在门体上。

（4）装上推杆销及紧定螺钉。

5. 更换闭门器

闭门器如图 7-5 所示。

（a）

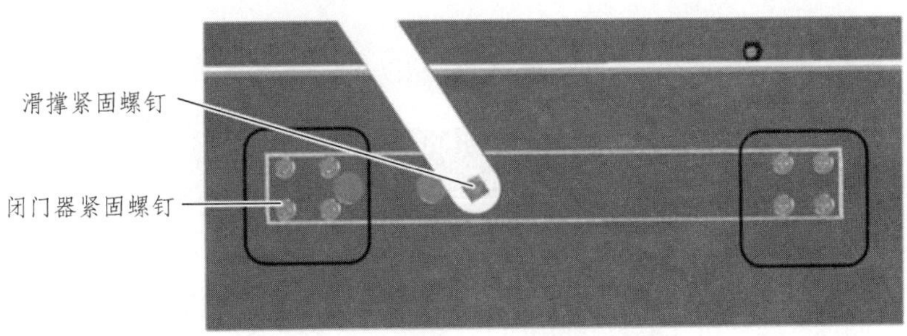

（b）

图 7-5　闭门器

1）注意事项

（1）使用障碍栏阻止任何未经授权的人进入工作区。

（2）通过应急门旁路开关将该应急门设置为隔离状态。

（3）打开顶箱。

（4）在进行维修工作之前请向车站相关工作人员报告。

2）工　具

维修工具。

3）拆除步骤

（1）拆除闭门器紧固螺钉。
（2）拆除闭门器与滑撑之间的连接螺钉。
（3）取出闭门器。

4）安装步骤

（1）确认闭门器的安装方向。
（2）安装新的闭门器并拧紧 4 个紧固螺钉。
（3）连接滑撑并拧紧螺钉，检查门关闭速度，并根据需要调整。

6. 更换应急门门轴

应急门门轴如图 7-6 所示。

1）注意事项

（1）使用障碍栏阻止任何未经授权的人进入工作区。
（2）通过应急门旁路开关将该应急门设置为隔离状态。
（3）打开顶箱。
（4）在进行维修工作之前请向车站相关工作人员报告。

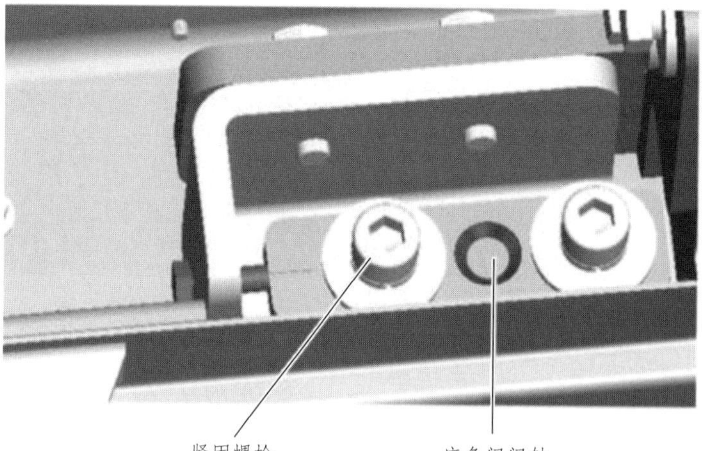

图 7-6　应急门门轴

2）工　具

维修工具。

3）拆除步骤

（1）松动两个紧固螺母，取出应急门门轴。

（2）由于取出应急门门轴后，应急门缺少支撑点会倾倒，故必须有一个额外的操作员能够扶持应急门并确保其不会倾倒。

4）安装步骤

（1）安装门轴并紧固螺母。
（2）检查门的开启和关闭，根据需要调整使其符合安装要求。
（3）连接 EED/MSD 控制箱中的安全开关和电源。
（4）确保触发装置的功能与所要求的一致。

7. 更换门槛包板

门槛包板如图 7-7 所示。

1）注意事项

（1）执行任务时，确保各个 ASD 部分的电源被切断。
（2）使用障碍栏阻止任何未经授权的人进入工作区。
（3）必须确保轨道侧不带电。
（4）在进行维修工作之前请向车站相关工作人员报告。

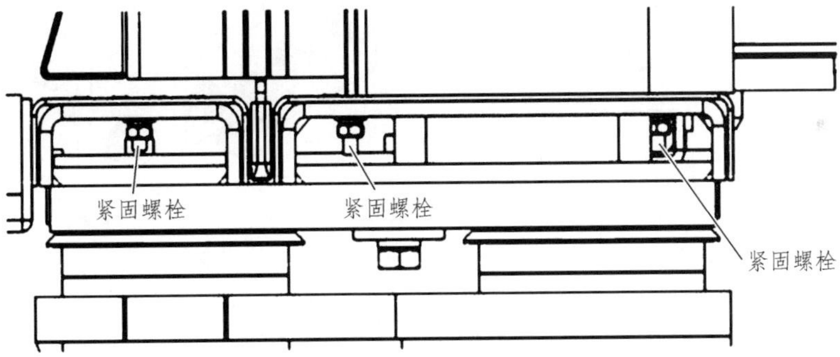

图 7-7 门槛包板

2）工 具

（1）维修工具；
（2）玻璃吸盘；
（3）安装工具。

3）拆除步骤

门槛由两部分组成：一部分靠近站台侧，称为前门槛；另一部分靠近轨道侧，称为后门槛。所有门槛都被螺栓固定在底座上。

（1）拆除前门槛包板之前，必须拆除与之对应的门体，后门槛包板可以直接拆除。
（2）移除站台和门槛之间的密封物。

（3）拆除门槛不锈钢包板上的固定螺钉，移除不锈钢包板。

（4）若有必要，可能需要拆卸立柱包板方能拆除前门槛。

4）安装步骤

（1）安装前门槛包板，拧紧紧固螺栓。

（2）安装后门槛包板，拧紧紧固螺栓。

（3）安装与门槛对应的门体。

（4）检查门体是否符合安装要求。

（5）装上站台和前门槛之间的密封物。

8. 调整 ASD

ASD 如图 7-8 所示。

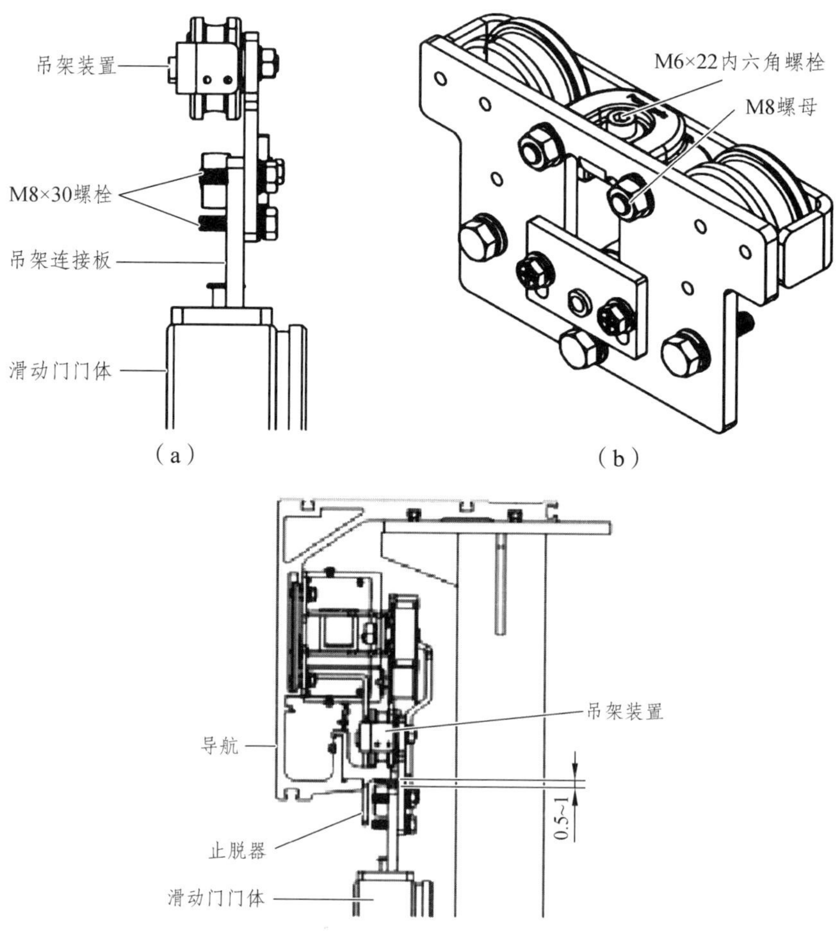

图 7-8　ASD

1）注意事项

（1）执行任务时，确保各个 ASD 部分的电源被切断。

（2）执行任务时，ASD 在手动模式下通过调整步骤来打开和关闭。

（3）使用障碍栏阻止任何未经授权的人进入滑下轨道。

（4）使用障碍栏阻止任何未经授权的人进入工作区。

（5）必须打开顶盖。

（6）通过切换开关切换到手动模式来覆盖关闭的锁块和锁定的信号。

（7）在接线端，切断来自各个 ASD 部分的电源，并且断开 DCU 电源供电电缆。

（8）在进行维修工作之前请向车站相关工作人员报告。

（9）吊挂件滚轮与导轨完全接触。

（10）防倾覆轮不会对门体运行造成阻碍。

（11）ASD 门体开关正常。

2）工　具

（1）5 mm 垫板；

（2）维修工具。

3）调整步骤

（1）在滑动门与门槛之间的间隙内垫上垫板，防止滑动门下垂。

（2）松开吊挂件高度锁紧螺栓。

（3）通过吊挂件高度调节螺栓来调整滑动门的安装高度，如果安装高度需降低，则需移除垫板。确保滚轮与导轨之间接触良好，滚动顺畅。

（4）通过两颗吊挂件高度锁紧螺栓调节滑动门，确保在完全关闭状态下防撞胶条上下缝隙一致，滑动门与门槛间隙在 5 mm 左右。锁紧吊挂件高度锁紧螺栓 M6 × 22 内六角螺栓。

（5）松开门体前后调节螺栓。

（6）调节门体与吊架的相对位置，防止与胶条毛刷等刮碰，并要保证左右门体玻璃面平齐。

（7）锁紧门体前后调节螺栓。

（8）调节防倾覆轮位置，轮外侧边缘距离导轨下表面 1 mm 以内为宜。

9. 调整导靴

导靴如图 7-9 所示。

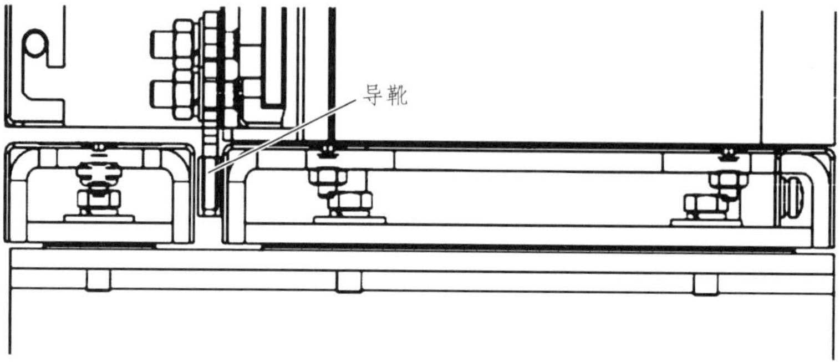

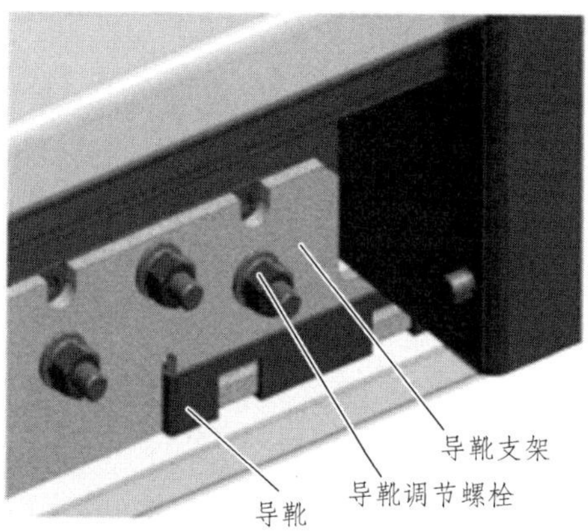

图 7-9　导靴

1）注意事项

（1）执行任务时，确保各个 ASD 部分的电源被切断。

（2）执行任务时，ASD 在手动模式下通过调整步骤来打开和关闭。

（3）使用障碍栏阻止任何未经授权的人进入滑下轨道。

（4）使用障碍栏阻止任何未经授权的人进入工作区。

（5）必须打开盖板。

（6）通过切换开关切换到熔断器模式来覆盖关闭的锁块和锁定的信号。

（7）在进行维修工作之前请向车站相关工作人员报告。

（8）左右门扇的 ASD 表面应保持平齐；防止胶条的缝隙，从上到下应保持一致。

（9）导靴应避免与门槛导槽有接触。

2）工　具

维修工具。

3）调整步骤

（1）拆除滑动门防爬板。

（2）拧松导靴调节螺栓，通过该螺栓调节导靴的前后位置，以确保滑动门玻璃与防夹手胶条之间的间隙上下一致均匀，并在 5 mm 范围以内。

（3）锁紧导靴调节螺栓。

（4）按照以上方法调整另一对滑动门。

（5）将 LCB 设置到手动模式，测试滑动门运行是否正常。

10. 调试闭门器

闭门器如图 7-10 所示。

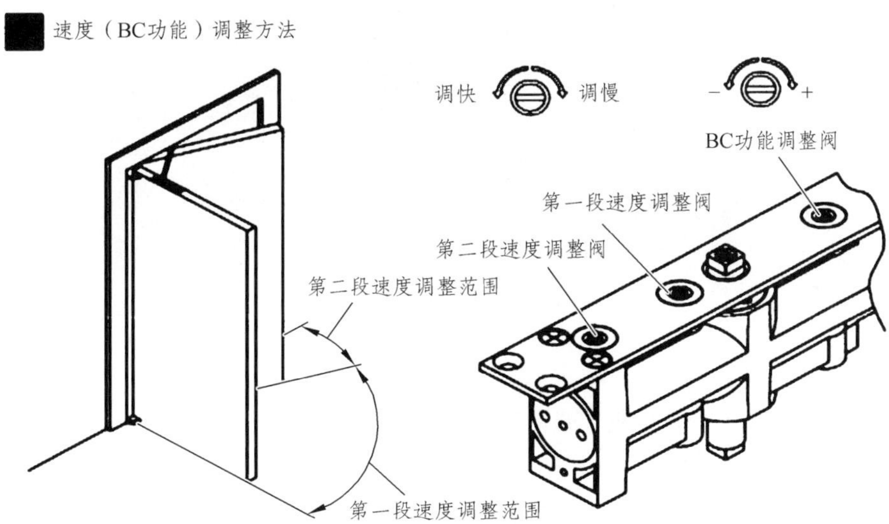

图 7-10　闭门器

1）注意事项

（1）此任务执行时 MSD 会在整个调试过程中打开和关闭。

（2）使用障碍栏阻止任何未经授权的人进入滑下轨道。

（3）使用障碍栏阻止任何未经授权的人进入工作区。

（4）打开盖板。

（5）在进行维修工作之前请向车站相关工作人员报告。

2）工　具

维修工具。

3）调整步骤

（1）打开 MSD 门。

（2）关闭 MSD 门，观察其关闭速度。

（3）如果门关闭太快或太慢，逆时针方向调试螺钉达到理想速度。

（4）检查最终的关闭速度，确保门能够被正常锁上。

11. 更换滑动门吊挂件滚轮

滑动门吊挂件滚轮如图 7-11 所示。

图 7-11　滑动门吊挂件滚轮

1）磨损极限

如果以下情况之一被发现，需要替换滚轮：

（1）门体运行不平稳。

（2）滚轮表面不规则（压痕、刮痕）。

（3）导轨上有较多的滚轮磨损碎屑或粉尘。

（4）滚轮与导轨之间不是滚动摩擦或者滚轮不转动。

（5）滚轮运行时跳动或者扭动。

（6）材料老化。

2）注意事项

（1）清洁导轨，检查滚轮是否有过度磨损的现象。

（2）检查裂痕和螺栓是否松动。

（3）准备新滚轮。

3）工　具

（1）卡钳；（2）拉马。

4）更换说明

安装新滚轮时：

（1）采用卡钳拆除内卡簧。

（2）采用卡钳拆除外卡簧。

（3）采用拉马拆除轴承。

（4）更换新的滚轮（更换下来的滚轮应及时清理）。

（5）按照以上步骤安装轴承、外卡簧、内卡簧。

（6）测试滚轮是否可转动、顺畅、平稳、灵活。

12. 更换 ASD 的紧急释放装置

1）注意事项

如发现下列情况之一，必须更换滑动门手动解锁机构，且必须全套更换：

（1）不能利用“T 形钥匙”从站台侧手动解锁释放滑动门。

（2）不能利用“滑动门拉手”从轨道侧手动解锁释放滑动门。

（3）出现手动解锁释放装置卡死、不动作等机械故障。

（4）手动解锁释放装置不能按照功能需要工作。

2）工　具

拆装滑动门手动解锁机构需要的扳手和螺丝刀。

3）更换说明

安装新的限位开关：

（1）移开每对滑动门手动解锁机构的螺钉；

（2）安装新的滑动门手动解锁机构；

（3）重复检查所有螺钉是否锁紧。

13. 更换滑动门手动解锁机构

滑动门手动解锁机构如图 7-12 所示。

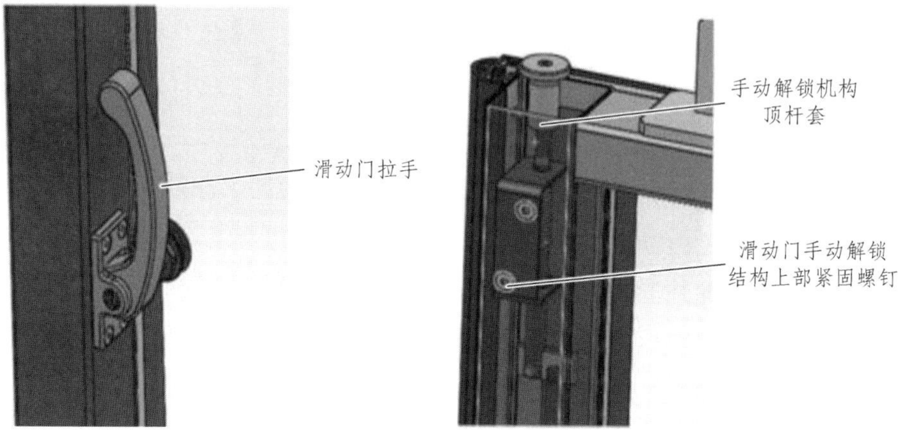

图 7-12　滑动门手动解锁机构

1）注意事项

（1）执行该操作时，需要卸下相应的 ASD 滑动门。

（2）任务最好在工作间进行。

2）工　具

维修工具。

3）拆除步骤

（1）拆卸滑动门拉手侧封盖。

（2）拆卸滑动门手动解锁机构上部的紧固螺钉。

（3）滑动门手动解锁机构可以直接从滑动门门框顶部取出。

4）安装步骤

（1）从滑动门门框的顶部插入新的滑动门手动解锁机构。

（2）将手动解锁机构连杆下部 U 形槽置于滑动门拉手的销轴上。

（3）拧紧手动解锁机构上部的紧固螺钉。

（4）扶起门框，放到直立的位置，拉动拉手，检查手动解锁机构动作是否正常。

（5）装回滑动门，调整手动解锁机构上部的顶杆套，确保手动解锁功能能够实现。

（6）装回滑动门拉手侧封盖。

姓名____________ 班级____________ 日期____________

评价反馈

学生自评表

班级：	姓名：	学号：	
项目七实训五			
评价项目	评价标准	分值	得分

学生互评表

项目七实训五															
评价项目	分值	等级								评价对象（组别）					
										1	2	3	4	5	6

教师综合评价表

班级：	姓名：	学号：	
项目七实训五			
评价项目	评价标准	分值	得分

实训六　屏蔽门电气器件更换

实训目标

掌握屏蔽门 DCU、皮带、闸锁等电气器件的保养与更换方法，能够完成器件保养与更换的工作任务。

姓名____________ 班级____________ 日期____________

实训内容

将学生分组进行对屏蔽门 DCU、皮带、闸锁等电气器件的保养与更换。

实训工具

城市轨道交通车站屏蔽门实训系统。

实训分组

班级		组号		指导老师	
组长		学号			
组员	姓名	学号	姓名	学号	
实训分工					

实训实施

1. 更换 DCU

DCU 如图 7-13 所示。

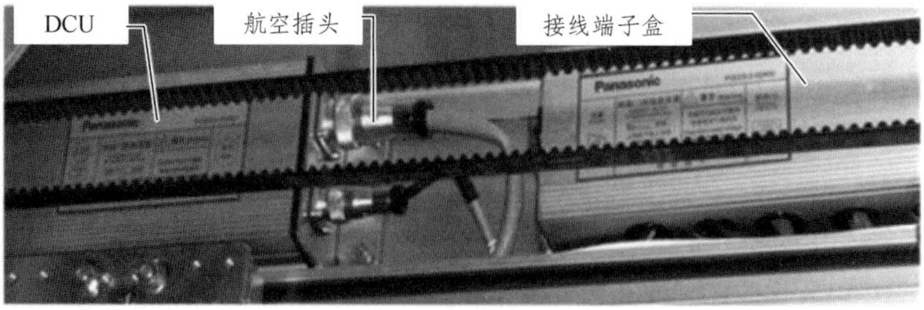

图 7-13　DCU

1）注意事项

（1）更换操作会影响站台的自动服务，在运营时间不能进行这项操作。

（2）在进行维修工作之前向车站报告。

（3）需要打开门顶箱。

（4）操作时确保相应的 ASD 电源已经断开。

2）工　具

维修工具。

3）拆除步骤

（1）断开终端动力模块的 DCU 电源供应。

（2）断开 DCU 的所有其他电气连接（航空插头）。

（3）用安装工具拆除 DCU 盒体。

4）安装步骤

（1）安装新的 DCU。

（2）连接所有电气连接器来启动电力终端，包括 DCU 电力供应电缆。

（3）用装有 DCU 下载软件的终端计算机对 DCU 进行程序下载。

（4）手动开启/关闭门几次，如果没有异常摩擦和声音等，开启 ASD。

（5）进行 DCU 设置。

（6）重置完毕后，即可正常开关 ASD。

2. 更换电机以及传动系统

电机如图 7-14 所示。

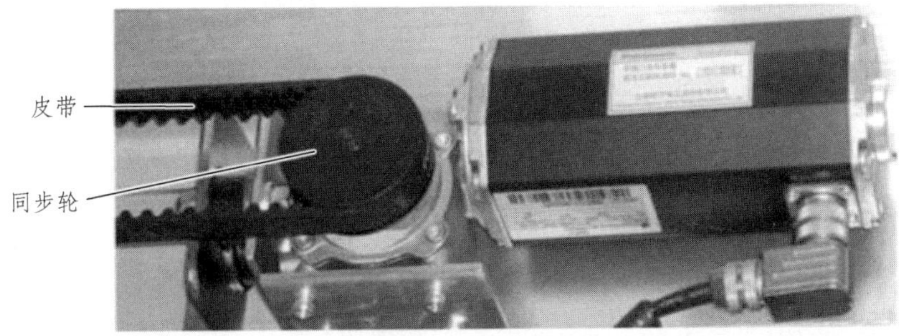

图 7-14　电机

1）注意事项

（1）操作时确保相应的 ASD 电源已经断开。

（2）使用围栏来防止非工作人员进入工作区域。

（3）需要打开门机梁。

（4）在进行维修工作之前请向车站相关工作人员报告。

2）工　具

（1）安装了软件的笔记本式计算机。

（2）具有写入权限的数据线。

（3）维修工具。

3）移除步骤

（1）关闭电源。

（2）从 DCU 断开电机的所有电缆。

（3）松开电机安装支架安装在门机梁的螺栓，然后再将电机从电机支架上卸掉并更换新的电机安装在电机支架上。

4）安装步骤

（1）在把电机以及电机支架重新安装在门机梁前，先恢复好和皮带的组装，让皮带和电机同步轮能正确衔接上。

（2）手动拧紧电机支架和门机梁的连接螺栓，调节电机同步轮与皮带之间平行，再用扭力扳手锁紧该螺栓。

（3）通过调节螺杆来调节从动轮的位置，并配合皮带配重块来确保皮带的张紧力符合要求，如图 7-15 所示。

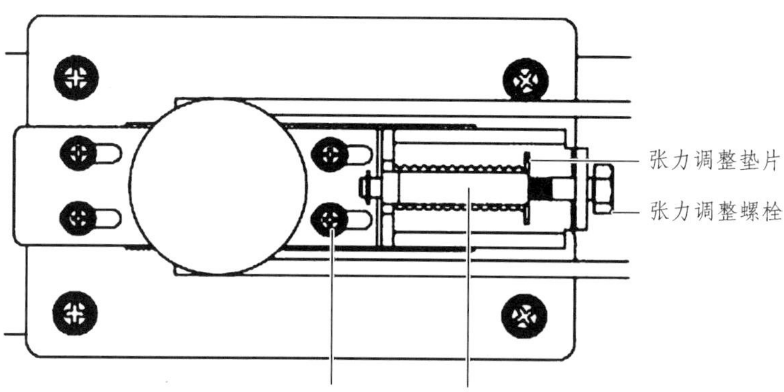

图 7-15　电机调整

（4）适度松开从动轮上的 4 个 M5 × 10 六角螺栓。检查张力调整垫片右侧是否与张力调整板末端平齐。

（5）如果张力调整垫片与张力调整板末端不平齐，则需要顺时针或逆时针旋转张力调整螺栓，直到齐平。

（6）皮带调到规定张力后，检查确认滑动门的单门启动力<90 N、滑行力<70 N。

（7）连接电机的电缆。

3. 从动轮的检查与调整

从动轮如图 7-16 所示。

1）注意事项

（1）执行任务时，确保各个 ASD 部分的电源被切断。

（2）执行任务时，ASD 在手动模式下通过调整步骤来打开和关闭。

（3）使用障碍栏阻止任何未经授权的人进入滑下轨道。

（4）使用障碍栏阻止任何未经授权的人进入工作区。

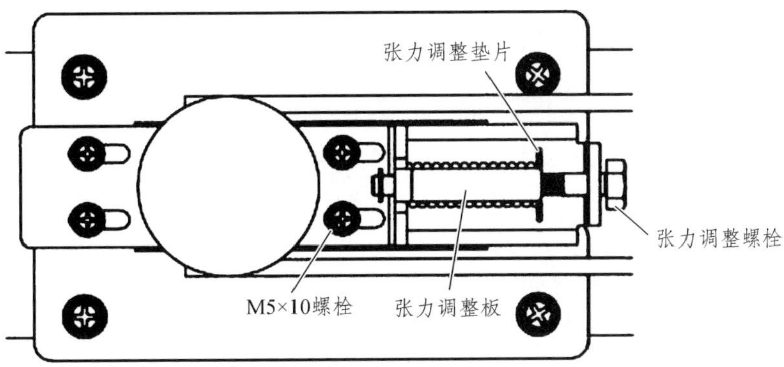

图 7-16　从动轮

（5）必须打开顶箱。

（6）通过切换开关切换到手动模式来覆盖关闭的锁块和锁定的信号。

（7）在进行维修工作之前请向车站相关工作人员报告。

2）工　具

（1）钢尺；

（2）维修工具。

3）调整步骤

（1）确认从动轮已经固定在机箱内。确认皮带固定在从动轮上，已经张紧，而不是过分松弛的状态。

（2）适度松开从动轮上的 4 个 M5 × 10 六角螺栓，检查张力调整垫片右侧是否与张力调整板末端平齐，平齐则表明皮带的张紧力符合规定，固定先前松开的 4 个 M5 × 10 六角螺栓，扭矩为 2.5 N · m。

（3）如果张力调整垫片与张力调整板末端不平齐，则需要顺时针或逆时针旋转张力调整螺栓，直到齐平。固定先前松开的 4 个 M5 × 10 六角螺栓，扭矩为 2.5 N · m。

（4）皮带调到规定张力后，检查确认滑动门的单门启动力<90 N、滑行力<70 N。

4. 更换皮带

皮带机构如图 7-17 所示。

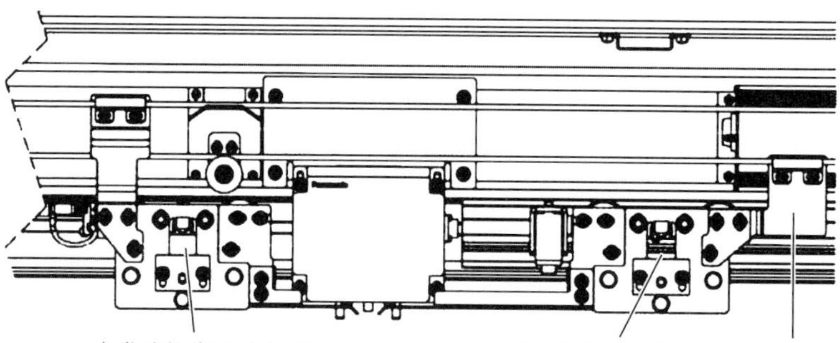

图 7-17　皮带机构

1）注意事项

（1）操作时确保相应的 ASD 电源已经断开。

（2）使用围栏来防止非工作人员进入工作区域 。

（3）需要打开门机梁。

（4）在进行维修工作之前请向车站相关工作人员报告。

（5）在拆除旧的驱动装置前，先把驱动装置的安装位置画线做好记录，在安装新的部件时，可以参考画好的安装线。

2）工　具

（1）皮带张力测试仪；

（2）维修工具。

3）移除步骤

（1）关闭电源，用手推动滑动门至完全打开状态，注意可先在门机梁上画线，为从动轮做好原始安装位置记号。

（2）松开安装在吊挂件上的皮带夹的螺丝，并取下皮带。

（3）松开从动轮支架和门机梁的紧固螺丝，调节调节螺杆，确保从动轮支架向门机梁中间方向移动一段距离。

4）安装步骤

（1）更换一条长度一样的皮带，并把皮带重新固定在皮带夹上，同时需要确保在更换皮带的过程中滑动门不能移动。

（2）把皮带重新放回到从动轮上，并确保皮带圆弧齿和同步轮圆弧齿能正常啮合。通过调节螺杆调节从动轮支架位置至之前画线的位置并拧紧紧固螺栓。

（3）适度松开从动轮上的 4 个 M5 × 10 六角螺栓。检查张力调整垫片右侧是否与张力调整板末端平齐。

（4）如果张力调整垫片与张力调整板末端不平齐，则需要顺时针或逆时针旋转张力调整螺栓，直到齐平。

（5）皮带调到规定张力后，检查确认滑动门的单门启动力<90 N、滑行力<70 N。

5. 更换闸锁

闸锁如图 7-18 所示。

1）注意事项

（1）操作时确保相应的 ASD 电源已经断开。

（2）操作时需要打开滑动门，先打开 15 cm 左右。

（3）门打开到必要的开度即可，以防止人员跌落轨道。

（4）使用围栏来防止非工作人员进入工作区域。

（5）需要打开门机梁盖板。

（6）通过 LCB 把滑动门单元从关闭锁紧回路中隔离。

（7）在进行维修工作之前请向车站相关工作人员报告。

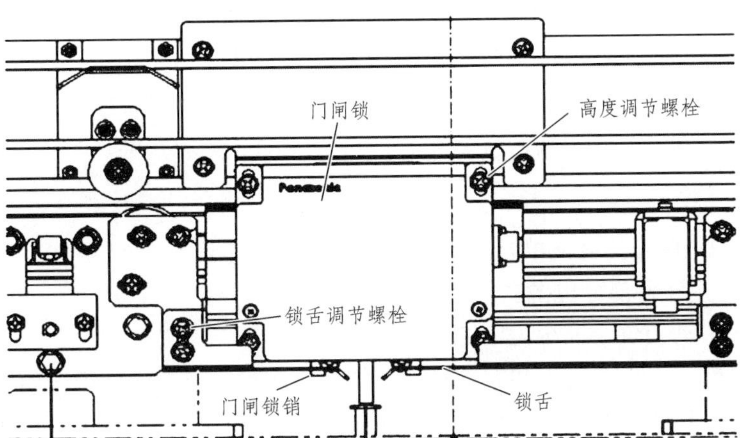

图 7-18　闸锁

（8）在拆除旧的闸锁前，先把闸锁的安装位置画线并做好记录。

2）工　具

（1）调整闸锁的专用工具；（2）维修工具。

3）拆除步骤

（1）切断电源。

（2）在门机梁上闸锁原始安装位置画线。

（3）断开航空插头。

（4）松开闸锁支架上的安装螺栓。

（5）拆除电子锁（门闸锁）。

4）安装步骤

（1）根据上一步骤的原始画线标记，安装好电子锁，插好航空插头。

（2）确保在滑动门完全关门状态下电子锁插销能够完美插入锁舌孔内。

（3）若有必要可以调节电子锁的上下位置，确保锁钩能够锁定门体。

（4）用手推动开关滑动门，检查有没有反常的噪声或阻力。

（5）检查行程开关在滑动门打开和关闭的过程中，关闭锁紧信号是否正常。

6. 闸锁调整

1）注意事项

（1）使用障碍栏阻止未经授权人员进入工作区。

（2）整个调试过程中，ASD 的开关都必须是手动模式。

（3）必须打开前盖板。

（4）通过 LCB 把滑动门单元从关闭锁紧回路中隔离。

（5）在进行维修工作之前请向车站相关工作人员报告。

2）工　具

（1）两个安装表；（2）障碍物检测器；（3）维修工具（安装工具）。

3）调整步骤

（1）通过 LCB 开关将该单元滑动门设置为隔离状态。

（2）切断 PSD 各部分电源。

（3）确保滑动门位于完全关闭的位置。

（4）适度松开锁舌固定板和左、右锁舌的连接螺栓，适度松开锁舌固定板和吊架的连接螺栓；使用塞尺等工具保证左、右锁舌上端面距离电磁锁下端面 2.0 mm，左、右锁舌相应端面距离电磁锁左右相应端面 7.5 mm，按此位置，重新固定相应的 M6 × 12 螺栓，扭矩为 4.2 N · m。

（5）重新打开 PSD 电源。

（6）使用 LCB 手动模式开关门进行功能测试。

（7）在轨道侧利用“滑动门拉手”或在站台侧利用“T 形钥匙”进行手动解锁功能测试，确保其符合要求。

7. MSD 和 EED 限位开关的替换

1）注意事项

（1）更换之前应检查限位开关是否有超负荷运载的情况，如有需更正。

（3）准备备用的限位开关。

（3）满足以下任意一点，限位开关必须要更换：

① 功能修理之后电接触失灵；

② 限位开关的滚轴不灵活。

2）工　具

（1）一套扳手。

（3）限位开关的螺钉。

3）替换说明

安装新的限位开关时：

（1）移开每个限位开关的螺钉。

（2）安装新的限位开关。

（3）重复检查所有螺钉是否锁紧。

8. 更换应急门和端门锁单元触发装置

应急门和端门锁单元触发装置如图 7-19 所示。

图 7-19　应急门和端门锁单元触发装置

1）注意事项

（1）使用障碍栏阻止任何未经授权的人进入工作区。

（2）通过应急门旁路开关将该应急门设置为隔离状态。

（3）打开顶箱。

（4）在进行维修工作之前请向车站相关工作人员报告。

2）工　具

维修工具。

3）拆除步骤

（1）为了安全，切断电源。

（2）松动紧固螺钉，向上移除锁单元触发装置。

4）安装步骤

安装新的触发装置并上紧 4 个紧固螺钉。

9. 更换滑动门吊挂件

滑动门吊件如图 7-20 所示。

1）拆除步骤

（1）切断电源。

（2）使用垫板支撑滑动门底部（垫在门槛和滑动门底部之间，当滑动门吊挂件松开时，确保滑动门是稳定的）。

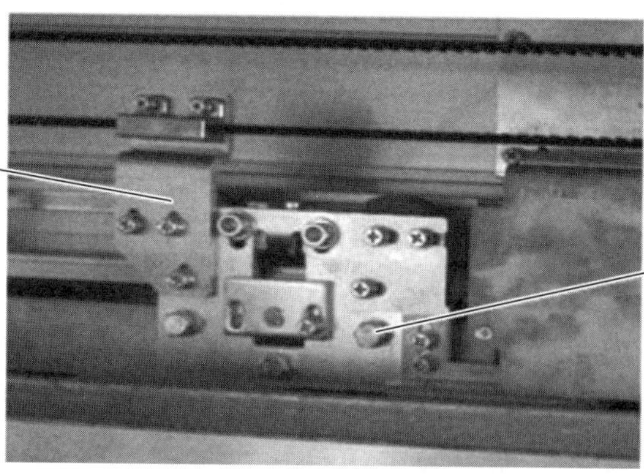

图 7-20　滑动门吊挂件

（3）松开吊挂件与滑动门顶部的连接螺栓。

（4）松开吊挂件上的 3 颗 M9 螺栓。

（5）取下吊挂件。

2）安装步骤

（1）装上新的吊挂件。

（2）拧紧吊挂件与滑动门顶部的连接螺栓。

（3）通过滑动门高度调节螺杆来调节滑动门的高低，并拧紧紧固螺母，确保滑动门安装符合相关的规范要求。

（4）抽出垫板，用手推拉滑动门，检查是否有任何不正常的阻力和噪声等。

（5）如无异常情况，将相应的滑动门重新通电，恢复正常。

10. 替换 DOI

DOI（声光报警装置）如图 7-21 所示。

1）注意事项

（1）确保切断电源；

（2）须打开顶箱。

2）工　具

维修工具。

3）拆除步骤

（1）切断电源，拔出线缆。

（2）拧松紧固螺钉，取出固定片。

（3）取下 DOI 指示灯。

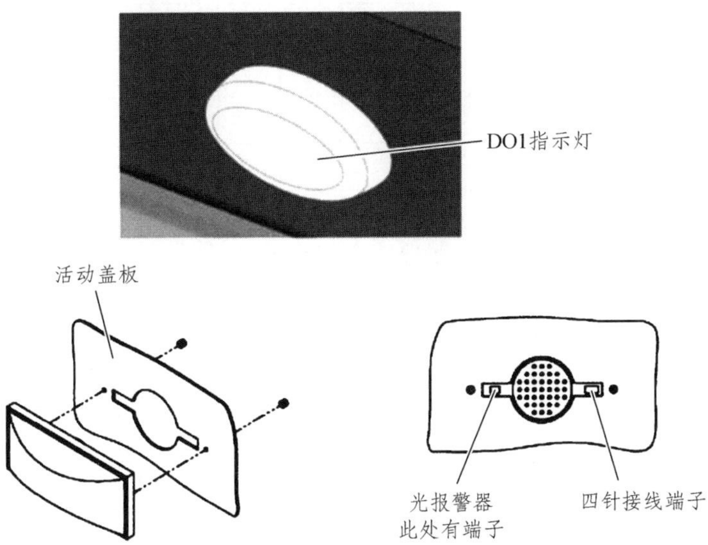

图 7-21　DOI

姓名____________　班级____________　日期____________

4）安装步骤

（1）将新的DOI灯安装在ASD/EED/MSD活动面板上。

（2）接好线缆。

（3）接通电源。

（4）检测状态是否正常。

评价反馈

学生自评表

班级：	姓名：		学号：
项目七实训六			
评价项目	评价标准	分值	得分

学生互评表

项目七实训六															
评价项目	分值	等级								评价对象（组别）					
										1	2	3	4	5	6

教师综合评价表

班级：	姓名：		学号：
项目七实训六			
评价项目	评价标准	分值	得分

姓名____________ 班级____________ 日期____________

项目八 屏蔽门常见故障检修

学习情境描述

8.1 屏蔽门检修常用工具及仪表

1. 螺丝刀

螺丝刀又称“起子”、螺丝旋具等，是紧固或拆卸螺丝钉的工具。其头部形状为一字形的称为“一字起子”，头部形状为十字形的称为“十字起子”，如图 8-1 所示。

（a）一字形 （b）十字形

图 8-1 螺丝刀

1）使用方法

应根据使用环境不同使用不同型号的螺丝刀，在使用时不可使用金属刀杆直通两端的螺丝刀，以防误触带电物体，造成人员伤亡。螺丝刀较小时，用大拇指和中指夹着握柄，同时用食指顶住柄的末端用力旋动。螺丝刀较大时，除大拇指、食指和中指要夹住握柄外，手掌还要顶住柄的末端以防施转时滑脱。螺丝刀较长时，用右手压紧手柄并转动，同时左手握住起子的中间部分（不可放在螺钉周围，以免将手划伤），以防止其滑脱。

2）注意事项

（1）带电作业时，手不可触及螺丝刀的金属杆，以免发生触电事故。

（2）作为电工，不应使用金属杆直通握柄顶部的螺丝刀。

（3）为防止金属杆触到人体或邻近带电体，金属杆应套上绝缘管。

2. 电工刀

电工刀是电工用来削制木枕、剥削导线绝缘层的工具，如图 8-2 所示。

1）使用方法

剖削导线绝缘层时，应使刀口向外剖，使刀面与导线呈较小的锐角，以免割伤导线。使用电工刀时应避免伤手，电工刀用毕，随时将刀身折进刀柄，电工刀刀柄若无绝缘层保护，不得用于带电作业，以免触电。

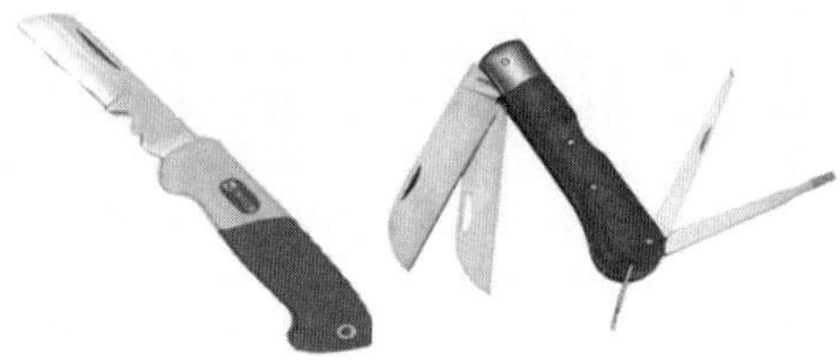

图 8-2　电工刀

2）注意事项

（1）不得用于带电作业，以免触电。

（2）应将刀口朝外剖削，并注意避免伤及手指。

（3）剖削导线绝缘层时，应使刀面与导线成较小的锐角，以免割伤导线。

（4）使用完毕，随即将刀身折进刀柄。

3. 测电笔

测电笔是测量检验物件是否带电的常用工具，分为钢笔式、螺丝刀式、电子式。其主要由笔尖、金属物件、电阻、氖管、弹簧和金属体等组成，如图 8-3 所示。

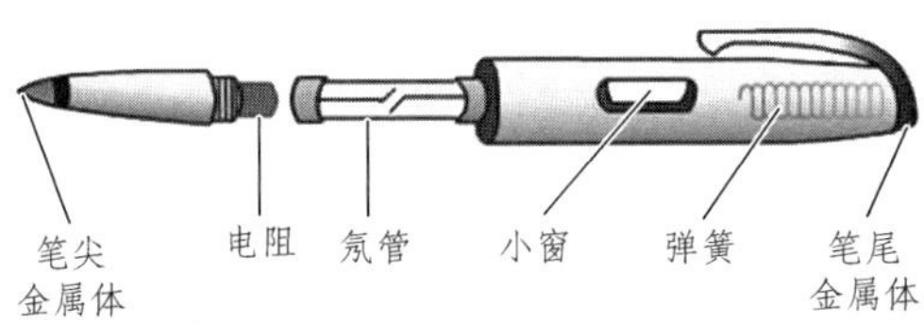

（a）

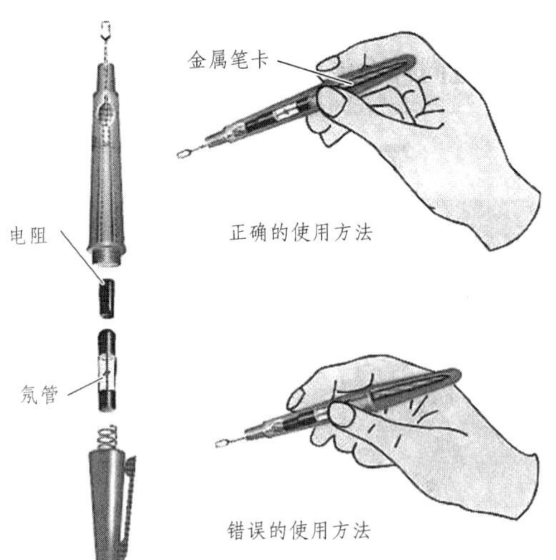

（b）

图 8-3　测电笔

1）使用方法

使用时，必须用手指触及笔尾的金属部分，并使氖管小窗背光且朝自己，以便观测氖管的亮暗程度，防止因光线太强造成误判断，其使用方法如图 8-3（b）所示。

当用电笔测试带电体时，电流经带电体、电笔、人体及大地形成通电回路，只要带电体与大地之间的电位差超过 60 V 时，电笔中的氖管就会发光。低压验电器检测的电压范围为 60~500 V。

2）注意事项

（1）使用前，必须在有电源处对验电器进行测试，以证明该验电器确实良好，方可使用。

（2）验电时，应使验电器逐渐靠近被测物体，直至氖管发亮，不可直接接触被测体。

（3）验电时，手指必须触及笔尾的金属体，否则带电体也会误判为非带电体。

（4）验电时，要防止手指触及笔尖的金属部分，以免造成触电事故。

4. 钢丝钳

电工钢丝钳由钳头和钳柄两部分组成，钳头由钳口、齿口、刀口和铡口四部分组成，如图 8-4 所示。其用途很多，钳口用来弯绞和钳夹导线线头，齿口用来紧固或起松螺母，刀口用来剪切或剖削软导线绝缘层，铡口用来铡切导线线芯、钢丝或铅丝等较硬金属丝。钢丝钳有铁柄和绝缘柄两种，电工用钢丝钳为绝缘柄，常用规格有 150 mm、170 mm 和 200 mm 三种。

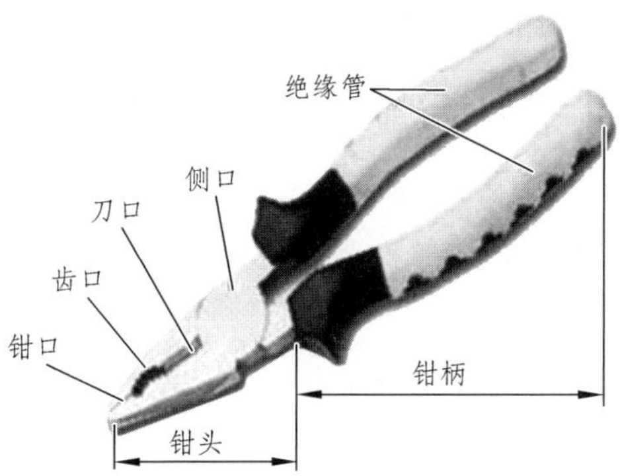

（a）

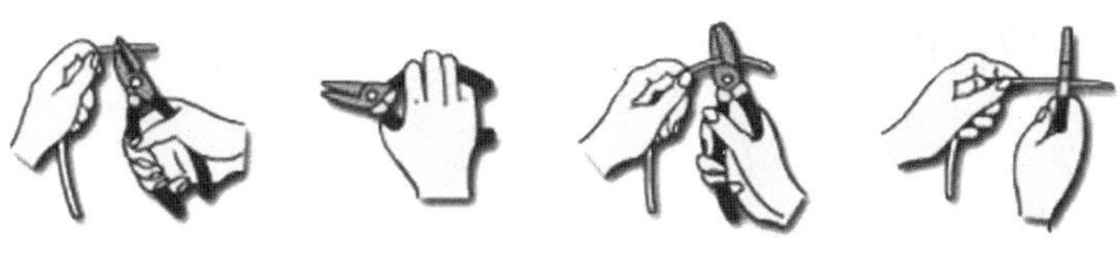

（b）

图 8-4　钢丝钳

1）使用方法

钢丝钳用于接线或剪断导线，拧动螺丝或夹一般零件，也可以用于钳削导线的绝缘层，当钢丝钳在剪铁丝或硬金属时，被剪物件应与钳口平行成垂直。剪切带电导线时，不得用刀口同时剪切相线和零线，或同时剪切两根导线。钳头不可代替锤子作为敲打工具使用。

钢丝钳在电工作业时，用途广泛。钳口可用来弯绞或钳夹导线线头，齿口可用来紧固或起松螺母，刀口可用来剪切导线或钳削导线绝缘层；侧口可用来铡切导线线芯、钢丝等较硬线材。钢丝钳各用途的使用方法如图 8-4（b）所示。

2）注意事项

（1）使用前，检查钢丝钳绝缘是否良好，以免带电作业时造成触电事故。

（2）在带电剪切导线时，不得用刀口同时剪切不同电位的两根线（如相线与零线、相线与相线等），以免发生短路事故。

5. 剥线钳

剥线钳是电工常用的工具之一，专供电工剥除电线头部的表面绝缘层用，如图 8-5 所示。

1）使用方法

（1）根据需要选择好要剥线导线的长度。

（2）根据导线直径，选用合适的剥线钳槽口或刀片的孔径。

（3）将准备好的导线置于已选择的剥线钳的槽口中间。

（4）握住剥线钳的手柄，缓缓用力使导线的外部绝缘层慢慢剥落。

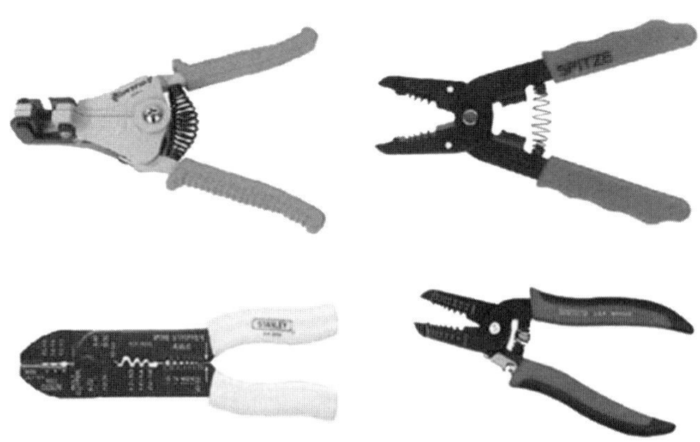

图 8-5　剥线钳

2）注意事项

剥线钳是专用于剥削较细小导线绝缘层的工具，使用剥线钳剥削导线绝缘层时，先将要剥削的绝缘长度用标尺定好，然后将导线放入相应的刃口中（比导线直径稍大），再用手将钳柄一握，导线的绝缘层即被剥离。

6. 尖嘴钳

尖嘴钳因其头部尖细，适用于在狭小的工作空间操作，如图 8-6 所示。尖嘴钳可用来剪断较细小的导线，也可用来夹持较小的螺钉、螺帽、垫圈、导线等；还可用来对单股导线整形（如平直、弯曲等）。

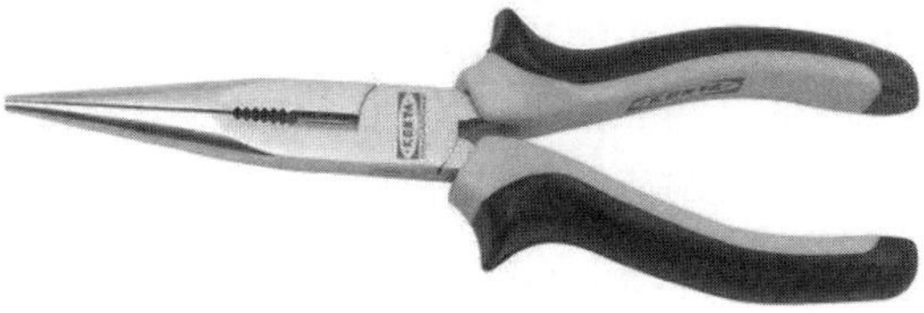

图 8-6　尖嘴钳

1）使用方法

一般用右手操作，使用时握住尖嘴钳的两个手柄，开始夹持或剪切工作。

2）注意事项

（1）若使用尖嘴钳带电作业，应检查其绝缘是否良好。

（2）在作业时金属部分不要触及人体或邻近的带电体。

（3）使用时注意刃口不要对向操作者。

7. 斜口钳

斜口钳又称断线钳，其外形如图 8-7 所示。斜口钳主要用于剪切金属薄片和线径较细的金属线，非常适合清除接线后多余的线头和飞刺。

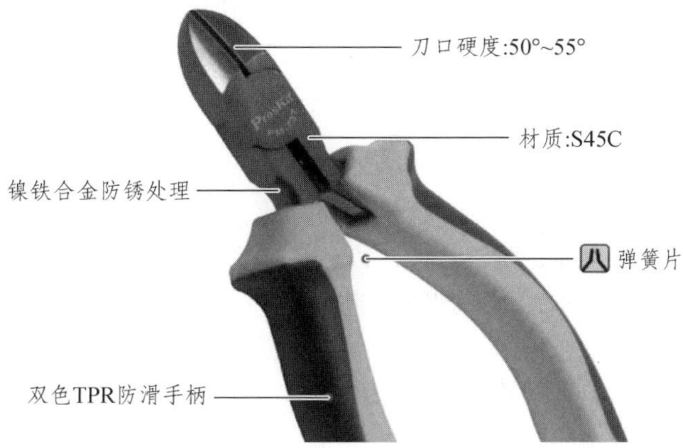

图 8-7　斜口钳

1）使用方法

使用钳子时用右手操作，将钳口朝内侧，便于控制钳切部位，用小指伸在两钳柄中间来抵住钳炳，张开钳头，这样分开钳柄灵活。

2）注意事项

不可以用来剪切钢丝、钢丝绳和过粗的铜导线和铁丝，否则容易导致钳子崩牙损坏。

8. 活动扳手

活动扳手是用来旋转六角或方头螺栓、螺钉、螺母的一种常见工具，因它的特点是开口尺寸可以在规定范围内任意调节，所以特别适用于螺栓规格多的场合使用。活动扳手由固定钳口、活动钳口、开口调节螺母、握把、固定销等组成，如图 8-8 所示。

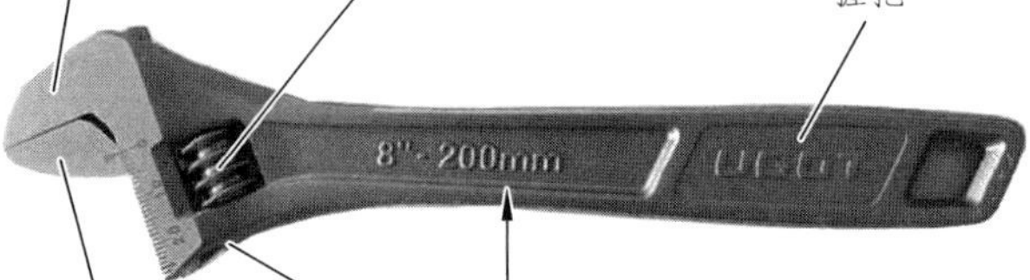

图 8-8　活动扳手

1）使用方法

用相互平行的固定钳口和活动钳口将对称多边形工件固定住，通过朝活动钳口方向旋转握把，拆卸或紧固工件。使用时，要使活动扳手的活动钳口部分受推力，固定钳口受拉力，只有这样施力，才能保证固定销、螺母及扳手本身不被损坏。如果不按照这种方法转动扳手，会使压力作用在调节螺杆上，在施力时促使钳口变大，将损坏螺栓、螺母的棱角和扳手本身。

2）注意事项

（1）应按螺栓或管件大小选用适当的活扳手。

（2）使用活动扳手时应先将活动扳手调整合适，使活动扳手钳口与螺栓、螺母两对边完全贴紧，不应存在间隙，防止打滑，以免损坏管件或螺栓，并造成人员受伤。

（3）不应套加力管使用，不准把扳手当榔头、锤子、撬棍等使用。

（4）使用扳手要用力顺扳，不准反扳，以免损坏扳手。

（5）扳手用力方向 1 m 内不准站人。

（6）活动部分保持干净，用后擦洗。

（7）使用扳手时，严禁带电操作。

（8）工具选用以套筒优先，其次为梅花扳手、开口扳手，活动扳手应尽量避免使用。

（9）用机油擦拭扳手，放置原收纳处收好。

9. 电络铁

电络铁主要用于元器件的焊接，一般需要和焊锡丝、松香配套使用。

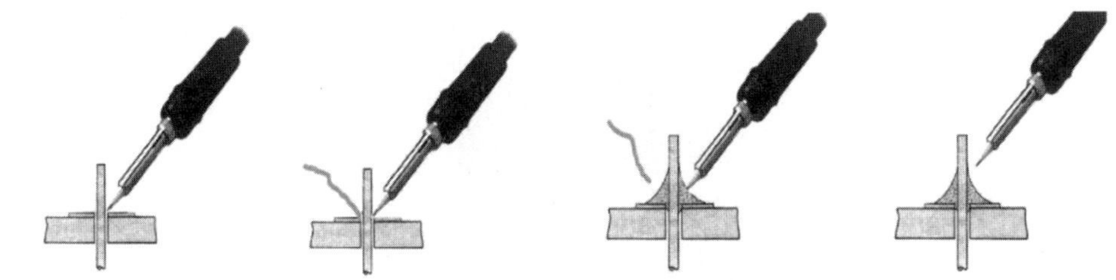

（a）烙铁头接触工件　（b）送上焊锡丝　（c）焊锡丝脱离焊点　（d）络铁头脱离焊点

图 8-9　电烙铁使用方法

1）使用方法

（1）对于新买的电络铁，可以用小刀轻刮烙铁头（因为有氧化层），然后插上电，注意高温烫手。

（2）等烙铁温度升高后，把烙铁头点上松香，再点上焊锡。

（3）把需要焊接的线上点上松香，再点上焊锡

（4）焊在需要焊接的元器件上面，注意速度要快，否则温度过高容易烧毁元器件。

（5）电烙铁不用的时候，把烙铁头上面点上焊锡（防止烙铁干烧），助焊剂尽量使用松香，因为焊锡膏会有腐蚀性。

2）注意事项

（1）使用前应检查电源线是否良好，有无被烫伤。

（2）焊接电子类元件时，应采取防漏电等安全措施。

（3）当焊头因氧化而不“吃锡”时，不可硬烧。

（4）当焊头上锡较多，不便焊接时，不可甩锡，不可敲击。

（5）焊接较小元件时，时间不宜过长，以免因热损坏元件或绝缘层。

（6）焊接完毕，应拔掉电源插头，将电络铁置于金属支架上，防止烫伤或火灾的发生。

10. 数字万用表

数字式测量仪表现已成为主流产品，因为数字式仪表灵敏度高，准确度高，显示清晰，过载能力强，便于携带，使用更简单，如图 8-10 所示。

1）测量电压

（1）将黑表笔插入 COM 端口，红表笔插入 VΩ 端口。

（2）功能旋转开关打至 V~（交流）、V-（直流），并选择合适的量程。

（3）红表笔探针接触被测电路正端，黑表笔探针接地或负端，即与被测线路并联。

（4）读出 LCD 显示屏数字。

图 8-10　数字万用表

2）测量电阻

（1）关掉电路电源。

（2）选择电阻挡（Ω）。

（3）将黑色测试探头插入 COM 输入插口，红色测试探头插入 □ 输入插口。

（4）将探头前端跨接在器件两端，或想测电阻的那部分电路两端。

（5）查看读数，确认测量单位，有欧姆（Ω），千欧（kΩ）或兆欧（MΩ）。

3）测量电流

（1）断开电路。

（2）黑表笔插入 COM 端口，红表笔插入 mA 或者 20A 端口。

（3）功能旋转开关打至 A~（交流）、A-（直流），并选择合适的量程。

（4）断开被测线路，将数字万用表串联入被测线路中，被测线路中电流从一端流入红表笔，经万用表黑表笔流出，再流入被测线路中。

（5）接通电路。

（6）读出 LCD 显示屏数字。

4）测量电容

（1）将电容两端短接，对电容进行放电，确保数字万用表的安全。

（2）将功能旋转开关打至电容（C）测量挡，并选择合适的量程。

（3）将电容插入万用表 C-X 插孔。

（4）读出 LCD 显示屏上数字。

5）注意事项

（1）如果无法预先估计被测电压或电流的大小，则应先拨至最高量程挡测量一次，再视情况逐渐把量程减小到合适位置。测量完毕，应将量程开关拨到最高电压挡，并关闭电源。

（2）满量程时，仪表仅在最高位显示数字“1”，其他位均消失，这时应选择更高的量程。

（3）测量电压时，应将数字万用表与被测电路并联。测电流时应与被测电路串联，测直流量时不必考虑正、负极性。

（4）当误用交流电压挡去测量直流电压，或者误用直流电压挡去测量交流电时，显示屏将显示“000”，或低位上的数字出现跳动。

（5）禁止在测量高电压（220 V 以上）或大电流（0.5A 以上）时换量程，以防止产生电弧，烧毁开关触点。

11. 蓄电池容量检测仪

蓄电池容量检测仪可以对单节电池的性能进行测试，并可对成组使用的电池进行整体测试。一般通过交流注入法精确测量蓄电池的端电压和内阻值来判断蓄电池容量和技术状态的优劣，评价整体特性，挑选出落后电池淘汰。

图 8-11　蓄电池容量检测仪

1）使用方法

（1）将输出线的正负极都接好，电池容量检测仪的正极和电池的正极是接在一起的，负级和电池的负级接在一起。接好之后，就会听到一个鸣叫的报警音，这是电池容量检测仪接通电源之后的提示音。

（2）选择键可以进行放电流、终止电压。还有一些其他的键，清零键可以停止鸣叫音。然后仪器就会开始对放电的时间进行记录。

（3）选择放电的电流，7-14AH 是 5A，17-24AH 是 10A。

（4）测试一下电池的容量，测试为 10.5 V，然后进行深度放电，电压是 3 V。

（5）当放电停止的时候，鸣叫的报警声音也会停止。现在已经测试完毕了，就可以取下电池了。要记录放电的时间，计算的公式为：蓄电池的容量 = 放电的电流 × 放电的时间。

2）注意事项

（1）当发生故障时，故障指示灯亮，并且液晶显示屏显示故障信息；当解除故障后，如需要重新工作时，须断一下电源（通过拔下电源插头）。

（2）充电机工作中需停止时，可按“工作/停止”键；如要重新工作，再按“工作/停止”键。

（3）如发生异常情况，请断一下电源（通过拔下电源插头），可紧急停止充电。

12. 玻璃吸盘

玻璃吸盘可在平整不透气的面板（瓷砖、玻璃、铁板、油漆木板、石材等不透气材质）吸附，从而实现玻璃的更换，如图 8-12 所示。

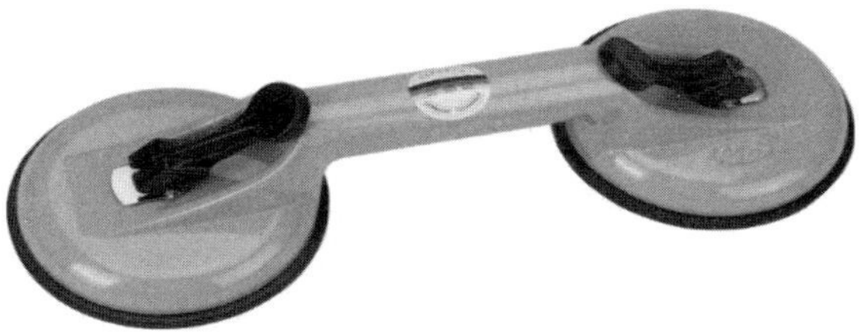

图 8-12　玻璃吸盘

1）使用方法

（1）用干净的软布擦去不锈钢、瓷砖、玻璃等吸附面上的灰尘、污垢、油污等，安装前必须让吸附面完全干燥。

（2）按住吸盘的中心部位，朝吸附面用力压紧，并将吸盘里的空气排掉。

（3）按住吸盘并将吸盘柄压下，使吸盘更牢固地吸附在吸附面上。

2）注意事项

（1）用真空吸盘吸持及搬送重物时，严禁超过理论吸持力的 40%，以防止过载，造成重物脱落。

（2）若发现吸盘因老化等原因而失效时，应及时更换新的真空吸盘。

（3）在使用过程中，必须保持真空压力稳定。

13. 设备维修终端（PTE）

PTE 具备 PSD 维修终端的功能，具有与监控主机、PLC、DCU 的通信接口，具有 10/100 M、RJ45 的标准以太网接口。

PTE 安装有 PSD 相关软件（包括故障诊断软件、维修软件），可直接与监控主机、DCU 进行直接通信，可从 PTE 上查询到 DCU 及监控主机中所有能够监控到的设备的全部信息，并能对 DCU 进行在线参数修改及软件升级。

实训一　屏蔽门系统紧急故障检修

实训目标

（1）熟悉屏蔽门的紧急故障。

（2）掌握紧急故障处理的方法。

实训内容

将学生分组进行屏蔽门紧急故障的检修。

实训工具

城市轨道交通车站屏蔽门实训系统。

实训分组

<table>
<tr><td>班级</td><td></td><td>组号</td><td></td><td>指导老师</td><td></td></tr>
<tr><td>组长</td><td></td><td>学号</td><td colspan="3"></td></tr>
<tr><td rowspan="5">组员</td><td>姓名</td><td>学号</td><td>姓名</td><td colspan="2">学号</td></tr>
<tr><td></td><td></td><td></td><td colspan="2"></td></tr>
<tr><td></td><td></td><td></td><td colspan="2"></td></tr>
<tr><td></td><td></td><td></td><td colspan="2"></td></tr>
<tr><td></td><td></td><td></td><td colspan="2"></td></tr>
<tr><td colspan="6">实训分工</td></tr>
<tr><td colspan="6"></td></tr>
</table>

姓名____________ 班级____________ 日期____________

实训实施

1. 单挡门故障处理

1）屏蔽门上方盖板打火时

（1）故障分析。屏蔽门上方盖板打火原因有：由于屏蔽门系统与轨道，等电位线受潮湿、油漆、粉尘等原因，容易导致绝缘件绝缘性失效；回流电流过大，超出绝缘件所能承受的能力，导致绝缘件被击穿；安装时，绝缘体受到机械损伤。

（2）处理方法。

用绝缘胶布包扎处理受损的打火部位，待运营结束后进行抢修，更换其受损部件。

2）门体玻璃破裂故障

（1）故障分析。

破裂情况：① 滑动门破碎列车停在车站时；② 滑动门破碎列车未进车站时；③ 若固定门/应急门破碎列车停在车站时；④ 滑动门、固定门、应急门破碎的玻璃掉落到站台。

（2）处理方法。

① 应将故障滑动门关闭，LCB 打至关门位，故障的滑动门设置防护区域。

② 立即按压紧停按钮，LCB 打至关门位，故障的滑动门设置防护区域。

③ 故障的固定门/应急门设置防护区域，粘贴告示牌，加强监控。

④ 马上进行清理；掉落到轨行区的玻璃，不影响行车的向车控室汇报，运营结束后清理，加强监控；掉落到轨行区的玻璃影响行车，立即通知车控室向行调请点进入轨行区清理，清理完毕后向车控室汇报。当门体玻璃破裂时观察裂纹分布情况，考虑是否受到外力作用导致。紧急处理为将滑动门打开并隔离，减少活塞风的影响，用胶纸粘贴住已经破裂的玻璃。运营结束后更换受损玻璃并调整好。

3）滑动门出现多次开门故障。

（1）故障分析。

当滑动门出现多次开门故障，SIG 开门及 PSL 间歇性操作不正常时。从信号（SIG）及 PSL 开关门指令传输至单挡滑动门门头的是共享相同的开关门硬线回路来判断，故障原因为屏蔽门开门命令信号回路接线插头故障。应对故障屏蔽门逐个检查，查出故障插件并予更换。

（2）处理方法。

若滑动门龟裂时，应将故障滑动门关闭，LCB 打至关门位，并将相邻的滑动门保持常开，故障及相邻的滑动门设置防护区域，粘贴告示牌，加强监控。

4）开关门慢且关闭后故障指示灯亮

（1）故障分析。

滑动门地坎间歇偏小，与滑动门导靴之间摩擦力大或夹人、夹物都会导致开关门速度慢，且门无法关闭锁紧导致门头灯亮。

（2）处理方法。

可采用隔离或利用行车间隔排除异物后调整好门体。

2. 多挡门故障

1）整侧屏蔽门不能开启

（1）故障分析。

若整侧屏蔽门无关闭且锁紧信号故障时，安全回路发生故障，或电源发生故障。

（2）处理方法。

① 使用第一片 PSL 钥匙插入“PSL 自动/操作”孔旋转到“操作”位；使用第二片 PSL 钥匙插入“PSL 互锁解除”孔旋转到“互锁解除”位，并一直保持不动，观察“互锁解除指示灯”点亮。一直使用此操作方式接/发列车，直到出现“所有门关闭且锁紧”信号。

② 使用 LCB 钥匙多人操作 LCB 到“关门”位，一人查看 PSL 上“所有门关闭指示灯”，一次操作 1 ~ 24 号滑动门。当操作到某一挡门到“关门”位时，出现“所有门关闭指示灯”点亮，则钥匙一直保持到“关门”位，并停止操作其他滑动门，应急结束。若屏蔽门 PSC 柜中电源开关断开，可导致整侧屏蔽门不能收到开门信号，从而无法正常开启。

2）连续五挡门不能开启

（1）故障分析。

同一侧屏蔽门出现连续多挡门同时不能开启而另一侧正常现象，可能判定不能开启的第一挡门开门信号输出端松脱。

处理方法：检查第一挡门开门信号输出端，如松脱则重新接好。

3）安全回路故障

屏蔽门安全回路由硬线串联每挡滑动门和应急门各关闭检测开关、电磁锁锁紧检测开关组成。只有安全回路导通，安全继电器把安全回路已接通信号传送给信号系统，信号系统判断屏蔽门系统处于安全状态，地铁列车才可以安全进站或发车。

（1）关闭锁紧持续丢失列车紧制。

故障分析：关闭锁紧持续丢失列车紧制为关闭、锁紧开关接头线鼻子接触不良导致关闭锁紧丢失导致。

处理方法：查看滑动门 DCU 母板上两个关闭锁紧接头左关闭、右关闭、锁紧检测开关接线是否有松脱，将松脱的线鼻子拔出并将接头用钳子压紧再接回。

（2）电磁锁故障。

故障分析：用于传输电磁锁锁紧检测开关的信号线及电磁锁锁紧检测开关故障也会直接影响屏蔽门系统的安全回路。

处理方法：发生电磁锁故障时，为快速恢复系统安全回路应立即隔离，根据系统记

录的报警信息，用备用的电磁锁把故障的部件换下后再修复。很少发生电磁锁线圈烧毁的现象，如有更换便可。

4）线路故障

故障分析：一般门与门之间的信号线路通过插接件进行连接，通常会因为灰尘、潮湿、震动等原因导致接触不良或松脱。

处理方法：可检查回路电压是否正常，根据电压情况判断出故障点。当发现屏蔽门不能正常开启，车站应立即将不能开启的屏蔽门门头模式开关打为手动状态或车站确认站台安全后在就地控制盘上打“互锁解除”开关。当发现屏蔽门不能正常关闭，车站应立即采取人工关闭，仍无法关闭时，将该屏蔽门门头模式开关打为“手动”状态。

5）信号接口故障

故障分析：屏蔽门系统的单元控制器将屏蔽门开/关状态反馈给信号系统，由于信号系统接口故障或信息接收后信号系统内部转接过程中断故障，导致中央信号系统只接受到屏蔽门开门状态信息，未能接收到关门状态信息，所以中央信息系统显示开启状态。

处理方法：① 司机确认列车是否停在停车标范围内，列车是否有允许开门和开相应侧车门信号；② 在屏蔽门确实不能联动的情况下，司机在就地控制盘上人工打开/关闭屏蔽门。

评价反馈

学生自评表

班级：	姓名：	学号：	
项目八实训一			
评价项目	评价标准	分值	得分

学生互评表

项目八实训一															
评价项目	分值	等级								评价对象（组别）					
										1	2	3	4	5	6

姓名____________ 班级____________ 日期____________

<table>
<tr><td colspan="4">教师综合评价表</td></tr>
<tr><td colspan="4">班级：　　　　　　　　　姓名：　　　　　　　　　学号：</td></tr>
<tr><td>项目八实训一</td><td colspan="3"></td></tr>
<tr><td>评价项目</td><td>评价标准</td><td>分值</td><td>得分</td></tr>
<tr><td></td><td></td><td></td><td></td></tr>
<tr><td></td><td></td><td></td><td></td></tr>
<tr><td></td><td></td><td></td><td></td></tr>
</table>

实训二　屏蔽门系统门体常见故障检修

实训目标

掌握屏蔽门部分门体系统故障的检修方法，能够完成故障检修的工作任务。

实训内容

将学生分组进行屏蔽门门体部分故障的检修。

实训工具

城市轨道交通车站屏蔽门实训系统。

实训分组

<table>
<tr><td>班级</td><td></td><td>组号</td><td></td><td>指导老师</td><td></td></tr>
<tr><td>组长</td><td></td><td>学号</td><td colspan="3"></td></tr>
<tr><td rowspan="5">组员</td><td colspan="5">
<table>
<tr><td>姓名</td><td>学号</td><td>姓名</td><td>学号</td></tr>
<tr><td></td><td></td><td></td><td></td></tr>
<tr><td></td><td></td><td></td><td></td></tr>
<tr><td></td><td></td><td></td><td></td></tr>
<tr><td></td><td></td><td></td><td></td></tr>
</table>
</td></tr>
<tr><td colspan="6">实训分工</td></tr>
<tr><td colspan="6"></td></tr>
</table>

姓名__________ 班级__________ 日期__________

实训实施

屏蔽门门体系统故障是影响运营事故一个主要因素。据统计，屏蔽门夹人、夹物，屏蔽门关不上、打不开等故障频繁发生，此外屏蔽门玻璃爆裂等造成乘客受伤的事故也时有发生。屏蔽门故障严重影响了运营安全。因此，加强对屏蔽门故障发生的原因进行研究分析，事前采取控制措施，可以有效降低屏蔽门故障发生率，保证运营安全。

1. 门体系统常见故障及处理

序号	故障现象	故障分析	处理方法
1	门体分中不对称	从导槽开始查找，查看其中左扇门或右扇门门槛导槽内是否有异物卡入，然后用砝码测试皮带是否松脱，调整单边门皮带松紧度	用镊子取出导槽异物，用 2 kg 砝码（或手提称）测试皮带挠度是否在 25~40 mm，调整皮带整体均衡，张力适度
2	单个门故障——滑动门动作缓慢	门状态指示灯低频闪烁，滑动门动作缓慢，无法完全打开、关闭	有纸屑、石子、螺钉、竹签等进入地槛槽，导致滑动门导靴与地槛槽摩擦力增加。此故障非机电设备故障，而是由乘客引起
3	门体玻璃爆裂或龟裂	钢化玻璃的边角被坚硬的外物撞击时容易破裂，多是乘客不小心碰撞造成，也有可能因温度变化产生自爆，以及振动或玻璃框架变形引起爆裂	应急处理。为减少对列车运行和乘客安全的影响，更换爆裂玻璃的作业一般在正常运营结束后的夜间进行
4	应急门、端门无法打开	应急门和端门门锁故障	维修门锁
5	瞭望灯带不亮	检查灯带中灯管内部是否断路	更换灯带

2. 门体系统故障处理总结

屏蔽门门体系统故障部分是与乘客直接相关的，其中乘客扒门、抢门、障碍物卡阻等情况均会造成开关门故障。此类故障受乘客使用情况影响，约占故障总数的 75%，而遇到此类情况，站台安全员或司机应第一时间做出反应，将故障消除。

（1）首先加强对乘客的宣传教育，不要扒门、抢门，按秩序上车，以免发生人身伤

害事故；其次加强对信号和机电系统检查及维修的力度，提高信号和机电系统的可靠性和稳定性。

（2）加强对屏蔽门系统测试/调试主要包括样机阶段、出厂、安装现场三个阶段的测试/调试。

① 单系统测试：屏蔽门门机及门体结构安装完毕后，测试门体的运行情况，主要通过推拉力计拉动门体进行关门运动，读取拉力最大时的拉力计数；当读数在要求的范围内时，测试合格。

② 屏蔽门系统所有的设备安装布线完毕并测试合格后，需在设备室进行设备系统的通电检测，主要检测所有的电源及设备是否正常运行。闭合屏蔽门系统控制电源柜及驱动电源柜中与低压配电接口处的空气开关，闭合控制电源柜中的相关的控制及驱动输出空气开关，目测控制电源，驱动电源是否有电源报警出现。

③ 屏蔽门系统有设备安装布线完毕后，在站台进行单元屏蔽门的电源线测试及通电实验，主要检测电源模块输出电压，当电源模块输出电压为要求的范围内，并确定输出 DCU 的电源电压正常时，则测试合格。

④ 每单元屏蔽门的电源线检测及通电实验完成后，在站台对每单元屏蔽门的运行情况进行测试，使用就地控制盒对屏蔽门进行每个单元门规定次数循环的开、关门测试，应开、关门正常，无异常声音。

⑤ 滑动门安装完成后，对滑动门的手动开门力、关门力、解锁力进行测试，主要通过推拉力计对手动开门力、解锁力进行测试，当手动开门力、手动解锁力在要求的范围内时，滑动门手动打开 30 s 后，能低速关闭且锁紧时，则测试合格。

（3）屏蔽门系统的接口测试。

① 屏蔽门门体进行等电位测试，用兆欧表对整列门体间的等电位、电阻进行测试，每一单元屏蔽门的等电位连接线均应可靠连接，屏蔽门与轨道等电位，测试接轨电阻值符合要求。

② 接地及绝缘层设计。地铁牵引配电系统采用直流供电，并把钢轨最为汇流通道，因此钢轨与大地间存在电位差会对乘客造成影响。因此，为确保乘客及工作人员的安全，要求在乘客及工作人员易接触到的金属部件与列车的金属部件之间采用绝缘安装，以保持轨道与站台的电气隔离。

a. 通过直流低电阻测试仪检测接地电阻，系统设备房所有设备接地电阻小于等于 4 Ω；

b. 通过 500 V 兆欧表检测屏蔽门与大地之间的绝缘电阻，绝缘值大于等于 0.5 MΩ。

③ 与车辆的接口测试：在列车停车精度范围内，屏蔽门门体 （主要为滑动门）与列车门的对应情况；首尾滑动门单元开启后对司机出入司机门的影响；在列车未停准的情况下，应急门与列车门的对应情况。

④ 限界的测试：检测屏蔽门安装后屏蔽门轨道侧轮廓线（包括在设计荷载下的屏

蔽门的变形量）至轨道中心线的距离是否满足限界要求。在任何情况下都不允许屏蔽门侵入其限界。

评价反馈

学生自评表

班级：	姓名：	学号：	
项目八实训二			
评价项目	评价标准	分值	得分

学生互评表

项目八实训二															
评价项目	分值	等级								评价对象（组别）					
										1	2	3	4	5	6

教师综合评价表

班级：	姓名：	学号：	
项目八实训二			
评价项目	评价标准	分值	得分

姓名＿＿＿＿＿＿　班级＿＿＿＿＿＿　日期＿＿＿＿＿＿

实训三　屏蔽门系统门机常见故障检修

实训目标

掌握屏蔽门部分门机故障的检修方法，能够完成故障检修的工作任务。

实训内容

将学生分组进行屏蔽门门机故障的检修。

实训工具

城市轨道交通车站屏蔽门实训系统。

实训分组

<table>
<tr><td>班级</td><td></td><td>组号</td><td></td><td>指导老师</td><td></td></tr>
<tr><td>组长</td><td></td><td>学号</td><td colspan="3"></td></tr>
<tr><td>组员</td><td colspan="5">
<table>
<tr><td>姓名</td><td>学号</td><td>姓名</td><td>学号</td></tr>
<tr><td></td><td></td><td></td><td></td></tr>
<tr><td></td><td></td><td></td><td></td></tr>
<tr><td></td><td></td><td></td><td></td></tr>
<tr><td></td><td></td><td></td><td></td></tr>
</table>
</td></tr>
<tr><td colspan="6">实训分工</td></tr>
<tr><td colspan="6"></td></tr>
</table>

姓名________ 班级________ 日期________

实训实施

1. 门机系统常见故障及处理

序号	故障现象	故障分析	处理方法
1	DCU 不工作——单个滑动门不能打开	经 LCB 隔离后打开顶箱盖板，发现 DCU 电源灯不亮，使用万用表检测，其输入电源电压正常，判断 DCU 故障	更换 DCU 后故障解决。本着学习的态度，打开故障件 DCU，使用万用表检测，发现其电源变压器虚焊，重新焊接后通电测试，其电源灯亮。经测试，此 DCU 工作正常，可作维修备品使用
2	DCU 不工作——单个滑动门不能打开	经 LCB 隔离后打开顶箱盖板，发现 DCU 电源灯是亮的，使用万用表检测，其输入电源电压正常，判断 DCU 故障	根据 DCU 故障的显示判断是 DCU 编码器故障，维修编码器
3	电动机故障。单个滑动门关不上，电动机转动声音异常且转动沉重	电动机损坏	更换的电动机
4	屏蔽门开关门延时——行程开关异常	断开单个门单元电源，查看左关门、右关门行程开关是否有松动（行程开关保持 1～2 mm 动作间隙），并灵活动作	使用 M8 扳手调整左、右关门行程开关螺栓，并保持开关在 1～2 mm 间隙灵活动作，若调整后故障依然存在，可试图更换行程开关
5	单个门故障——LCB 关门关不上。整侧滑动门关闭，单个滑动门关不上，LCB 关门关不上	DCU 或电动机出现故障导致门体不能正常关闭。或者是顶箱线路问题导致信号无法执行	检查或更换 DCU、电动机，检查线路是否松动
6	端门不能关闭锁紧故障	门锁机构松脱或门锁损坏。 列车离开站等风压过后，使用人字梯攀登并打开端门顶箱盖板，查看门锁机构部分是否有松脱现象，并及时紧固处理。如果紧固后未能处理故障，时间不允许的情况下须在此门做防护措施，张贴故障标识，在夜间卸掉门锁机构后处理	用钳子紧固相关松脱部分，在卸掉门体锁杆后按照规范要求用螺丝刀或扳手调节，适当位移

姓名____________ 班级____________ 日期____________

续表

序号	故障现象	故障分析	处理方法
7	滑动门打开时，开进电动机侧的门扇有跳动	电动机输出轴与丝杆不同轴	调整电动机支架，保证电动机输出轴与丝杆同轴
8	滑动门关到位和开到位时门扇左右晃动	丝杆螺母副磨损严重，导致丝杆螺母副与丝杆之间的间隙较大	更换新的丝杆螺母副
9	滑动门运动不连续并带有异常噪声	电动机损坏	更换电动机
10	滑动门关到位时不停止，且门开到位时有严重撞击现象	门到位开关未被压下	调整门到位开关的位置，保证滑动门关闭时开关被压下
		门到位开关损坏	更换门到位开关
11	滑动门不响应外部开门信号	门控单元 DCU 未上电	门控单元 DCU 上电
		电动机损坏	更换电动机
		模式转换开关处于隔离或手动状态	模式转换开关打到自动位置
12	滑动门在关到位处重复开门动作，但无法开门	电磁铁电缆接头处接触不可靠或接线断路	检查电磁铁接线
		电磁铁损坏	更换电磁铁
		门控单元控制电磁铁的输出损坏	更换门控单元 DCU
13	顶箱上状态指示灯常亮或不亮	门控单元控制状态灯的输出口损坏	更换门控单元 DCU
		状态指示灯损坏	更换状态指示灯
14	蜂鸣器常鸣或不鸣	门控单元控制蜂鸣器的输出口损坏	更换门控单元 DCU
		蜂鸣器损坏	更换状态蜂鸣器
15	模式转换开关处于隔离位置，滑动门仍响应开关门动作	模式转换开关损坏	更换模式转换开关
16	左右滑动门开关门正常但开到一半就不动作	开门曲线故障	门控单元复位，并检查是否需要重新设置曲线参数
17	门到位开关不到位，显示红色	到位开关没有被压合	调整到位开关位置

2. 门机系统故障处理总结

门机系统的故障主要包括驱动装置、传动装置、悬挂装置和锁紧装置的故障，其中较容易发生故障的有驱动装置中的电动机、锁紧装置里的门锁和行程开关等。故障现象大都表现为电磁锁及锁芯故障、行程开关故障、工控机故障等。若发生此类故障，维修人员会在接到报修后立即前往故障地点，及时对故障进行处理，并在当日运营结束后对发生故障的部位进行再次检查。

评价反馈

学生自评表

班级：	姓名：	学号：	
项目八实训三			
评价项目	评价标准	分值	得分

学生互评表

项目八实训三															
评价项目	分值	等级								评价对象（组别）					
										1	2	3	4	5	6

教师综合评价表

班级：	姓名：	学号：	
项目八实训三			
评价项目	评价标准	分值	得分

姓名____________ 班级____________ 日期____________

实训四　屏蔽门系统电气控制常见故障检修

实训目标

掌握屏蔽门部分电气控制故障的检修方法，能够完成故障检修的工作任务。

实训内容

将学生分组进行屏蔽门部分电气控制故障的检修。

实训工具

城市轨道交通车站屏蔽门实训系统。

实训分组

<table>
<tr><td>班级</td><td></td><td>组号</td><td></td><td>指导老师</td><td></td></tr>
<tr><td>组长</td><td></td><td>学号</td><td colspan="3"></td></tr>
<tr><td>组员</td><td colspan="5">
<table>
<tr><td>姓名</td><td>学号</td><td>姓名</td><td>学号</td></tr>
<tr><td></td><td></td><td></td><td></td></tr>
<tr><td></td><td></td><td></td><td></td></tr>
<tr><td></td><td></td><td></td><td></td></tr>
<tr><td></td><td></td><td></td><td></td></tr>
</table>
</td></tr>
<tr><td colspan="6">实训分工</td></tr>
</table>

实训实施

屏蔽门电气故障常表现为：指示灯闪烁、红灯亮、报警声响起；电源指示灯灭；开关、按键操作无效；列车无法进出站台、接点打火等。屏蔽门系统的电气故障点从理论的角度来分析，会有很多可能。但从产品特点和电气维修的实践来看，常见的故障有连线接口松脱，开关、按键接触不良，电路板焊点虚焊，电源模块故障等。

项目八　屏蔽门常见故障检修

姓名____________ 班级____________ 日期____________

1. 控制系统常见故障及处理

序号	故障名称及现象	故障分析	处理方法
1	安全回路故障排查。若整侧滑动门可以正常开关，PSL关闭锁紧灯不亮，列车不能进出站，PSA显示屏蔽门无异常，可判断是安全回路有故障	取下该侧距离屏蔽门设备房相对一端的滑动门 DCU 板七芯控制线输出接口堵头（以下简称堵头），将堵头连接于该侧距离 PSL 盘较近的滑动门七芯控制线输出段。如果 PSL 关闭锁紧灯点亮，说明 PSL 无故障，正常。再取下堵头，恢复距离 PSL 较近的滑动门正常状态。将堵头接入整侧门体中间位置滑动门（12 号滑动门）的七芯线输出端口，如果 PSL 关闭锁紧指示灯点亮，说明 12 号滑动门到距离设备房较近的滑动门之间无异常，继续以此方法使用堵头分段对几个门单元进行排查，直到查出某个单元门七芯线异常	使用推针器进行紧固或拔出七芯线接口针，查看接口针是否有损坏等异常，更换接口针后设备恢复正常状态。 总结：先检查 PSL 是否有问题，再判断回路中哪个门出了问题
2	PSL 不能控制整侧屏蔽门开/关门。PSL关闭锁紧指示灯未点亮	查看 PSA 故障记录是否报某个滑动门故障，并查看PSL关闭锁紧指示灯是否点亮。若关闭锁紧指示灯未点亮，使用该侧末端滑动门七芯线堵头连接于距离设备房较近滑动门七芯线（输出端）。连接后若关闭锁紧指示灯点亮，说明此滑动门异常，进一步检查该处七芯线是否有松动，接口内针是否有续接。若关闭锁紧指示灯未点亮，检查设备房相应开关线、使能线（78、79、80）连接是否正常。经排查，距设备房较近的滑动门门头七芯线松脱	使用推针器进行紧固或拔出七芯线接口针查看接口针是否有损坏等异常，重新安装锁紧接头后恢复设备正常状态
3	PSL 不能控制整侧屏蔽门开/关门。PSL关闭锁紧指示灯未点亮，但PSL未能控制整侧屏蔽门动作	查看距离屏蔽门设备房较近的滑动门门机，查看 DCU 板七芯控制线插口是否有松脱现象，若查看后正常，即查看屏蔽门设备房 PSC 柜与门头连接输入、输出端使能允许线、公共线、开门控制线是否有松动或异常情况。经排查，屏蔽门控制开关门使能允许线掉落	按照图纸规范正确方法，使用尖口钳连接紧固相应掉落线头，恢复设备正常状态
4	当PSL操作允许信号有效时，操作PSL互锁解除钥匙开关，互锁解除指示灯不亮或未变化	互锁解除指示灯损坏	更换互锁解除指示灯
		PSL 互锁解除钥匙开关损坏	更换互锁解除钥匙开关
		开/关门操作指示灯损坏	更换开/关门操作指示灯

续表

序号	故障名称及现象	故障分析	处理方法
5	操作IBP紧急开关旋钮，IBP面板开/关操作指示灯未变化	若滑动门 ASD 响应开门动作，则IBP 开/关门操作指示灯损坏	更换开/关门操作指示灯
		若滑动门 ASD 未响应开门动作，则IBP 开/关门按钮损坏	更换 IBP 开门按钮
6	操作指示灯测试按钮，IBP面板开/关操作指示灯未变化	开/关门操作指示灯损坏	更换开/关门操作指示灯
7	安全回路灯不亮	线路松动脱落，导致安全互锁回路无法连通	重新接线，确保线路连接可靠
8	安全回路故障后 PSC 面板上的门闭锁指示灯熄灭	确认整侧屏蔽门是否已关闭，未关闭滑动门及应急门指示灯会闪烁，若有指示灯闪烁，将该故障门隔离处理	确定故障发生时间，根据故障时间查询 PSA 上每个 DCU 运营状态及故障记录
9	上下行的安全回路灯不亮	安全互锁回路未完全闭合	请检查 ASD 是否全部关闭到位，锁到位开关是否全部压下
10	PSL 操作无效	电源线路断开	将 PSL 操作允许打到 ON，PSL 开关门打到开门挡，确认 PSC 柜体内空开 Q108、Q109、Q110 合上，用万用表测量 X101：28（正）与 X101：29（负）、X101：30（正）与 X101：31（负）电压应为 DC 24 V，若无 DC 24 V（低于 DC 20 V），断开 Q101 更换安全继电器模块（S5）。处理完成将设备恢复正常状态
11	无法联动	PSL 操作开关未处于 OFF 挡；或者 PSC 面板测试开关未处于自动挡；或者电源线路故障	将 PSL 操作开关打到 OFF 挡；或者 PSC 面板测试开关打到自动挡；或者排除电源线路故障

2. 控制系统故障处理总结

屏蔽门系统受信号系统控制，若信号系统故障，屏蔽门将无法正常开关门，此类故障大约占总故障的 5%。对于此类故障更需要：

1）加强屏蔽门系统的接口测试

（1）对 PSL 功能进行测试。通过 PSL 系统向屏蔽门发出开、关门命令，如果屏蔽门的开、关门无故障且同时开启和关闭，所有的信号指示灯都正常，测试合格。

① 通过 PSL 向屏蔽门系统的中央接口盘（PSC）发出开门请求命令，PSC 接到命令后向门控单元（DCU）发开门指令，DCU 收到指令后，控制滑动门开门。

② 通过 PSL 向屏蔽门系统的中央接口盘（PSC）发出关门请求命令，PSC 接到命令后向门控单元（DCU）发关门指令，DCU 收到指令后，控制滑动门关门（包括有障碍物存在的情况）。

（2）用模拟信号系统对屏蔽门进行测试。通过模拟信号系统向屏蔽门发出开、关门命令，如果屏蔽门的开、关门无故障且同时开启和关闭，所有的信号指示灯都正常，则测试合格。

① 通过模拟信号装置向屏蔽门系统的中央接口盘（PSC）发出开门请求命令，PSC 接到命令后向门控单元（DCU）发关门命令，DCU 收到指令后，控制滑动门开门。

② 通过模拟信号装置向屏蔽门系统的中央接口盘（PSC）发出关门请求命令，PSC 接到命令后向门控单元（DCU）发出关门指令，DCU 收到指令后，控制滑动门关门（包括有障碍物存在的情况）。

安全回路的概念，为了保证屏蔽门关闭和锁定状态的故障安全监测，采用一个串联式连线回路，沿车站站台穿过所有的滑动门与应急门。当回路闭合时，向信号系统发出一个“所有滑动门/应急门关闭和锁定”的信号，此回路就简称安全回路。其作用在于，当回路闭合时，授权列车才能离开车站；当回路断开时，警示列车离开或进入车站。

（3）屏蔽门系统 IBP 盘在车控室安装完成后，对 IBP 盘进行功能测试，IBP 盘应能控制整侧屏蔽门的开门并显示屏蔽门的状态，则测试合格。

通过 IBP 向屏蔽门系统的中央接口盘（PSC）发出开门请求命令，PSC 接到命令后向门控单元（DCU）发开门指令，DCU 收到指令后，控制滑动门开门。

（4）屏蔽门系统与信号系统的接口安装完成后，对屏蔽门系统与信号系统的连接进行测试，通过信号系统控制屏蔽门的开关，如果状态显示正常，则测试合格。

① 信号向屏蔽门系统的中央接口盘（PSC）发出开门请求命令，PSC 接受命令后向门控单元（DCU）发开门指令，DCU 收到指令后，控制滑动门开门。

② 信号系统向屏蔽门系统的中央接口盘（PSC）发出关门请求命令，PSC 接到命令后向门控单元（DCU）发关门指令，DCU 收到指令后，控制滑动门关门（包括有障碍物存在的情况）。

（5）采用模拟通信数据与综合监控系统进行通信测试的目的是检验屏蔽门系统与监控系统通信的符合性，其测试内容包括但不限于：系统功能测试，接口协议测试，百分之百点对点测试、端对端测试测试及其他接口项目，搭建本系统测试平台，并根据接口文件技术要求完成测试。

（6）通过模拟信号装置对整侧屏蔽门进行 5 000 次连续运行测试，保证每扇滑动门单元运行顺畅，并及时解决运行过程中的问题。

2）注意屏蔽门系统联动调试的问题

（1）PSL 的功能测试，信号系统的测试。首先需要注意每个门单元之间的串联控制命令线路，接线顺序是否正确，否则无法响应各控制命令，甚至导致命令无法执行。

（2）PSC 柜的功能测试。PSC 柜的硬线线路种类之多，且功能是独立的，主要通过图纸和线路的标号来区分，接线要求集中、细致。

（3）联动调试时要把安全回路的调试作为重点，并对单个门单元进行精调，确保每次开关门时，安全回路连通。

评价反馈

学生自评表

班级：	姓名：		学号：
项目八实训四			
评价项目	评价标准	分值	得分

学生互评表

项目八实训四															
评价项目	分值	等级								评价对象（组别）					
										1	2	3	4	5	6

姓名____________ 班级____________ 日期____________

教师综合评价表			
班级：	姓名：	学号：	
项目八实训四			
评价项目	评价标准	分值	得分

实训五　屏蔽门系统电源常见故障检修

实训目标

掌握屏蔽门常见电源故障的检修方法，能够完成故障检修的工作任务。

实训内容

将学生分组进行屏蔽门常见电源故障的检修。

实训工具

城市轨道交通车站屏蔽门实训系统。

实训分组

<table>
<tr><td>班级</td><td></td><td>组号</td><td></td><td>指导老师</td><td></td></tr>
<tr><td>组长</td><td></td><td>学号</td><td colspan="3"></td></tr>
<tr><td rowspan="5">组员</td><td>姓名</td><td>学号</td><td>姓名</td><td colspan="2">学号</td></tr>
<tr><td></td><td></td><td></td><td colspan="2"></td></tr>
<tr><td></td><td></td><td></td><td colspan="2"></td></tr>
<tr><td></td><td></td><td></td><td colspan="2"></td></tr>
<tr><td></td><td></td><td></td><td colspan="2"></td></tr>
<tr><td colspan="6">实训分工</td></tr>
<tr><td colspan="6"></td></tr>
</table>

姓名＿＿＿＿＿＿　班级＿＿＿＿＿＿　日期＿＿＿＿＿＿

实训实施

1. 电源系统常见故障及处理

序号	故障现象	故障分析	处理方法
1	电源模块故障。上下行所有滑动门无法电动打开	检查 380 V 交流供电正常，发现驱动电源模块故障告警灯点亮，电源模块内部有白色烟雾排出。判断为电源模块故障，旁路断电后打开电源模块，发现内部电容元件炸裂。分析为驱动 UPS 故障导致轨旁 ATS 动作，但旁路空开没有动作到位，造成整个车站的驱动电源失电	更换驱动电源模块后故障解决
2	电源模块故障。滑动门第 3、8、13、18、23 号门无法联动打开	检修人员切断总电源和 UPS 供电并重新启动中央控制盘，故障仍然存在。打开对应编号门顶箱，使用万用表检测 DCU 电源均为 0，正常应为 DC 24 V。联想到滑动门驱动电源为交错配电，此几个号为同一驱动电源模块供电，经检测，该驱动电源模块输入正常，而输出 0 V，判断该电源模块故障	列车停运后，对故障门电源模块进行更换，经通电测试，设备恢复正常
3	间隔四挡屏蔽门不能正常开启，间隔四挡如 1、6、11、16、21、26 号屏蔽门不能正常开启	屏蔽门控制室 PDP 柜电源 380 V 驱动电源缺相，不能为这六挡门正常的驱动电源	检查屏蔽门控制室 PDP 柜电源 380 V 驱动电源及其连线，如有问题则修复

2. 电源系统故障处理总结

电源系统的故障主要包括电源线路故障、驱动电源故障、控制电源故障、蓄电池故障和 UPS 故障。故障现象大都表现为操作控制系统后屏蔽门没有相应的反应。

姓名__________ 班级__________ 日期__________

评价反馈

学生自评表

班级：　　　　　　　　姓名：　　　　　　　　学号：

项目八实训五			
评价项目	评价标准	分值	得分

学生互评表

<table>
<tr><td colspan="2">项目八实训五</td><td colspan="14"></td></tr>
<tr><td rowspan="2">评价项目</td><td rowspan="2">分值</td><td colspan="8" rowspan="2">等级</td><td colspan="6">评价对象（组别）</td></tr>
<tr><td>1</td><td>2</td><td>3</td><td>4</td><td>5</td><td>6</td></tr>
<tr><td></td><td></td><td></td><td></td><td></td><td></td><td></td><td></td><td></td><td></td><td></td><td></td><td></td><td></td><td></td><td></td></tr>
<tr><td></td><td></td><td></td><td></td><td></td><td></td><td></td><td></td><td></td><td></td><td></td><td></td><td></td><td></td><td></td><td></td></tr>
<tr><td></td><td></td><td></td><td></td><td></td><td></td><td></td><td></td><td></td><td></td><td></td><td></td><td></td><td></td><td></td><td></td></tr>
<tr><td></td><td></td><td></td><td></td><td></td><td></td><td></td><td></td><td></td><td></td><td></td><td></td><td></td><td></td><td></td><td></td></tr>
<tr><td></td><td></td><td></td><td></td><td></td><td></td><td></td><td></td><td></td><td></td><td></td><td></td><td></td><td></td><td></td><td></td></tr>
</table>

教师综合评价表

班级：　　　　　　　　姓名：　　　　　　　　学号：

项目八实训五			
评价项目	评价标准	分值	得分

姓名____________ 班级____________ 日期____________

附件一　屏蔽门系统设备应急抢修预案

1　目的与范围

1.1　目的

为了提升屏蔽门系统设备故障的应急处理和抢修能力，规范应急处理预案的具体实施，建立健全应急体系，特制定本预案。

1.2　使用范围

本规则规定了屏蔽门系统故障发生时，屏蔽门专业抢修人员的职责及应急处置程序。

2　处理原则

2.1　屏蔽门系统发生故障时必须遵循“先通后复”的基本原则，应先确保列车安全运行，再进行设备故障修复。

2.2　机电部屏蔽门维修人员接到通知，迅速赶到现场，应视情况抢修，切勿影响行车。

2.3　在应急处理过程中，抢修作业必须确保行车安全、乘客安全和工作人员安全，必须遵循《行车组织规则》和《施工管理规则》相关规定，办理请、销点手续，申请对应区域，经相关部门批准后方可进行相应区域作业，作业完毕后必须确保出清，满足行车条件。

2.4　在事故抢修过程中，采取的临时修复措施，必须由客运部值班站长或机电部现场负责人确认。

3　抢修组织

机电车间成立屏蔽门系统应急抢险小组，在机电部事故抢修领导小组的指挥下，组织实施屏蔽门专业系统预防措施和应急抢修工作，应急抢修小组成员应通信畅通并保持24小时待命。屏蔽门专业应急小组成员见附表A。

4　抢修准备

4.1　屏蔽门应急抢修组成员原则上在第一时间赶到事故现场，辖站工班维修人员车组应在最快时间到事故现场进行安全防护。

4.2　屏蔽门系统设备应急抢修工器具及备件（一类、二类）（见附表B、C）的要求。

4.3　屏蔽门系统设备应急抢修工具及材料已准备于屏蔽门维修工班，每个工班放有一套抢修工具。

4.4　屏蔽门抢修材料要与日常维修用材料分架、分区存放，单独造册登记。抢修使用后，应及时补充。

4.5　抢修材料、工具入库前必须认真检查、验收，做到不合格的不得入库。部分材料可以组装配套存放，对较小的零部件可存放在抢修箱内。

4.6 屏蔽门维修工班库管员定期清点抢修用料、工具。

4.7 应急救援人员应急值守到位，保持 24 小时通信畅通。

5 安全措施

5.1 在屏蔽门系统设备抢修中要严格执行行车、高空作业、电气安全作业的有关规定和防护措施，防止扩大事故范围和发生意外的人身伤亡事故。

5.2 所有从事屏蔽门抢修工作的人员，必须培训合格后，方可上岗。

5.3 在进行屏蔽门作业时，抢修组所有成员必须穿戴好劳保用品，进入区间作业时必须穿荧光衣，高空作业必须系安全带。

5.4 事故抢修时，应先停电，并验电，确认后挂“有人工作，请勿合闸”警示牌，才可以对屏蔽门故障的设备进行抢修。

6 抢修处理程序

6.1 单道/多道屏蔽门（一般不多于一侧屏蔽门数量，下同）不能开门故障

6.1.1 车站工作人员发现屏蔽门系统设备故障情况，报告维修调度，维修调度通知机电值班人员，机电值班人员通知屏蔽门抢修人员进行故障抢修。

6.1.2 抢修人员在接到故障抢修通知后，询问屏蔽门故障现象，携带抢修工具和所需备件，迅速赶往现场。

6.1.3 抢修人员到达现场后，先在车控室办理请点手续，做好故障处理前准备工作。

6.1.4 现场做好防护，并有专人现场监管，开始进行故障检查与处理。

6.1.4.1 检查门单元是否进入障碍物模式，如是，检查及清除障碍物后复位。

6.1.4.2 检查是否供电模块故障，若应故障不能正常复位，更换模块。

6.1.4.3 检查电子锁是否动作正常，若电子锁故障，更换电子锁。

6.1.4.4 若故障持续，根据 MMS 诊断信息检查门机相关部件。

6.1.4.5 检查是否门单元 DCU 故障，若因故障不能正常复位，更换 DCU。

6.1.5 进行故障抢修时，要根据现场客流情况和维修可能对运营造成的影响情况采用具体方案。抢修过程中，在列车进站前 1 min 停止抢修。若不能进行抢修，则做好应急防护措施，保持故障门旁路状态，并加强现场监控，待列车停运后，进行故障处理。

6.1.6 故障修复后，抢修人员使用模式开关手动测试故障门开、关动作，屏蔽门运行正常后，将 LCB 模式开关切换到“自动”位置，观察无故障后，清理现场，到车控室办理销点手续，并回复机电值班人员。

注意：如因 DCU 故障需要更换 DCU 时，要留意其软件版本是否正确，并做必要的软件升级。

6.2 单道/多道屏蔽门不能关门故障

6.2.1 车站工作人员发现屏蔽门系统设备故障情况，报告维修调度，维修调度通知机电值班人员，机电值班人员通知屏蔽门抢修人员进行故障抢修。

6.2.2 抢修人员在接到故障抢修通知后，询问屏蔽门故障现象，携带抢修工具和所

需备件，迅速赶往现场。

6.2.3　抢修人员到达现场后，先在车控室办理请点手续，做好故障处理前准备工作。

6.2.4　现场做好防护，并有专人现场监管，开始进行故障检查与处理。

6.2.4.1　检查门单元是否进入障碍物模式，如是，检查及清除障碍物后复位。

6.2.4.2　检查是否供电模块故障，若因故障不能正常复位，更换模块。

6.2.4.3　若故障持续，根据 MMS 诊断信息检查门机相关部件。

6.2.4.4　检查是否门单元 DCU 故障，若因故障不能正常复位，更换 DCU。

6.2.5　进行故障抢修时，要根据现场客流情况和维修可能对运营造成的影响情况采用具体方案。抢修过程中，在列车进站前 1 min 停止抢修。若不能进行抢修，则做好应急防护措施，保持故障门隔离状态，并加强现场监控，待列车停运后，进行故障处理。

6.2.6　故障修复后，抢修人员使用模式开关手动测试故障门开、关动作，屏蔽门运行正常后，将 LCB 模式开关切换到“自动”位置，观察无故障后，清理现场，到车控室办理销点手续，并回复机电值班人员。

注意：如因 DCU 故障需要更换 DCU 时，要留意其软件版本是否正确，并做必要的软件升级。

6.3　站台整侧屏蔽门不能开门故障

6.3.1　车站工作人员发现屏蔽门系统设备故障情况，报告维修调度，维修调度通知机电值班人员，机电值班人员通知屏蔽门抢修人员进行故障抢修。

6.3.2　抢修人员在接到故障抢修通知后，询问屏蔽门故障现象，携带抢修工具和所需备件，迅速赶往现场。

6.3.3　抢修人员到达现场后，先在车控室办理请点手续，做好故障处理前准备工作。

6.3.4　现场做好防护，并有专人现场监管，开始进行故障检查与处理。

6.3.4.1　查看 MMS 上的事件记录是否收到信号系统发过来的开门指令，若收到指令则是屏蔽门的问题。

（1）检修外部电源供电。

（2）检修驱动 UPS。

（3）检修控制 UPS。

（4）检查 PEDC 是否故障，若故障则断开单元控制器的连接器进行检修，检修不能处理，更换 PEDC。

（5）检修系统配电柜内控制线路。

6.3.4.2　若没有收到指令，在检查相关接线无松动的情况下，则可以判断是信号系统的问题，通知信号专业进行处理。

6.3.5　进行故障抢修时，要根据现场客流情况和维修可能对运营造成的影响情况采用具体方案。抢修过程中，在列车进站前 1 min 停止抢修。若不能进行抢修，则降为站台级控制（PSL 控制），待列车停运后，进行故障处理。

6.3.6　故障修复后，将隔离的故障屏蔽门 LCB 模式开关恢复到“自动”位置，使用 PSL 测试整侧屏蔽门开、关动作，观察无故障后，清理现场，到车控室办理销点手续，并回复机电值班人员。

注意：如因 PEDC 故障需要更换 PEDC 时，要留意其软件版本是否正确，并做必要的软件升级。

6.4　站台整侧屏蔽门不能关门故障应急处理程序

6.4.1　车站工作人员发现屏蔽门系统设备故障情况，报告维修调度，维修调度通知机电值班人员，机电值班人员通知屏蔽门抢修人员进行故障抢修。

6.4.2　抢修人员在接到故障抢修通知后，询问屏蔽门故障现象，携带抢修工具和所需备件，迅速赶往现场。

6.4.3　抢修人员到达现场后，先在车控室办理请点手续，做好故障处理前准备工作。

6.4.4　现场做好防护，并有专人现场监管，开始进行故障检查与处理：

6.4.4.1　查看 MMS 上的事件记录是否收到信号系统发过来的关门指令，若收到指令则是屏蔽门的问题。

（1）检修外部电源供电。

（2）检修驱动 UPS。

（3）检修控制 UPS。

（4）检查 PEDC 是否故障，若故障则断开单元控制器的连接器进行检修，检修不能处理，更换 PEDC。

（5）检修系统配电柜内控制线路。

6.4.4.2　若没有收到指令，在检查相关接线无松动的情况下，则可以判断是信号系统的问题，通知信号专业进行处理。

6.4.5　进行故障抢修时，要根据现场客流情况和维修可能对运营造成的影响情况采用具体方案。抢修过程中，在列车进站前 1 min 停止抢修。若不能进行抢修，则降为站台级控制（PSL 控制），待列车停运后，进行故障处理。

6.4.6　故障修复后，将隔离的故障屏蔽门 LCB 模式开关恢复到“自动”位置，使用 PSL 测试整侧屏蔽门开、关动作，观察无故障后，清理现场，到车控室办理销点手续，并回复机电值班人员。

注意：如因 PEDC 故障需要更换 PEDC 时，要留意其软件版本是否正确，并做必要的软件升级。

6.5　列车无法进站或出站的故障

6.5.1　车站工作人员发现屏蔽门系统设备故障情况，报告维修调度，维修调度通知机电值班人员，机电值班人员通知屏蔽门抢修人员进行故障抢修。

6.5.2　抢修人员在接到故障抢修通知后，询问屏蔽门故障现象，携带抢修工具和所需备件，迅速赶往现场。

6.5.3　抢修人员到达现场后，先在车控室办理请点手续，做好故障处理前准备工作。

6.5.4　现场做好防护，并有专人现场监管，开始进行故障检查与处理。

6.5.4.1　检查 MMS 上 PEDC 故障信息是否有“关闭与锁紧”回路故障，若无故障信息，检查屏蔽门系统与信号系统接口接线及输出电压是否正常，若属于信号故障，通知信号专业进行故障抢修。

6.5.4.2　若“关闭与锁紧”回路故障，检修安全回路及安全回路继电器，在检修或更换继电器时需断电操作。

6.5.5　进行故障抢修时，要根据现场客流情况和维修可能对运营造成的影响情况采用具体方案。抢修过程中，在列车进站前 1 min 停止抢修。若不能进行抢修，则将 PSL 上开关打至“互锁解除”位，保证列车正常进、出站，加强现场监控，待列车停运后，进行故障处理。

6.5.6　故障修复后，将 PSL 互锁解除开关切换至“禁止”位，观察列车运行无故障后，清理现场，到车控室办理销点手续，并回复机电值班人员。

6.6　屏蔽门玻璃破裂及破碎故障

6.6.1　车站工作人员发现屏蔽门破裂及破碎情况，报告维修调度，维修调度通知机电值班人员，机电值班人员通知屏蔽门抢修人员进行故障抢修。

6.6.2　抢修人员在接到故障抢修通知后，询问屏蔽门故障现象，携带抢修工具和所需备件，迅速赶往现场。

6.6.3　抢修人员到达现场后，先在车控室办理请点手续，做好故障处理前准备工作。

6.6.4　现场做好防护，并有专人现场监管，开始进行故障处理：

6.6.4.1　玻璃爆裂但未碎裂散落，将 LCB 模式开关切换至隔离状态，用强力粘胶带粘贴玻璃与门体。

6.6.4.2　玻璃爆裂且已碎裂散落，将 LCB 模式开关切换至隔离状态，及时打扫清理现场，如有侵入线路并影响行车，应向行调报告，三轨停电后进行处理。

6.6.4.3　现场设置防护栏，张贴门故障警示标识。

6.6.5　为减少对日间运营的影响，破损的玻璃通常安排在运营结束后进行更换。

6.6.6　故障修复后，若更换活动门玻璃时，使用 LCB 模式开关屏蔽门，若滑动门运行情况良好，则清理现场，到车控室办理销点手续，并回复机电值班人员。

7　相关文件

附表 A　抢修人员组成

抢修人员	联系电话	抢修人员	联系电话

姓名____________ 班级____________ 日期____________

附表 B　一类抢修工具器、备件

名　称	型　号	数量	单位	存放位置	备　注
工具箱		1	个	屏蔽门维修工班	
公、英制内六角扳手	1～10 mm 1/32-3/8	2	套	屏蔽门维修工班	各一套
电工工具		2	套	屏蔽门维修工班	
电缆盘	四芯，30 m	1	套	屏蔽门维修工班	
辅助工具		1	套	屏蔽门维修工班	
应急照明灯		2	套	屏蔽门维修工班	
万用表		1	块	屏蔽门维修工班	
绝缘表		1	个	屏蔽门维修工班	测量绝缘数值
手提式维修平台		1	台	屏蔽门维修工班	
门单元控制器	PEDC	1	套	屏蔽门维修工班	
站台端头控制盒	PSL	1	套	屏蔽门维修工班	
继电器		1	个	屏蔽门维修工班	用于 PSL 逻辑电路
手电		2	把	屏蔽门维修工班	
吹风机		1	套	屏蔽门维修工班	用于干燥受潮元器件
劳保用品		2	套	屏蔽门维修工班	安全帽、手套

附表 C　二类抢修工具器、备件

名　称	型　号	数量	单位	存放位置	备　注
充电式手电钻		1	把	屏蔽门维修工班	配齐钻头
充电式冲击钻		1	把	屏蔽门维修工班	配齐钻头
折叠手推车		1	辆	屏蔽门维修工班	300 kg
偏心轮调节器		1	套	屏蔽门维修工班	调节门扇高度
1 公斤砝码		2	套	屏蔽门维修工班	固定驱动皮带张力
牵引器		1	套	屏蔽门维修工班	提升门头到位
玻璃吸盘		1	套	屏蔽门维修工班	固定玻璃屏蔽
绝缘人梯	2.5 m	1	把	屏蔽门维修工班	

姓名____________ 班级____________ 日期____________

附件二 屏蔽门使用管理规定

1. 目的

本标准是为员工正确使用屏蔽门系统设备而制定的技术规范。

2. 范围

适用于屏蔽门系统设备的日常管理。

3. 职责

3.1 客运部门负责车站屏蔽门系统设备的日常巡视、现场管理和故障应急操作。

3.2 机电部机电车间屏蔽门检修小组负责车站屏蔽门系统设备的日常巡检、维护保养、故障维修、紧急抢修及专项检修。

4. 工作程序

4.1 安全管理

4.1.1 屏蔽门系统设备的维修工作必须严格执行国家的有关安全生产的法规法令，严格遵守运营公司的有关规章制度和各专业相关的安全操作规程。

4.1.2 维修工班必须树立“安全第一，预防为主”的思想，把安全工作放在重中之重，实行安全生产等级责任制，定期对员工进行安全生产培训。

4.1.3 屏蔽门工班应严格执行系统设备的运行、检修、安全工作规程，经常性地对设备进行巡视检查，并注意收集有关设备安全运行的数据和信息，及时有效制定出安全生产措施，确保设备安全运行。

4.1.4 屏蔽门系统维修人员必须认真执行“三不动”“三不离”“三不放过”“三级施工安全措施”等基本安全生产制度。

4.1.4.1 “三不动”：未联系登记好不动；对设备性能、状态不清楚不动；正在使用中的设备不动。

4.1.4.2 “三不离”：检修完不复查试验好不离开；发现故障不排除不离开；发现异状、异味、异声不查明原因不离开。

4.1.4.3 “三不放过”：事故原因分析不清不放过；未制定防范措施不放过；责任人未受到教育不放过。

4.1.4.4 “三级施工安全措施”：机电部、车间、班组三级施工安全措施。

4.1.5 屏蔽门维修员工必须持证上岗，上岗前须进行三级安全教育和专业技能培训，上岗证应按规定进行审验。

4.1.6 屏蔽门维修员工在进行运行中设备的维护工作时，必须遵守有关规定，要做好安全措施，确保人身、设备的安全以及设备的检修质量。

4.1.7 屏蔽门 PSA 电脑使用规定：

4.1.7.1 PSA 电脑是屏蔽门系统重要设备，除保养维修人员以外，其他人员未经许

可不得进行操作。

4.1.7.2　禁止在 PSA 电脑装载、启动其他无关软件。

4.1.7.3　禁止擅自删除、改变系统的任何配置文件、参数及属性。

4.1.8　完成检修工作后，工作负责人应全面检查检修项目是否完成，在各种性能合格并通过验收后方可投入运行。

4.2　计划管理

4.2.1　根据运营公司、机电部的相关规定，制订相应的下一年度的维修计划、月度维修计划。

4.2.2　机电车间专业工程师在分解、细化、调整年度生产计划的基础上填写相应的《屏蔽门系统设备月度巡检表》《屏蔽门系统设备月度巡检表》。

4.2.3　每年的年度检修计划应均衡安排，年底留有一定的余地。下一年度检修计划应由机电车间根据运营公司及维修部的有关规章制度，在本年度规定时间内完成编制、报批工作，待批准后执行。班组及个人应根据年度计划，按月编制每月作业计划和个人计划，具体定出每人每日进行的作业项目。

4.2.4　设备月度检修计划应由屏蔽门专业工程师根据运营公司及维修部的有关规定按时完成编制工作，经车间主任批准，并报维修部计划室备案后执行。

4.2.5　年度、月度检修计划应严格认真执行，未经批准不得擅自更改，因客观情况变化影响计划执行时，应按审批程序申请修改。

4.2.6　工班长每月应对所辖设备检修计划对照设备检修周期等技术文本检查一次。

4.2.7　在执行维修计划的过程中，应严格按机电部有关作业管理规定做好各项工作。

4.3　技术管理

4.3.1 机电部机电车间屏蔽门专业建立安全技术档案，内容包括但不限于：

4.3.1.1 屏蔽门设备台账；

4.3.1.2 设备及其零部件、安全保护装置的产品技术文件；

4.3.1.3　产品合格证、出厂检（试）验报告，安装、改造、重大维修的有关资料、报告；

4.3.1.4　安装、改造、重大维修定期检验报告；

4.3.1.5　设备运行故障与事故、重大缺陷及处理记录；

4.3.1.6　日常检查与使用状况记录、维保记录、年度自行检查记录或报告、应急救援演习记录。

4.3.2　日常检查与使用状况记录、维保记录、年度自行检查记录或报告、应急救援演习记录、定期检验报告、设备运行故障记录至少保存 2 年，其他资料应长期保存。

4.3.3　对各项检修记录及运行资料由工班按时间顺序整理好，每半年上交机电车间各专业组审核后交技术管理员存档管理，技术管理员建立技术资料目录及借阅制度。

4.3.4 对运行设备的记录要按月统计分析，按规定上报。

4.3.5 对运行中的设备做技术改进时，应经充分讨论，提出书面改进方案报主管领导批准后才能进行。对变动的部分，设备专职负责人要及时修改图纸资料并做好记录。

4.3.6 各类仪表、仪器和测试设备应有专人管理，使其处于良好状态。要建立记录卡或记录簿，将检修校验及上级计量部门检验的结果登记备查。

4.3.7 所选用的维修材料、备品备件等应是国家标准器材或运营公司技术部门统一要求的器材。

4.3.8 屏蔽门维修工班应按系统、设备的技术要求定期对系统设备进行全面测试，应使设备所有技术性能与机械性能符合原设计的要求。

4.4 质量管理

4.4.1 在屏蔽门各类维修工作的进行过程中及完成后，工班应立即对维修工作质量进行检查，并做好记录。

4.4.2 机电车间应采取抽查的形式，组织对维修工作质量的检查，每月抽查应不少于两次，并做好记录，检查记录由屏蔽门主管工程师保存。

4.4.3 机电车间根据公司的工作目标安排和设备运行实际情况，对屏蔽门专业维修工作质量进行检查。

4.4.4 质量检查应采取多种方式，包括自查、互查、专兼职质量监督检查人员的不定期抽样检查、班组互查及用户调查等。

4.4.5 积极配合运营公司技术安全部组织进行的各类检查、鉴定、验收工作。

4.4.6 工班根据运营公司、机电部要求，每月按时上报《屏蔽门系统设备月度巡检表》。

4.5 设备管理

4.5.1 设备管理网络由机电车间各专业兼职设备管理员组成，负责屏蔽门设备管理工作。

4.5.2 应建立健全屏蔽门专业所管设备的台账，按时统计各类设备使用报表，及时掌握设备的数量、动态、技术状况、使用和安全情况，屏蔽门系统主要设备、备品备件、维护专用仪器仪表的名称、数量、位置。

4.5.3 应根据运营公司、机电部的规定对系统、设备进行管理，按时填报各类报表。

4.5.4 抓好设备安全使用工作，及时组织处理好设备故障和设备维修，确保设备经常处于完好状态，提高设备利用率。

4.5.5 应明确屏蔽门系统、设备修程及维修工作中的人力、材料、备品备件、工器具、仪表等的消耗及使用定额，并要求维修工作实施者按规定进行作业。

4.5.6 做好消耗材料、备品备件及工器具管理工作，定期向机电车间汇报物料及工器具的使用及购置情况，完善屏蔽门专业工器具及材料管理细则及台账。

4.5.7 每月统计工班材料消耗、备品备件的消耗，并填写《屏蔽门月故障消耗统计表》。

4.5.8 每年定期送检计量器具及仪器仪表。

4.6 日常巡视

4.6.1 运营前巡视

4.6.1.1 站务人员检查两侧屏蔽门滑动门、端门、应急门是否关紧，未关紧则手动将其关闭锁紧。

4.6.1.2 检查门体玻璃完好情况，若发现有玻璃破损则进行应急处理，车站加强监控及安全防护。

4.6.1.3 使用就地控制盘（PSL）钥匙开关手动操作屏蔽门测试开关一次，确保屏蔽门能正常打开、关闭，若发现屏蔽门故障及时通知维修人员抢修。

4.6.2 运营期间巡视

4.6.2.1 站务人员巡视屏蔽门运行情况，严禁乘客放置任何物品在滑动门槛上，严禁靠放任何物品在门体上。

4.6.2.2 列车进出站时，确保所有应急门和端门关闭锁紧。

4.7 计划检修

4.7.1 屏蔽门维修人员须严格执行屏蔽门维修保养计划进行日常维修保养工作，不得使屏蔽门系统设备处于不安全状态。

4.7.2 注意影响行车安全，在列车停止运营后进行作业。

4.7.3 进入站台屏蔽门的线路侧，采取相应的行动措施保证列车不能进入站台。

4.7.4 进行维修保养工作前准备所需的工具，穿戴好劳保防护用品。

4.7.5 维修保养工作时做好现场隔离工作，防止无关人员进入。

4.8 应急处理

4.8.1 屏蔽门系统应急抢修必须遵循“先通后复”的基本原则，当出现问题时站务人员应以最快的速度设法先让列车运行，并针对性采取隔离措施，然后通知维修调度处理。

4.8.2 为了缩短抢修时间，尽快恢复行车，一般应采取临时性修复措施，但事后要尽快地恢复设备正常状态；在应急抢修工作中，站务人员所有对屏闭门系统故障做出的临时性修复措施，必须由值班站长或机电工班长以上职别的人员确认。

4.9 钥匙使用管理规定

4.9.1 车站屏蔽门操作的专用钥匙，应由车控室统一管理，每把钥匙应有明确的标识。

4.9.2 模式开关钥匙、门锁机械钥匙及 PSL 开关钥匙应由站台工作人员随身携带，按规定交接，方便紧急时使用。

4.9.3 司机使用的就地控制盘（PSL）操作开关钥匙，在工作时由司机随身携带。

姓名__________ 班级__________ 日期__________

附件三 屏蔽门故障受理登记表

序号	日期	召修时间	故障站点	故障现象	受理部门	维修人员	到达时间	修复时间	备注

姓名__________ 班级__________ 日期__________

附件四 屏蔽门故障维修记录表

故障设备站点		故障设备系统/名称	
安装位置		日期	
维修人员		召修时间	
到达时间		完成时间	
故障现象	现象描述：		
处理记录	故障原因：		
	处理措施：		
遗留问题及处理意见			
确认日期			

姓名____________　班级____________　日期____________

附件五　屏蔽门相关术语及描述

序号	术　语	描　述
1	PSD（Platform Screen Door，站台屏蔽门）	站台屏蔽门安装在地铁和轻轨交通车站站台边缘，将轨道和站台候车区隔离，设有与列车门相对应，可实现多级控制开启与关闭滑动门的连续屏障
2	ASD（Automatic Sliding Door，滑动门）	滑动门为中分双开式门，关闭时隔断站台和轨道，开启时供乘客上下列车。其在非正常运行模式和紧急运行模式下，作为乘客的疏散通道，一侧屏蔽门有24道与列车相对应的滑动门
3	EED（Emergency Escape Door，应急门）	应急门可隔断站台和轨道，有门锁装置，在紧急情况下允许手动打开，站台工作人员在站台侧可用钥匙打开应急门，或由列车司机通过广播指导乘客推杆锁，打开应急门
4	FIX（Fixed Panel，固定门）	固定门设置在滑动门与滑动门、滑动门与端门之间，在站台公共区与隧道区域之间起隔离作用
5	MSD（Manual Secondary Door，端门）	端门即站台两端的应急门，主要用于车站工作人员在站台和轨道之间的进出，同时兼顾紧急情况下疏散乘客的要求，有门锁装置，在紧急状况下允许手动打开。乘客在轨道侧压推杆锁打开端门，或由站台工作人员在站台侧用钥匙打开端门
6	PSL（PSD Local Control Panel/PSD，就地控制盘）	就地控制盘位置与列车正常停车时驾驶门相对应，以便于列车驾驶员控制屏蔽门的开关。当因信号系统SIG故障失效或屏蔽门控制系统对门机控制单元DCU控制失效时，司机或被授权的工作人员操作此开关，以控制屏蔽门的开关。每侧站台头端端门外设置两套PSL
7	IBP（Integration Backup Panel，综合后备盘）	综合后备盘位于车站控制室内，当发生火灾时，车站工作人员视具体情况可经授权操作此开关，以打开整侧屏蔽门
8	PSC（Platform Station Controller，中央接口盘）	中央接口盘是屏蔽门控制系统的核心，位于屏蔽门设备房的控制柜中
9	PEDC（Platform End Door Controller，逻辑控制单元）	逻辑控制单元位于屏蔽门设备房的控制柜中，是每个控制子系统的主要设备，属于整个总线网络的主设备，可实现系统内部信息的收发、采集、汇总和分析，能实现与综合监控系统、PSL、DCU各单位之间的信息交换，并能够查询逻辑控制单元中各个回路的状态，具有足够存放数据和软件的存储单元，及运行监视、自诊断功能。每侧屏蔽门设置一台逻辑控制单元

姓名__________ 班级__________ 日期__________

续表

序号	术　语	描　述
10	DCU（Door Control Unit，门控单元）	门控单元是滑动门的电器控制装置，每个滑动门均可配置一个 DCU，须安装在门体上部的顶盒内
11	LCB（Local Control Box，就地控制盒）	就地控制盒安装于每道滑动门门头门楣梁右侧。可对该门进行隔离或手动开门
12	UPS（Uninterrupted Power Supply，不间断电源）	不间断电源为屏蔽门提供可靠、平稳的驱动及控制电源
13	SIG（Signal System，信号系统）	信号系统是一个集行车指挥和列车运行控制为一体的重要机电系统，能够传递信号命令
14	ISCS（Integrated Supervisory Control System，综合监控系统）	综合监控系统通过通信网络将各相关机电设备集中监控，并与各子系统信息共享和协调联动
15	PSA（Platform Screen Doors Alarm，操作指示盘）	操作指示盘用于监视屏蔽门状态及故障信息，位于屏蔽门设备房内

参考文献

[1] 马骏. 城市轨道交通站台屏蔽门系统[M]. 北京：北京理工大学出版社，2020.

[2] 翁桂鹏. 城市轨道交通车站屏蔽门系统运行于维护[M]. 西安：西安交通大学出版社，2018.

[3] 张立军. 站台门检修工[M]. 成都：西南交通大学出版社，2017.

[4] 郝晓平. 城市轨道交通屏蔽门、电扶梯检修工[M]. 北京：人民交通出版社，2017.

[5] 何霖. 城市轨道交通岗位技能培训教材[M]. 北京：中国劳动社会保障出版社，2017.